地方治理实验书系·社区治理改革研究
华中师范大学政治学一流学科建设成果文库

金牛实验
JINNIU SHIYAN

纵深拓展超大城市的社区治理共同体

ZONGSHEN TUOZHAN CHAODA CHENGSHI DE
SHEQU ZHILI GONGTONGTI

陈荣卓　郭松　柳明　著

中国社会出版社
国家一级出版社·全国百佳图书出版单位

图书在版编目（CIP）数据

金牛实验：纵深拓展超大城市的社区治理共同体 ／ 陈荣卓，郭松，柳明著 . -- 北京 ：中国社会出版社，2024．6．--（地方治理实验书系 ／ 陈荣卓主编）（华中师范大学政治学一流学科建设成果文库）. -- ISBN 978-7-5087-7067-3

Ⅰ．D669.3

中国国家版本馆 CIP 数据核字第 2024VF7737 号

金牛实验：纵深拓展超大城市的社区治理共同体

出 版 人：程　伟
终 审 人：李新涛
责任编辑：刘延庆
装帧设计：时　捷
出版发行：中国社会出版社
　　　　　（北京市西城区二龙路甲 33 号　邮编 100032）
印刷装订：北京九州迅驰传媒文化有限公司
版　　次：2024 年 6 月第 1 版
印　　次：2024 年 6 月第 1 次印刷
开　　本：170mm×240mm　1/16
字　　数：300 千字
印　　张：18.5
定　　价：48.00 元

版权所有·侵权必究（法律顾问：北京玺泽律师事务所）
凡购本书，如有缺页、倒页、脱页，由营销中心调换。
客服热线：(010) 58124852　投稿热线：(010) 58124812　盗版举报：(010) 58124808
购书热线：(010) 58124841；58124842；58124845；58124848；58124849

编委会

编委单位：成都市金牛区民政局
　　　　　华中师范大学全国民政政策理论研究基地
编　　委：朱建军　陈荣卓
成　　员：邓先庆　张　磊　母祥琨　彭　静　陈荣卓
　　　　　田新文　郭　松　杨广西　刘海燕　刘亚楠
　　　　　李梦兰　柳　明　陈　鹏　张改琴　金　静
　　　　　刘　珊　唐　璐　朱凡琪　陈广东　刘安正
　　　　　谈玉婷　戴欢欢　万新波　田静辉　程　婧
　　　　　蔡利平　张复港　苗西敏　高瑞阔　杨燕婷

前　言

　　基层治理作为国家治理的重要组成部分，在实现国家治理体系和治理能力现代化的进程中具有基础性作用。党的二十大报告指出，未来五年是全面建设社会主义现代化国家开局起步的关键时期，要坚持深化改革开放，着力破解深层次体制机制障碍，不断彰显中国特色社会主义制度优势，不断增强社会主义现代化建设的动力和活力，把我国制度优势更好转化为国家治理效能。进入新时代以来，改革的深度和广度前所未有，基层治理改革创新更加需要人民群众的支持和参与。因此，必须加快建设和完善网格化治理、精细化服务、信息化支撑的基层治理平台，以现代化的基层治理助推国家治理。正是在这样的背景下，四川省成都市金牛区选择以"探索建立党建引领的社区提案工作机制"为主题进行了改革创新。

　　秦开蜀道置金牛，汉水元通星汉流。金牛区是成都中心城区，也是商贸市场、科研院所最为集中的区域。以天回山、凤凰山"两山作屏"，府河、沙河等"八水润城"，凸显了金牛区因河而兴、因河而盛的自然环境，也奠定了金牛区基层治理的地理形态。作为成都市中心城区的老五区之一，金牛区具有厚重的历史底蕴，其巴蜀文化特质为现代化的基层治理提供了稳定的社会联结，也为打造社区治理品牌提供了持续的资源供给。另外，因为老城区历史久远且面积较大，金牛区的城市基层治理也面临很多困难，诸如基础设施相对落后、环境整治难度较大、利益关系纷繁复杂等。进入新时代以来，机遇与风险并存，成就与挑战并存，金牛区精准对标中央的宏观政策走向，结合实际充分发挥比较优势，走出了一条具有本地特色的基层治理之路，为中西部地区的基层治理提供了"金牛智慧"。

　　千年巴蜀不仅体现在山河地域上，更体现在格局担当上。站在"两个一百年"奋斗目标的历史交会点，金牛区立足成都本地、面向中西部地区，在山环水抱之间致力于开拓城市社区治理新格局，在撬动红色引擎、激活自治活力、凝聚多方力量、融通服务机制、推进主题创建上精耕细作，取得了显著的发展成就。当前，金牛区正围绕贯彻落实区委区政府总体发展思路，加速打造"成渝双城首位城区、向美而生公园城区、都市产业示范城区、安居乐业首善城区、营商环境样板城区"，加快建设"践行新发展理念的天府成都北城新中心"，奋力谱写现代化新金牛建设"三步走"新篇章。这些新型城镇化发展的重大规划为金牛区城市社区治理创新带来了重要契机，自然也给现代化的基层治理提出了更高要求。在这座"人城产"合一的现代化公园城市中，品味浓淡皆宜的盖碗热茶，闲看两江环抱的荡漾水波，都是人民所想、国家所愿。我们坚信，在金牛区委区政府的有力领导下，在人民群众的同心协作下，金牛区"天府成都北城新中心新兴增长极、公园城市示范区融合实践地"的建设必将迎来更加广阔的发展前景，其基层治理现代化也必将取得更大的成绩。

目 录

第一章 砥砺奋进：开拓城市社区的治理格局

第一节 大道金牛，天府北城新中心的发展机遇 …………………… 003
第二节 深谋远猷，战略谋划开启社区革新行动 …………………… 012
第三节 以治促荣，治理创新助力金牛兴蜀蓝图 …………………… 021
第四节 "犇"勇开拓，开辟城市社区长效发展道路 ………………… 035

第二章 固本强基：建强城市社区的红色引擎

第一节 创建"先锋矩阵"，突出基层党建品牌效应 ………………… 047
第二节 聚焦"楼宇党建"，扩大区域党建覆盖范围 ………………… 060
第三节 加强"红色驱动"，夯实民族团结进步根基 ………………… 073
第四节 实施"先锋领航"，完善党员志愿服务体系 ………………… 084

第三章 深度参与：唤醒城市社区的自治活力

第一节 延续传统院落形态，赋能居民自治实践 …………………… 099
第二节 探索制度赋权模式，保障民主协商权利 …………………… 112
第三节 创新社区提案机制，构建多方共治平台 …………………… 124
第四节 密织社区网格体系，构建精准服务格局 …………………… 138

第四章 社会协同：凝聚城市社区的多方力量

第一节 分级培力，助推社会组织孵化 ……………………………… 151
第二节 集成运营，打造综合发展平台 ……………………………… 163

第三节　社企融合，构建共赢发展模式 ··· 175

第四节　阵地牵引，深化五社联动实践 ··· 187

第五章　建圈强链：融通城市社区的服务机制

第一节　搭建阵地平台，完善社区志愿服务实践圈 ····························· 201

第二节　改革供给结构，打造社区养老服务生态圈 ····························· 214

第三节　六位一体护航，共筑未成年人保护关爱圈 ····························· 226

第四节　开设"居民 e 学校"，打造睦邻同心学习圈 ····························· 237

第六章　场景营造：推进城市社区的主题创建

第一节　科技赋能，智慧社区的"花式"建造 ···································· 249

第二节　美学营造，社区空间的"价值"再生 ···································· 258

第三节　文创植入，公园社区的"特色"塑造 ···································· 268

第四节　连片发展，老旧社区的"有机"更新 ···································· 277

后　　记 ··· 286

第一章 砥砺奋进：开拓城市社区的治理格局

近年来，金牛区全面贯彻落实习近平新时代中国特色社会主义思想和党的有关精神，坚持以人民为中心，牢固树立"创新、协调、绿色、开放、共享的新发展理念"，积极转变超大城市治理方式，完善国家中心城市治理体系，把"转理念、转职能、转方式、转机制、转形态"贯穿于城市社区治理的全过程中，坚持以基层党组织建设为统揽，以政府治理为主导，以居民需求为导向，以改革创新为动力，加快推动高质量发展、创造高品质生活、实现高效能治理，努力探索超大城市治理新路径，推进超大城市治理体系和治理能力现代化，助推美丽宜居公园城市建设。

经过近些年的攻坚克难、果敢创新，金牛区城市社区治理取得了骄人的成绩，同时探索形成了独具特色的发展治理经验。"党建引领＋综合服务＋综治保障＋科技赋能"的城市社区治理内涵更加丰富，党建引领、服务至上的新理念更加彰显，制度创新、能力提升的新机制更加健全，多方参与、共建共享的新模式更加成熟，形态多样、各具特色的新场景更加广泛，基本实现了机制更活、权责更明、布局更优、服务更好、队伍更强的社区治理新局面。

第一节　大道金牛，
天府北城新中心的发展机遇

一、立足基本，金牛区城市社区发展的区域底色

金牛区，隶属于四川省成都市，是成都市的中心城区之一。地处成都平原东部，东与成华区、新都区接壤，西与高新区、青羊区连接，南与青羊区分界，北与郫都区、新都区毗邻，辖区面积108平方公里，辖13个街镇（茶店子街道、抚琴街道、西安路街道、驷马桥街道、荷花池街道、五块石街道、九里堤街道、营门口街道、金泉街道、沙河源街道、天回镇街道、凤凰山街道、西华街道），90个社区，城镇化率达100%，常住人口126.5万。"交子故里 大道金牛"是全国领先"职务科技成果混合所有制改革"策源区、西部唯一"国家级市场采购贸易方式"试点区、全省唯一"国家可持续发展"先进示范区。

人文金牛，历史厚重。金牛是天府文化发端的根基。境内有金沙遗址为代表的古蜀文化遗址，有见证巴蜀文明与中原文化交流融合的金牛古道，有中国第一个科学考古发掘的皇帝陵——前蜀永陵。老官山出土的汉代提花织机模型达到了蜀锦技术的巅峰，延续1000多年的九里堤开创了成都"两江环抱"的城市格局，世界最早纸币交子制造地净众寺蕴藏着厚重的历史文化，李劼人《死水微澜》还原出近百年前熙来攘往的天回镇风貌。

活力金牛，经济繁荣。金牛是成都商贸市场、科研院所最为集中的区域，拥有全国闻名的"西部服饰时尚基地"荷花池市场、全国唯一覆盖全产业链的轨道交通产业园，拥有西部规模最大的商品综合交易平台——成都国际商贸城，拥有西部第一个以"北斗"为主题的地理信息产业园，拥有全省首个"中国工业大奖"和中医药、五金机电两个"国家级指数"。

开放金牛，投资热土。金牛地处成德绵经济带的起点和天府大道"百里中轴线"北中轴的核心位置，拥有西南最大的铁路枢纽成都火车站，是轨道交通规划站点最多的主城区；拥有西部唯一的"国家级市场采购贸易方式"试点，未来还会将其打造成泛欧泛亚进口商品展示和出口商品集散中心；拥有可利用土地3万余亩，是土地资源最丰富的主城区；拥有市场主体31万户，总量位列全省区（市）县第二。

美丽金牛，公园城区。金牛上风上水，天回山、凤凰山"两山作屏"，府河、沙河等"八水润城"，环城生态区21.7平方公里，河流总长度230.3公里。拥有中国唯一一座以露天音乐为主题的地标性城市公园——成都露天音乐公园，西部地区规模最大的现代主题公园——华侨城欢乐谷，全省最大的园林别墅式宾馆——金牛国宾馆，成都主城区容纳观众人数最多的国际体育赛事场馆——凤凰山体育中心，是主城区自然生态最好的区域。

在基层治理现代化的浪潮下，金牛区立足基本，直面困境，勇抓机遇，以国家实验区、省市级示范项目、百千万工程等为抓手，以"提档升级、提质增效、完善功能、优质服务"为方向，努力"提升金牛品质、打造金牛品牌、重振金牛雄风"，建成城市社区治理现代化的金牛样本。

二、直面困境，金牛区城市社区发展的内生动力

作为成都市的传统老城区，金牛区在推进城市社区治理现代化的过程中同样也面临着诸多发展和建设问题。这些问题涵盖了社区治理的诸多方面，既有基本区情所产生的"存量问题"，也有随着改革创新而产生的"增量问题"，深刻影响着金牛城市社区治理的现代化进程。

第一，居民自治参与不深。社区治理本质上是社区内部行动主体和社区外部行动主体共同行动的过程，是多方主体参与下的居民自治过程。然而，金牛区的社区内部功能要素还不健全，社区资源尚不充分，内部行动主体也无法完全在社区治理中行动起来，因而表现出一系列的治理问题。一是参与意愿问题。受限于传统治理模式，社区公共事务主要是通过自上而下的行政方式完成的，居民在公共事务上依赖政府，参与积极性不高。加上缺乏刚性约束和激励机制，社区各类活动的参与者多以居家老年人、妇女、儿童为主，年轻群体主动参与社区事务和活动的意愿不强。二是参与主体问题。社区治理的过度行政化导致了社区公共事务在实际开展中主要依赖社区居委会，加之居民等其他治理主体常常缺位，使社区治理呈现出"体制内单一主体的纵

向行动"状况。三是参与范围问题。社区治理是一个集体行动的过程,但金牛区的社区治理一直以来都缺少集体行动机制,导致居民日常参与范围相对受限,主要以文体类活动为主,且参与层次停留在工作层面。除了涉及自身利益的个人事项,居民与社区之间的互动几乎为零。四是参与方法问题。该问题主要表现为"政府需求代替居民需求、多数人问题少数人解决、多数人活动少数人策划、自上而下制订公约、自上而下分派任务、行政主导项目设计、自上而下制定预算"等,居民缺乏参与社区治理的渠道和机会。

第二,社会组织发育不强。一是缺乏专业性、支持性、品牌性、枢纽性的社会组织。截至2021年,金牛区共有社会组织586家,其中,民办非企业单位496家,社会团体90家,大部分都是以文化娱乐为主的社会组织,专业社工机构、公益慈善、服务型社区社会组织仍较少。二是有影响力的社会组织的引进不足。目前仅有同行、恩派、汇智等全市有影响力的几家社会组织服务于金牛区的社区治理。三是"政府引导、社会参与、市场化运作"的治理模式建设尚不完善。虽然已有诸多街道和社区进行了初步探索创新,但思想观念未完全转变,机制模式尚未成熟。

第三,人才队伍建设不专。一是人才队伍质量仍有待提升。具体表现为社区工作人员文化水平偏低、专业素养不高、依法治理和群众工作能力不足,缺乏掌握网络化、数字化、智能化等新兴技术、具备现代化治理理念的高素质人才,助理社会工作师、社会工作师等专业型中高层次人才十分短缺。二是社区工作者队伍结构仍需优化。虽然金牛区已经引导了一部分年龄较大、学历较低、工作不适应的社区干部离任,社区"两委"成员平均年龄从45.9岁下降到43.4岁,但年龄大、学历较低的人员仍然占有很大比例。同时,由于社区工作者队伍梯队培养、递进使用、科学规范的全周期职业成长链条尚未形成,社区岗位吸引力不足,年轻的优秀人才"引不进""留不住"的现象仍十分突出。三是社区工作者职业体系仍需完善。"进出有通道、履职有目标、考核有标准、待遇有保障、发展有空间、激励有机制"的社区专职工作者专业化职业化体系仍不够完善,社区专职工作者的干事动力还有待进一步激发。四是作用发挥不够。社区社会工作专业人才服务基层社区治理的作用发挥不明显,社会工作专业人才和志愿者等作用的发挥存在"错位"现象。

第四,综合服务功能不强。一是服务供给体系不完善。金牛区的公共服务供需结构性矛盾较为明显,针对不同领域、不同层次、不同年龄群体的服务供给机制尚不健全，对中青年群体需求的关注和呼应不够，外来人口的服务项目建设仍是主要短板。二是便民服务供给需求对接不够精准。具体表现为养老托幼、家政保洁、生活维修等需求较大、频次较高的便民服务供给不足，覆盖全龄全时全域人群的综合服务体系还未形成。三是生活性服务发展滞后。社区消费场景中的体验消费、绿色消费、文化消费、IP消费、智能消费等新兴消费较少，与国内外先进城市相比尚有较大差距。

第五，空间设施布局不优。金牛区老旧小区（院落）基数大、密度大、租住人员多、老年人多等情况突出，由此衍生出许多设施问题。一是空间设施供需不平衡。一方面，社区内的部分公共配套设施是按照户籍人口进行配置，无法覆盖现有常住人口；另一方面，由于现有居住区公共配套设施是通过统一标准进行规划配置，因此伴随着城市发展和居民需求的变化，公共空间和设施的供给与需求逐渐出现不匹配的现象。同时，部分设施过于老旧，面积不够用，难以满足目前人口的需求；另有部分设施缺乏，如无综合运动场、卫生服务站等设施。二是空间设施品质有待提升。金牛区内多为老旧小区，部分配套设施建设较早，不符合现行建设标准，功能不足、环境不佳等问题仍然存在，特色化、人性化的空间和设施建设仍有待进一步提升。三是智慧化建设有待提高。现有公共服务配套设施建设中对互联网、物联网、大数据等信息技术手段的运用不足，大多沿用传统的方式设置；公共配套设施的精细化供给不够，社区建设与智慧社区之间差距还比较大，公共配套设施建设的智慧化建设水平还有待加强。

在这些现实问题的推动下，金牛区委区政府直面问题，以破解困境、疏通脉络、突破瓶颈为导向，积极化问题障碍为革新动力，更加强劲地推动金牛区城市社区治理的现代化建设和完善。

三、勇抓机遇，金牛区城市社区发展的外生引力

党的十八大以来，以习近平同志为核心的党中央高瞻远瞩、统筹布局，以"五位一体"总体布局和"四个全面"战略布局推动新时期中国社会的革新与发展，同时也开启了"中国之治"的新篇章，给基层社会发展带来了新机遇。近年来，四川省委大智图远，实干担当，不断推动国家重大战略部署在四川落地落实。先是2018年提出"一干多支、五区协同""四向拓展、全域开放"战略，体现了大智慧大格局；后是2019年实施的"乡镇行政区划调

整改革",体现了大手笔大魄力;再就是省委十一届六次全会提出的推进城乡基层治理制度创新和能力建设,更是抓住了"五位一体"总体布局中的"社会建设"这个短板,抓实了新型城镇化加速推进、社会发生深刻变革大背景下带有全局性、基础性、紧迫性的治理问题。从中央到地方的各项战略布局与规划的安排和实施给金牛区的城市社区治理带来了前所未有的发展契机,开启了金牛区基层社区治理的新篇章。

(一)经济战略部署叠加,赋予强大动能

经济基础决定上层建筑,地区经济的发展水平对城市社区的发展与治理具有重要影响。金牛区着眼于以经济建设带动城市社区治理的发展,通过全面把握近年来党和国家以及省市经济发展战略,夯实金牛区的经济基础,激活市场发展活力,为城市社区治理与发展提供深厚的基础保障。

近些年,在党和国家以及省市经济发展战略部署下,"一带一路"建设、长江经济带发展、西部陆海新通道建设等多重国家战略交互实施,新时代推进西部大开发、成渝地区双城经济圈建设、四川省"一干多支、五区协同"发展战略深入实施、成都现代都市圈建设提速等战略密集部署,一系列政策规划为金牛区加快建设天府成都北城新中心提供了强大动力,同时也造就了金牛区城市社区治理与发展的重大经济契机。金牛区一是抢抓国家外贸转型基地建设机遇,创新开放合作生态,深化与"一带一路"共建国家和地区的经贸合作,引导"川产、川造、川创"等名优产品走出去、海外高质量产品引进来。同时大力融入巴蜀文化旅游走廊建设,萃取川西文化、丝绸文化等精华,重点推进文创坊、文博坊等的开发和建设。二是把握成渝共建科技创新中心战略机遇,充分释放大院大所集聚效应,以生态价值转化提升片区整体效益,打造出科技创享新引擎。金牛区积极融入成渝科创走廊建设,协同联动重庆两江新区等共建国家级轨道交通产业创新与服务基地,联动中铁二院组建"川藏铁路强链专班"加速科研成果转化,打造成渝科技创新走廊重要节点。三是紧抓省委"一干多支"发展战略、"成都都市圈建设"战略,深化与德阳、眉山、资阳等地产业的分工与协作,打造金牛—什邡产业融合发展示范区。

(二)社会革新决策落地,提供有力支撑

基层治则天下安,基础牢则政权稳。以习近平同志为核心的党中央一直关心关注城乡社区,高度重视城乡社区治理工作,明确提出了"社区是基层基础,只有基础坚固,国家大厦才能稳固"①的重要论断,为新时代城乡社区治理的战略定位指明了方向。为了适应现代化基层发展需求,四川省全面启动了乡镇行政区划和村级建制调整改革、省市级城乡社区建设示范工程等重大社会革新战略,以整体性推进和精细化建设有力推动城乡社区的革新和发展,为金牛区的城市社区治理带来了重大的政策支撑。

第一,全面落实四川省乡镇行政区划和村级建制调整改革(以下简称"两项改革")。党的十八大以来,以习近平同志为核心的党中央对优化行政区划作出系列重要指示,指出行政区划本身也是一种重要资源,用得好就是推动区域协调发展的更大优势,用不好也可能成为掣肘因素②;特别强调优化行政区划设置,促进新型城镇化和新农村建设协调推进;强调整合优化乡镇(街道)党政机构和事业站所,保证基层事情基层办、基层权力给基层、基层事情有人办,让基层群众有更直接的改革获得感。为此,四川省委十一届六次全会对推进城乡基层治理制度创新和能力建设作出全面部署,大力实施"两项改革",激活了全省基层治理"一池春水"。"两项改革"分为"前半篇"和"后半篇"两个阶段。"前半篇"文章重在调整,聚焦于行政资源活化利用、干部安置、公共资源和财产分配等问题,依托周密的政策体系和强大的组织动员、资源整合能力,推动街道、社区的设置和布局,建立起适应现代城市化进程的镇(街道)村(社区)两级管理体系。"后半篇"文章则重在改革,围绕优化资源配置、提升发展质量、增强服务能力、提高治理效能"四项任务"来展开。优化资源配置,重点是优化乡镇机构、职能、编制、人员的配置,盘活用好镇村公有资产,促进各类资源要素在各乡镇、村之间合理流动、顺向整合。提升发展质量,重点是提高乡村规划建设水平,加强基础设施建设,培育优势特色产业,壮大村级集体经济,抓好生态环境保护,让群众直接感受到改革成效。增强服务能力,重点是完善便民服务体系,优化学校、卫生院、养老院等布局,提升基本公共服务供给能力和保障水平。提高治理效能,重点是抓好基层组织建设,发展基层群众自治,培育文明乡

---

① 习近平:社区是基层基础,只有基础坚固,国家大厦才能稳固[EB/OL].(2018-04-26)[2023-10-07]. http://news.haiwainet.cn/n/2018/0426/c3543307-31306302.html.
② 中共中央文献研究室. 习近平关于社会主义经济建设论述摘编[M]. 北京:中央文献出版社,2017:250.

风,创新社区治理,提高基层应急能力。为了赶上全省社会革新的"东风",顺利推进金牛区行政区划调整工作,金牛区成立了由区委书记任组长,区委副书记、区长任第一副组长,区级相关部门主要领导为成员的"金牛区社区体制机制改革领导小组"。同时,在前期开展"七个摸清"的基础上,制定了《关于推进社区体制机制改革的实施意见》《金牛区社区建制调整改革初步方案》《中共金牛区委办公室金牛区人民政府办公室关于成立金牛区社区体制机制改革领导小组的通知》《金牛区社区体制机制改革领导小组工作组、指导组组建和责任分工方案》等系列文件,高站位、系统化、精细化地明确了金牛区社区体制机制改革的主要目标、基本原则、工作重点、工作步骤、工作要求、工作分工等内容,以推动金牛区的社区体制机制改革顺利进行,不断适应新时代经济社会发展的新趋势。

第二,积极参与城乡社区治理试点示范工程。为了推动城乡社区治理的发展和建设,四川省开展了城乡社区治理试点示范工程,将其作为加强和创新城乡社区治理的"品牌项目"和"杠杆工程",以试点建设为抓手,按照"硬件上有改观,软件上有提升,服务上有亮点,场景上有呈现"的建设要求,推动基层社区的主体培育、场景营造、机制创新。具体来说主要是打造6种特色社区:一是便民服务型,着眼于社区的基本功能的提升和政务服务体系的完善;二是自治互助型,依靠社区"两委"组织引导,通过社区志愿者、楼栋长、网格员和志愿服务队,实现有效的社区治理;三是社会组织参与型,着眼于社区专业社会工作者的配备,吸纳服务性、公益性、互助性社区社会组织的入驻;四是社会企业带动型,聚焦社会企业与社区治理的融合发展,通过保本或者微利经营,实现社区的有效治理;五是项目化社区服务型,以"收集居民需求—梳理内外资源—加强供需对接—形成社区项目"为基本逻辑,形成社区服务项目化运作机制;六是智慧科技型,顺应信息化、智慧化发展趋势,实现"以智慧政务提高办事效率,以智慧民生改善人民生活,以智慧家庭打造智能生活,以智慧小区提升社区品质"。自实施城乡社区治理试点示范工程以来,金牛区积极申报参与,围绕"社会企业带动""智慧科技社区打造""社会组织参与"等主题进行了创新建设,并顺利通过了相关部委试点项目的验收,形成了一批可借鉴、可推广的机制经验。

(三)生态环境优创导向,赋予有利条件

践行新发展理念,开展生态环保建设,提升美丽宜居水平也是基层治理现代化的基本要求之一。2018 年，习近平总书记在四川视察时提出了"公园城市"的理念，要求支持成都建设践行新发展理念的公园城市示范区。当好"试验田"，走好新路子①。为了深入贯彻党中央赋予成都的重大使命，全面落实习近平总书记对四川及成都工作的系列重要指示精神，四川省委、成都市委积极进行决策部署，明确要立足新发展阶段、贯彻新发展理念、服务新发展格局，以建设"践行新发展理念的公园城市"示范区为统领，秉持场景营造理念，以城市场景化、场景项目化提升城市规划和建设的管理运营水平，加快构建多维度多层次城市场景体系，推进市民高品质生活、经济高质量发展、生态高价值转化、城市高效能治理。通过高质量建设"践行新发展理念的公园城市示范区"、高水平创造新时代幸福美好生活，努力实现"人人都拥有尽展其才、梦想成真的发展机会，人人都享有生态绿色、文明和谐的宜居环境，人人都享有幸福和美、安全稳定的美好生活，人人都拥有参与治理、共建共享的归属认同"的目标，给金牛区的城市社区环境改善带来了重要的契机。

为此，金牛区一是积极贯彻党中央的有关指示以及省市两级部署，以新发展理念为引领，将公园城市建设理念贯穿于功能组团、生态空间、绿道体系、公园街区、有机更新等城市建设发展的谋划和实施中，大力建设"一心两轴三片"的公园城市格局，努力推动公园城区形态和谐大美，城市生态价值充分彰显，城市文态别样精彩，城市功能品质多元复合，城市产业品相"三生共融"。二是抢抓成都"第一批城市更新试点城市"机遇，疏解城市非核心功能，推动城市整体形态、发展方式深层次转变。金牛区以此契机提升城市风貌品质，推进城市有机更新、老旧片区改造、老旧院落翻新；提升城市功能品质，聚力推进片区开发；夯实基础设施支撑，推动主干道路的更新和延伸，完善骨干路网体系，创建"回家的路""上班的路"特色道路，持续优化市政设施布局，提升生活环境的品质。三是把握大运会举办契机，扎实推进"向美而生"美丽城区建设，加快塑造"园中建城、城中有园、城园相融、人城和谐"的城市新空间形态。金牛区秉持以赛营城的理念，推动赛事消费链与产业发展链深度融合，提升运动休闲、文化旅游等产业能级。同

---

① 李琼会. 以新发展理念引领成都加快建设公园城市 [EB/OL]. (2020-04-14) [2023-10-07]. https://comment.scol.com.cn/html/2020/04/011013_1731887.shtml.

时，加快推进城市公园的建设，完善小游园微绿地等市政公用设施立体绿化。除此之外，金牛区还积极打造绿道骨架体系"串链"，着力构建区域级、城区级和社区级绿道体系，有序串联生态区、河道、公园、小游园微绿地等，不断推动着全域公园体系的建设。

第二节 深谋远猷，
战略谋划开启社区革新行动

伴随着城市化进程的加快，社会形态快速转变，社区日益成为居民生活的主要组织。社区治理是社会治理的微观基础，是基层社会治理的"神经末梢"，联系千家万户、感知群众冷暖、汇集民意民心、检验得失成败，对社会治理现代化建设具有重要作用。

从历史方位来看，随着脱贫攻坚任务完成，我国正从"全面小康"转向"全面现代化"。全面现代化最重要的一个方面即是人的全面发展。居民在满足基本生计和发展需要之后，会产生更高层次的需求，即对美好生活的新期待，这就意味着要充分关注人的多元化需要，既要关注"有没有""够不够"，还要关注"优不优""均不均"；既需关注居民的经济政治文化权益是否得到满足，还需关注居民的社会价值、自身价值是否得到尊重。从基层秩序来看，随着社会发展持续转型，基层治理重点正从"保稳定"转向"促和谐"。在社会转型时期，城乡形态深刻重塑、社会结构深刻变化、利益格局深刻调整，新老矛盾交织叠加、风险隐患更加集聚，极易引发一系列社会矛盾和利益冲突。这就要求社区应该更加注重治理机制上的创新，从源头上化解矛盾纠纷。从人口流动来看，随着新型城镇化进程加快，农业人口持续向城市转移，基层社会结构发生巨大变化。社区邻里关系正从"熟人社会"转向"陌生人社会"，空间距离越来越近，心理距离越来越远。这对社区治理提出了新的要求，即通过社区交往交流平台，增加居民交往密度，减少心理疏离，打通防备、隔绝的"荒岛"，构建以邻相伴、与邻为善、温馨和谐的"半熟人社会"。从服务供需来看，随着服务经济发展加快，社区服务重点正从"一老一小"转向"普适群体"。作为服务居民的"第一场景"，传统社区服务的关注重点是"一老一小"，而这显然已不能满足居民群众的多样化需求。这就要求社区服务供给要积极适应"服务经济时代"的发展要求，引入社会组织、市场等多方主体参与社区服务的建设和供给，以满足居民群众不断变化的服务需求。

随势而为，谋定而动。正是基于这样的时代背景和城市社区发展要求，金牛区委区政府以探索全面体现新发展理念、符合超大城市治理规律的城市社区治理新路径为导向，以助推美丽宜居公园城市建设、推进超大城市社区治理体系和治理能力现代化为目标，进行了金牛区城市社区治理的顶层设计和布局谋划。

一、深度研判，明确社区治理的战略定位

习近平总书记强调："社会治理的重心必须落到城乡社区，社区服务和管理能力强了，社会治理的基础就实了。"① 党的十八大以来，以习近平同志为核心的党中央从统筹推进"五位一体"总体布局和协调推进"四个全面"战略布局的高度，对新时代的社会治理进行了明确阐述，明确提出要打造共建共治共享的社会治理格局，为新时代加强和创新社区治理提供了根本遵循。党的十九届四中全会把"构建基层社会治理新格局"作为重要内容进行专门部署，提出一系列改革举措和重点任务，再次强调城乡社区治理的重要性。基于对城乡社区治理重要性的高度重视，中共四川省委十一届六次全会把城乡基层治理制度创新和能力建设明确作为全省具有全局性、基础性、紧迫性的重要问题，赋予了本省城乡社区治理重大的战略地位。根据党中央的战略部署，在省委、市委的研判和引领下，金牛区委区政府高度重视，将本区的城市社区治理作为政府中心工作之一进行了全面贯彻和深度落实。

一是深化认识，提高站位。金牛区委区政府积极明确了城市社区治理的重大战略定位，不断加强和创新城乡社区治理，按照统筹推进"五位一体"总体布局和协调推进"四个全面"战略布局的内在要求，顺应经济社会发展大势，着力补齐社会治理短板，精准回应人民群众期盼，沉着应对国内外各种重大风险挑战，高标准、全方位推动金牛区城市社区治理与发展的进程。

二是出台政策，制定战略。为了全面贯彻落实党中央、省委市委的有关指示和部署，金牛区委区政府相继出台了《金牛区加强和创新社区治理工作

---

① 习近平参加上海代表团审议并发表重要讲话 [EB/OL]. (2019-03-07) [2023-10-07]. http://www.qstheory.cn/2019-03/07/c_1124205864.htm.

方案》《金牛区基层治理专项规划》《金牛区建设践行新发展理念的"天府成都北城新中心"行动计划》《关于深入推进社区治理建设高品质和谐宜居生活社区的实施意见》《金牛区公共配套设施建设规划》等系列政策文件，并逐年制定《金牛区党建引领社区治理工作要点》，积极为金牛区的城市社区治理提供坚实的政策基础和明确的战略定位。

二、科学谋划，设计社区治理的路径策略

城市社区的发展治理作为重大而系统的社会革新工程，涉及社会生活的方方面面，需要有科学、系统、连贯的路径策略予以保障，才能平衡革新发展与稳定和谐间的矛盾。在省委市委的指示和部署下，金牛区采取了一套较为科学、系统的宏观发展路径和策略来持续推动本区城市社区建设的整体发展。

一是明确"社区治理同频共振"的总体建设模式。以发展为导向、以治理为手段、以智慧平台为支撑，通过"五维并举"与"一核三治"的互动互促，在社区发展中"以事聚人"，在基层治理中"聚人成事"，实现城市社区发展与治理的同频共振（见图1）。

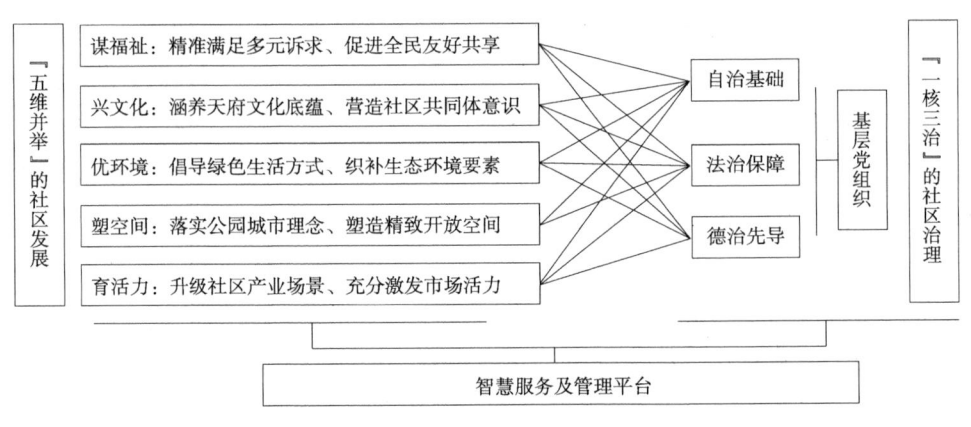

图1 "同频共振"模式图

二是实施"五维并举、互融互促"的发展策略。金牛区贯彻落实新发展理念，以人为核心，从人的感受、人的需求和人的发展3个维度出发，明确了"谋福祉、兴文化、优环境、塑空间、育活力"的总体社区发展策略。谋福祉，即通过推进落实基本公共服务设施建设，布局差异化的空间格局，提供精准的智慧服务等举措，满足多元诉求、促进全民友好共享。兴文化，即

通过保护历史文化遗产，弘扬天府文化，配建多元文化设施，营造向上向善社区精神等举措，涵养天府文化底蕴、强化社区精神家园的纽带作用。优环境，即通过保护和利用生态要素，提倡绿色低碳生活方式和提升资源利用效率等举措，倡导绿色生活方式，营造优美舒心的社区环境。塑空间，即通过提供活力共享的公共空间，优化公共空间形态界面，营造蜀风雅韵建筑形态等举措，落实公园城市理念，建设开放式社区。育活力，即通过培育新经济、新业态和新场景，营造"宜创新、宜创业"的双创生态，提供优质就业服务等举措，升级社区产业场景，充分激发市场活力（见图2）。

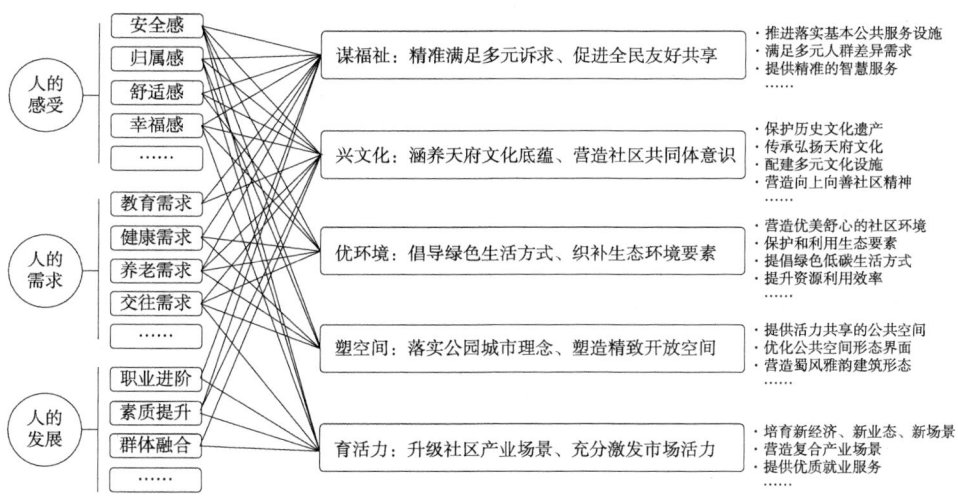

图 2 "五维并举、互融互促"发展策略示意图

三是构建"一核三治、共建共享"的治理格局。在社区治理的总体发展策略上，金牛区突出强调的是基层党组织的核心引领作用，构建以自治为基础、法治为保障、德治为先导的城市社区治理格局，推动各类治理主体共建共治，成果共荣共享。其中，以基层党组织为社区治理核心，推动基层党建与基层治理深度融合，形成党建引领基层治理新格局；以自治为社区治理基础，形成党组织领导下民事民议、民事民办、民事民管的多层次基层协商格局；以法治为社区治理保障，制定完善城乡社区治理地方性法规和规章，引导各类主体依法参与社区共建，引导居民群众用法治思维和法治方式解决矛盾纠纷；以德治为社区治理先导，将弘扬社会主义核心价值观贯穿于党建引领社区治理全过程，弘扬主旋律，传播正能量（见图3）。

图3 "一核三治、共建共享"治理格局示意图

三、全域拓展,制定社区治理的规划导向

在"社区治理同频共振"总体发展模式的指导下,金牛区围绕城市社区治理涉及的6个方面具体内容进行了进一步谋划,引导城市社区建设全面纵深有效发展。具体来说,金牛区围绕促进基层治理体系和治理能力现代化的目标,按照统筹发展和安全、平衡秩序与活力的总体思路,遵循党建引领、发展赋能、治理增效、服务提质的基本导向,聚焦基层党建、协商民主、社区服务、社区经济、社区更新、科技应用六大重点方面进行了深入规划,为城市社区治理提供了具体深入的规划导向。

(一)夯实组织支撑,聚力建强城市社区党建引领架构

社区是基层治理的基本单元,也是党践行宗旨理念、体现执政为民的基本阵地。金牛区着眼于健全党建引领社区治理机制,坚持党组织对社区的全面领导,增强团结群众、组织群众、动员群众、带领群众的能力。一是健全党组织体系。推动党组织向居民小组、网格、小区、楼栋和物业机构、业主委员会等覆盖延伸,加快建立健全党组织领导自治组织和群团组织、社会组织、业主委员会等各有其位、各司其职,功能健全、运转有序的社区组织体系。同时,理顺党组织和业委会、物业企业之间的关系,构建党建引领的小区治理架构。二是建立区域党建联席会议机制。组建社区区域党委,吸纳驻社区机关企事业单位党组织负责人为区域党委委员,引导"两新"组织党组织参与社区区域党委;推动符合条件的群众自组织按业缘、地缘、趣缘、网缘等建立功能党小组。三是发挥党员作用。健全驻社区单位党组织、在职党员到社区报到机制,动员社区党员积极分子围绕社区党建、社区治理、社区

服务等工作，开展党员志愿服务。

（二）充实共治力量，聚力推进城市社区协商民主建设

构建共建共治共享治理格局，必须发挥多方主体作用。金牛区聚焦于城市社区协商民主建设，充实共治力量。一是激发社区居民自治活力，持续完善基层自治平台、形式和机制，拓宽居民参与渠道，从而扩大居民参与的广度和深度，增强居民社区共同体意识。二是健全社区民主协商体系，建立基层协商民主建设协调联动机制，稳步开展多领域、多方面、多渠道的基层协商，切实解决群众关心的问题。深化小区（院落）等微单元和新兴领域基层治理，推动社区治理向居民小区、院落、林盘等微观单元延伸，向产业功能区、商圈楼宇等新兴领域拓展；做优治理服务"微单元"，探索自治新模式，把居民自治作为启动院落改造、党群服务站建设、公共空间改造利用、老旧院落加装电梯等项目的前置条件，探索"社区—小区（院落）—楼栋（单元）"三级自治网络，强化小区（院落）制度化协商议事规则运用，实现小区（院落）自治有长效机制、协调机制及沟通机制，不断推动小区（院落）自治组织和协商机制全覆盖。三是孵化培育社区社会组织，完善扶持社会组织发展机制。制定《改革社会组织管理制度促进社会组织健康有序发展的实施意见》，大力发展社区社会组织、社工组织和居民自组织；通过专项资金、政府购买服务和公益创投等方式，拓展社会组织参与社区治理空间。支持党组织健全、公益性质明确、管理规范有效的社会组织优先获取公共服务项目，促进其在基层党组织的引领下健康发展、服务社区；完善社区组织发现需求、统筹设计服务项目、支持社会组织承接、引导专业团队参与的"三社联动"机制。支持社区总体营造，推动社区自组织、自治理和自发展。

（三）筑牢生活基底，聚力完善城市社区综合服务供给

社区服务是社区治理的重难点工作，金牛区聚焦于服务至上、效率第一，深入推进政务服务改革创新，着力打造最有温度、最具效率的公共服务品牌。一是提升政务服务水平。重点是加快一体化在线政务服务平台建设，最大限度集成不同层级和不同部门中分散孤立、用途单一的各类业务信息系统，推行"一网通办""一窗办理"制度，构建实体受理窗口、网上办事大厅、移动客户端、自助终端的多样化服务格局，实现群众办事"小事不出社区、大

事不出镇街"。二是丰富社会服务内容。按照"全龄友好、功能完善"的理念,以服务人口和服务半径为依据科学布局公共配套设施建设,逐步完善全区"15分钟公共服务圈"建设。重点打造社区中心和邻里中心,积极推进标准化社区综合体建设,统筹布局社区卫生服务中心、文化活动中心、社区养老机构等公共配套设施,完善婴幼儿照护、运动休闲、体育健身、老年康养等服务功能,将主要公共服务配套设施规划在同一街坊地块内,形成生活邻里中心,营造功能完善、活力彰显的高品质和谐宜居社区生活场景;通过社区资源链接或空间让渡,吸引社会组织、社会企业,提供养老托幼、教育健康、文化体育、琴棋书画、舞蹈美术、法律援助等服务,满足社区居民多样化的服务需求。三是增强自我服务能力。探索"道德银行"、积分兑换等社区服务供给机制,调动居民积极性,鼓励成立社区"自组织""微组织",以及社区太极队、舞蹈队、平安巡逻队等,提高社区互助服务水平。

(四)激活造血功能,聚力发展城市社区多元服务经济

金牛区积极培育发展直接面向居民的社区服务经济,激活社区造血功能,实现社区服务的可持续发展。一是积极发展社区社会企业。推动支持符合条件的公益性社区服务类、物业服务类等组织向市场化转型,探索社会企业、社会组织承接政府和社区公共空间开发无偿和低偿的公益项目;探索通过股权投资、公益创投等方式对市场潜力大、创新能力强的社会企业给予支持;引导社区与社会企业保持孵化支持与空间运营关系,形成协力发展共建模式;推动出台鼓励社区服务类社会企业发展的政策文件,从登记注册、评审认定、经营许可、税收优惠、资金反哺、后续监管、退出机制等方面进行引导规范。二是培育发展社区服务业。推动社区服务业深度融入全省现代服务业体系,设置保洁绿化、公共设施维护、便民服务、妇幼保健、养老托幼助残、快递收发等便民服务类岗位,促进消费和扩大就业。鼓励和引导底商向社区聚集,营造社区商业消费新场景;引入便民高效的属地型社区电商、共享经济等,助推社区"新经济"发展;探索以"公益+低偿""公益+市场"等方式引入社会服务,以政府购买服务、居民购买服务、社会购买服务等方式,催生养老扶幼、教育培训、卫生健康、文创科创等新业态、新经济;鼓励各类市场主体和社会组织参与社区生活服务,开展连锁运营,培育服务品牌,形成适应社区居民需要的商业生态和经营模式。

（五）塑造城市魅力，聚力建设向美而生的公园城市社区

金牛区积极落实党中央、四川省委关于"公园城市"建设的指示和精神，大力推进居民生活环境的更新完善，打造美丽宜居的城市社区空间。一是优化城市形态，彰显"蜀风雅韵、古今共生"之美。以建设强大而包容的高品质生活宜居地、打造具有生活成本竞争力的理想社区、营造充满活力又富于创造的场景氛围为愿景，以环城生态公园区域金牛段及近邻区域、"中优"区域、老旧片区为重点，精心编制金牛区未来公园社区创建点位城市设计，科学设置居住、商业、公共服务设施配套比例，建设人气聚集、优美雅致、睦邻友好的新型公园社区。同时，加快城市有机更新，按照"片区谋划、分片实施"的思路，推进老旧院落改造、背街小巷整治等，促进存量空间有机更新加快见效。二是做美城市绿韵，彰显"大气秀丽、简约适度"之美。秉承"结网成链、走街串巷"理念，大力推动区域级、城区级、社区级三级绿道体系建设，加快天府绿道与周边社区、重点生态区的交通接驳，有效推进桥梁、河道护栏等市政设施立体绿化，构建集中紧凑、连绵有序的城市生态绿网；充分利用桥下空间、街旁空间等城市剩余空间，依托小游园、微绿地建设打造"金角银边"场景体系，彰显"城园交融、居在园中"的大美意境；加快打造"回家的路（上班的路）"，进一步厚植文化元素，美化街巷环境。三是转化生态价值，彰显"经济环保、业态融合"之美。依托城市生态资源，植入消费场景、历史文化和绿色产业，完善公园城市生态价值的内涵与外延，推动公园社区生态价值多维转化；深度挖掘社区公园、社区绿道生态消费功能和潜力，聚焦休闲游憩、运动健身、交流交往、消费购物等需求，推动智慧服务、共享经济、体验消费、个性定制、创意经济等有机植入、跨界融合，打造"城市会客厅""城市博览馆""绿色办公区"等承载空间和"全时可游""全龄可享"消费场景，满足多样性、高品质户外消费需求。

（六）强化科技赋能，聚力加强城市社区信息技术应用

金牛区顺应科技创新变革趋势，综合运用人工智能、大数据、区块链等信息技术，加快构建集成治理要素、综合服务管理、场景叠加应用的基层智慧治理体系。一是提升智慧治理能力。强化"城市大脑"中枢集成融合，加快金牛区城市信息模型（city information modeling，CIM）应用能力、视频平

台、技术中心等项目建设,打通数据集成分析及应用壁垒,持续推进数据融合、系统互联互通,全力提升数据集成水平与智慧治理能力。二是构建智慧治理体系。全面落实"智慧蓉城"建设部署,抓好城市运行"一网统管"和城市管理数据要素高效流转,强化数据治理中心、指挥调度中心、赋能服务中心功能定位,构建"一屏全观、一体联动、综合调度"的智慧管理体系,形成"市—区—街—社区—院落"五级智慧治理体系,实现问题发现上报、流转交办、多元联处、跟踪评估、管理考核全闭环,全力打造运转灵活、智慧灵敏、扁平高效的社会治理新体系。三是丰富智慧应用场景。紧盯精准治理、创新服务和智慧化服务能力,聚焦群众、企业、政务实际需要,以中心环境和技术能力为支撑,探索党建引领、居民自治、社区营造等社区治理重点领域的智慧化场景呈现,推动居家养老、医疗康养、社区教育、数字文娱、无人配送等智慧化个性生活服务进入小区院落。建设智能安防小区,按照"数据向上集中,服务向下延伸"的思路,建设升级智能门禁、人脸车辆识别、视频监控、智慧 App 等软硬件,深度运用大数据、人工智能、物联网等技术,打造数据驱动、人机协同、跨界融合、共创分享的智能化治理新模式,切实增强治安管控能力,提升居民安全感。

第三节 以治促荣，治理创新助力金牛兴蜀蓝图

当前我国基层治理现代化建设的主要任务体现在3个方面：一是建立切实保障和改善民生的社会服务体系；二是建立有效维护社会公平和维持良好社会秩序的社会治理体制机制；三是贯彻新发展理念和生态环保思想，营造宜居美丽、绿色生态的社会居住环境。为深入贯彻落实中共中央、国务院的相关文件精神，在区委区政府的统筹谋划下，金牛区以激发基层治理内生动力为重点，以改革创新和制度建设、能力建设为抓手，创新基层治理体制机制和实践行动，探索出了一条具有金牛特色的基层治理现代化路径，形成了一系列可资借鉴的创新实践经验。

具体来说，为推进社区治理创新实践能够有效开展，取得实效，形成经验，金牛区以基层党组织建设为统揽，以政府治理为主导，以居民需求为导向，以改革创新为动力，以创建"全国社区治理和服务创新实验区""省级城乡社区治理示范区"为契机，通过开展实施社区治理"五大行动""十大筑基工程""百千万工程"等重大革新行动，加快推动了社区的高质量发展、生活的高品质创建、治理的高效能提升，为建设"践行新发展理念的天府成都北城新中心"夯实了基础，为成都建设全国基层社区治理标杆城市作出了重要贡献。

一、加快构建高效能治理格局，开展城市社区治理增效创新实践

城乡社区是社会治理的基本单元和城乡居民的生活家园，是城乡基层治理最频繁、最关键、最活跃的场景和形态，对提高社会治理现代化水平具有基础性、决定性作用。城市社区治理是基层社会治理的重要组成，是维护社会和谐稳定的重要基石，是促进区域经济发展的重要抓手。习近平总书记在吉林长春调研时指出："推进国家治理体系和治理能力现代化，社区治理只能

加强、不能削弱。"① 由此可见，推动城市社区治理既是践行初心使命、顺应时代要求、彰显制度优势的政治任务和民心工程，更是增强社会活力、催生经济形态的现实需要和内在要求，对推进金牛社会主义现代化建设、夯实治蜀兴川底部基础、满足人民群众生活新期待具有重大现实意义。为此，金牛区聚力城市社区高效能治理格局的构建，通过聚焦治理关键问题，即"谁来治""怎么治"，积极开展了一系列创新实践，形成了卓有成效的实践经验。

（一）培育社区治理多方主体

现代化治理体系的构建往往强调的是自上而下的渗透和自下而上的集中过程，需要广泛而有效的民主作为政治支撑和合法性来源。在基层社区中，多元的协同参与是治理现代化的基础环节，直接影响执政党的权威基础和民意导向。为此，金牛区积极构建良好的共建共治治理格局，营造多方协同的治理氛围，围绕城市社区的多方治理主体进行了积极的培育和引导，促进其有效参与社区治理实践。

1. 夯实社区专职工作者力量

金牛区着眼于多方共治的引导和保障力量的建设，着力进行和完善社区专职工作者的队伍建设。一是推进完善社区"两委"换届选举，聚焦"双好四强"选配要求，广泛吸纳优秀社区工作者、优秀大学毕业生、社区后备干部、退役军人、社区能人进入新一届社区"两委"班子，从而提高社区"两委"的整体能力素质。二是健全基层工作队伍管理保障制度，探索构建了"进出有通道、待遇有保障、发展有空间、激励有机制"的社区专职工作者职业化体系，明确优秀社区支部书记可转聘为街道事业编制人员，选拔优秀社区支部书记兼任街道党工委委员等晋升机制，并给予相应待遇和补贴，以此调动基层队伍工作积极性。通过这些制度建设和激励措施的实施，金牛区社区"两委"换届完成后，基层干部中大专以上学历比例提升至83.29%，平均年龄下降了2.8岁，社区专职工作者队伍的力量得到了一定的提升。

---

① 习近平在吉林考察时强调：坚持新发展理念深入实施东北振兴战略，加快推动新时代吉林全面振兴全方位振兴［EB/OL］.（2020-07-24）［2023-10-07］. http://www.qstheory.cn/yaowen/2020-07/24/c_1126282080.htm.

2. 培育建强社区社会组织力量

社区社会组织作为社会力量的一个重要组成部分，具有传统政府部门所不具有的技术专业性、角色灵活性、业务广泛性等特点，是现代化社区治理体系的重要辅助力量。截至2021年末，金牛区登记在册社会组织达586家（民办非企业单位496家、社团90家），其中5A级社会组织1家、4A级社会组织5家、3A级社会组织3家。金牛区为提高社会组织的力量，引导它们更好地参与社区治理服务，采取了多项有效举措。一是搭建了金牛区四级社会组织平台，包括区级社会组织发展平台、街道社会组织支持平台、社区社会组织服务平台、院落社区社会组织互助平台，进行不同层级、不同方面的精准化培育，引导它们深度参与社区治理和服务活动。二是制定出台金牛区社区治理机会清单，系统梳理出金牛区社区治理和服务方面的重点内容和实际需求，供广大社会组织申报参与。此举既改变了政府与社会组织间信息不对称的现状，极大提高了社会组织参与的效率，同时也为社会组织提供更加广阔的"市场"，推动其长效发展。

3. 完善社会工作体系建设

作为服务基本民生、促进社区治理的重要专业力量，社会工作体系的构建和社工站（室）的建造具有基础性的保障作用。为了能够更好地发挥社区治理中这一重要的专业力量，金牛区大力推进社会工作服务体系建设，以此助力社区治理体系和治理能力现代化。一是整合资源，夯实社工站（室）建设基础。金牛区依托社会关爱援助站点、便民服务中心、党群服务中心等现有服务设施，通过场地共用、设施共享、服务互通等方式建设社工站（室），鼓励"一室多用"、功能叠加。同时，将同级财政列入预算，整合民政可用资金、使用社区保障资金、引入慈善资金等为社工站（室）建设提供充实的资金保障。二是创新服务，提升社工站（室）服务水平。创新"善工融合"服务，依托社工站（室）开展"社工＋慈善＋志愿者"融合服务，实现对慈善力量、志愿力量等的吸纳和协作。创新"四化闭环"服务，开展前端群众需求评估、中端专业服务、末端绩效评价，精准化识别服务对象、精细化梳理站（室）服务事项、常态化开展绩效评估，保障服务质量。三是制度建设，规范社工人才队伍。制定规范的人员配备标准，按照社工支持中心配备5名持证社工，社工总站、社工站、社工室至少配备2名社工人才的标准，配齐社工站（室）社工人才。建立社工站（室）内外督导联动服务机制，引进督导人才定期开展督导服务。截至 2021 年末，金牛区登记在册持证社工累计达 885 人，其中 2019 年新增登记社工 61 人、助理社会工作师 126 人、社会工作师 27 人。

4. 推动志愿服务体系建设

社区志愿服务是社区服务的重要组成部分，志愿者是社区多方治理服务主体的重要组成部分和补充力量，大力推进社区志愿服务是社区文明进步的重要标志。为了有效促进志愿者参与社区治理与服务，金牛区大力推动志愿服务体系建设。一是积极健全志愿服务体系。搭建了 1 支区级志愿服务总队 + 街道、社区两级志愿服务队伍 + "N" 支志愿服务力量的 "1 + 2 + N" 志愿服务体系；建成了集志愿者招募、服务发布、数据收集、资源整合、宣传倡导等于一体的志愿管理平台体系；探索建立了 "爱心银行" "时间银行" 等志愿服务回馈制度，并结合新时代文明实践中心的建设，推动志愿服务内容的丰富，促进社区志愿者更好地融入社区治理各领域、群众生活各环节。二是大力培育社区志愿服务队伍。金牛区着眼于加强社区志愿者的招募注册，以辖区党政机关、企事业单位、高等院校、社会组织、小区院落等为重点，积极发动党员、职工、学生、居民等登记注册为志愿者参与社区志愿服务。同时，根据志愿者的职业、知识、能力不同，构建了专家型、专业型、常驻型 "三型" 人才队伍，进一步推进了社区志愿服务的专业化、常态化发展。三是积极培育社区志愿服务品牌。深入实施 "社区志愿服务·金牛伙伴" 计划，推动 "志愿 +" 服务场景的落地，常态化举办 "乐活金牛·社区邻里节" 的志愿活动，广泛开展 "金牛十大好人" "金牛优秀志愿服务品牌项目" "优秀志愿服务组织" 等系列评选活动。在系列宣传活动的引导下，形成了一批成效显著、群众认可的社区志愿服务品牌项目，营造出了全区积极参与志愿服务活动的浓厚氛围。

（二）创新社区治理多元机制

习近平总书记强调，要完善共建共享的社会治理制度，要实现政府治理同社会调节和居民自治良性互动，建设人人有责、人人尽责、人人享有的社会治理共同体①。这一社会治理共同体构建的重要基础和支撑是治理机制的完

---

① 习近平. 在经济社会领域专家座谈会上的讲话 [N]. 人民日报，2020 - 08 - 24（2）.

善和创新。城市社区治理机制的不断完善和创新，是实现中国制度优势向国家治理效能转化的有效路径，也是推进国家治理体系和治理能力现代化的重要环节。为了适应城市社会的高速发展和经济水平的飞快提升，金牛区积极创新探索城市社区的多元治理机制，从而与金牛城区的社会发展需求相匹配。

1. 创新"党建引领下的社区提案工作机制"

金牛区为了能够更好地"发挥民智、听取民意、反映民情"，成立了以区委、区政府主要领导为组长，25个区级部门为成员的社区提案工作领导小组，搭建四级社区提案平台，包括1个区级社区提案工作联席会、13个街道级社区提案公共事务议事委员会、40个社区级社区提案公共议事专委会、63个小区（院落）级社区提案公共议事小组四级平台，为有现实需求的居民群众提供了专门的平台。在此基础上，金牛区联动省市政协、省社会科学院、复旦大学等专家学者，完善了"智库"保障建设，构建了全国首个集反馈、分拣、处理、公示、监督于一体的信息化分拣平台——"金牛社区提案智慧平台"，制定了"一手册两清单"，推动了社区提案机制的不断健全和完善。基于已建成的组织平台和技术平台，金牛区广泛发动居民群众参与社区提案，联动社会组织、驻区单位等531名党员实施了社区提案协商70余次，结案62件，包括建设类15件、整治类9件、公共安全类3件、社区服务类15件、自治类20件。这些社区提案深度聚焦居民群众的生活关切，包括公交线路的增设、老旧院落电梯的增建、河道整治等各方面的内容，民生诉求得到了有效回应。

2. 探索实施小区分类治理机制

为进一步推动社区治理向小区（院落）延伸，打通基层治理神经末梢，切实做优做强小区（院落）治理，提升城市治理精细化水平，金牛区探索实施了小区（院落）分类治理机制，针对不同类型小区的治理困境和破题关键，探索小区分类治理路径，实现精准施策、精准治理。一是聚焦商品房类小区。对全部商品房小区进行基本信息的梳理，并进行小区形态的二次划分，即老旧小、无物业的小区，业主与业委会、物业存在矛盾的小区，空心化小区等形态。总结其主要治理问题，包括管理问题需求大，设施设备、环境更新需求大，业委会、物业不作为，业主不信任等问题，开展"源头治理"等治理行动。二是着眼于老旧院落类小区。汇总其特点和问题，包括老旧院落小区主要由于缺乏监管，有物管的少，且物管长期不作为，院落（小区）管理混乱、人员杂乱、环境脏乱的"三乱"现象突出，绿化率偏低，消防设施不齐备等问题，实施"过程治理"等专项治理行动。三是关注拆迁安置类小区。从其现实情况出发，配套设施有但质量不好，经常出现需要维修的情况，安置房选址地点较偏，公共设施配套还不健全等情况，实施"家有体系"的治理路径，即以"家"为主题的院落文化治理贯穿全过程，打造党群服务站、家人驿站、家有规矩广场、家人文化站、家有活力运动广场等治理场景，形成家有党员、家有规约、家有协商、家有能人、家有服务、家有社群、家有益行、家有资源、家有喜事、家有活力的十大"家有"治理格局。

3. 试行小区信托制物业管理机制

物业管理始终是社区治理绕不开的话题，为了有效突破传统物业服务模式的困境，破解社区治理主体权利缺位、错位、越位、利益分配不均等问题，金牛区探索尝试将信托机制引入物业服务中，以解决小区的治理乱象。一是引入信托理念。这里的信托机制主要是指由业主选举或聘请一个职业经理人或者法人，制定业主一致同意的年度工作计划、相应的资金预算及执行管理服务的标准，以公开、透明的方式从市场上购买各项管理服务，从而实现一切纠纷有源可循。二是以财权为切入点，通过公开社区管理资金，为推行信托机制打好基础。将社区的管理资金委托给第三方机构，可以打破传统物业公司的财权垄断，平息传统包干制物业管理模式造成的治理纠纷。此外，还在银行中设置公管账户，由社区业委会聘请专人通过网银转账等方式支出账户资金，并委托第三方会计师事务所对账户进行监管。三是坚持"质价相符"。在信托机制下，物业公司根据社区可资使用的物业管理费用以及业主利益代表团体的要求，协商每个阶段具体的物业服务项目，制定每项服务能有效观察和衡量的执行标准，其后由专业机构或人员设计具体的工作计划与预算清单。

二、回应居民美好生活新期待，探索城市社区服务供给优化路径

党的十八大以来，以习近平同志为核心的党中央高度关注基层服务保障和改善民生工作。2018年，习近平总书记在四川视察时明确指出："要牢固树立以人民为中心的发展思想，常怀忧民、爱民、惠民之心，采取针对性更强、覆盖面更大、作用更直接、效果更明显的举措，解决好同老百姓生活息息相关的教育、就业、医疗卫生、社会保障、社会稳定等民生问题，使人民获得

感、幸福感、安全感更加充实、更有保障、更可持续。"在成都市郫都区战旗村视察时,习近平总书记深情地说:"我是人民的勤务员,是为人民服务的。"① 这些重要讲话,为金牛区做好民生实事、完善基本服务提供了方向指引和根本遵循。尤其是在全面建成小康社会的社会背景下,人们的需求正逐渐由"生存性""发展性"向"价值性""精神性"转变。社区服务不仅指向当前需求,还包括长远需求;不仅包含身体需求,更包含心理需求。社区基本服务的内涵和外延也随着时代的发展不断丰富和拓展,服务质量也必须随着经济社会发展而"水涨船高"。为此,金牛区着眼于城市社区服务建设,从提供"什么服务""怎么服务"两个主要方面突破,不断拓展丰富社区服务内容,持续优化创新服务机制,形成了卓有成效的实践经验。

(一) 拓展社区服务内容

随着人民生活水平的显著提升,群众公共服务需求呈现多元化、个性化的趋势,推动金牛区加强对政府、市场、社会等资源力量的统筹协调,倒逼社区服务向服务供给更加精准、服务内容更加丰富、保障渠道更加多元的方向发展。为此,金牛区以全年龄阶段居民的多层次需求为导向,把柔性关照渗透到城市"规建管运"各个环节,把人文关怀落实到"衣食住行育教医养"每个细微处,极大丰富了城市社区的服务内涵和服务质量。

1. 构建便捷卓越的政务服务体系

金牛区聚焦服务先行,一是加快构建"三通三最"的政务服务体系,持续推动政府工作人员主动服务、精细服务、高效服务,打造出"金帮办"政务服务品牌,让"办事不求人,办成事不找人"成为金牛共识。二是促进线上线下政务服务的深度融合,实现企业群众办事马上办、一次办、移动办、跨域办。三是推动电子证照、电子印章、电子档案等在政务服务场景中广泛应用,拓展"天府市民云"金牛特色门户政务服务功能。完善数据接口和共享方式,最大限度集成不同层级、不同部门、分散孤立、用途单一的各类业务信息系统,构建实体受理窗口、网上办事大厅、移动客户端、自助终端的多样化服务格局,实现群众办事"小事不出社区、大事不出街道"。

---

① 习近平春节前夕赴四川看望慰问各族干部群众 [EB/OL]. (2018-02-13)[2023-10-07]. http://xinhua.net.com/politics/2018-02/13/c_1122415641.htm.

2. 健全优质普惠的养老服务体系

金牛区积极适应老年人多层次、精细化服务需求，大力推动现有养老机构提能增效，全方位构建金牛特色社区养老服务体系，打造出了为老助老服务品牌。一是加强社区养老服务设施建设。金牛区对已建微型养老院及日间照料中心进行提档升级，增建认知照护型养老院，建成运营多家枢纽型社区养老服务综合体，增加了普惠性养老床位的数量。二是拓展嵌入式养老服务。依托社区发展多样化养老服务，探索并建立了"社区＋物业＋居家"的养老新模式，设置了家庭照护床位250张，困难家庭适老化改造30户，提供居家上门服务1.2万余人次。三是发展智慧养老服务。打造"智慧民政"综合信息平台，金牛区依托养老综合体建立了区级智慧养老信息指挥中心，营造老年智能用品体验场景。同时，积极推动构建"互联网＋"智慧养老模式，建成了1个示范性智慧养老院、1个智慧养老示范社区，多维度提升了养老服务质效。四是建成社区养老服务综合体。金牛区通过协调街道、业主单位，利用公建配套设施，采取公开招标的方式引进知名运营商，于2021年2月在沙河源街道友联社区建成全市首个社区养老服务综合体。该综合体集社区照护、医养结合、老年生活服务、养老便民、对下指导功能于一体，根据老年人的需求，划分了为老便民服务、日间照料及居家养老服务、智慧健康养老示范3个区域，打造了"一站式"养老服务设施。自运营以来，已入住托养老人6人，为周边老年人开展照护培训、健康讲座、文化娱乐等公益活动360余人次，免费为200名老年人家庭安装红外感应、烟感探测、紧急呼叫等适老化设备，影响力范围不断扩大。

3. 完善全面协调的未成年人保护体系

未成年人的健康成长既关系到每个家庭的幸福和未来，同时也影响着祖国的兴盛昌隆。金牛区在城市社区发展建设中将未成年人保护工作提到了更高的层面，积极探索超大城市中心城区未成年人保护工作路径，大力构建了"党委领导、政府主导、社会支持、公众参与"的未成年人保护工作新格局，有力促进了未成年人健康全面发展。一是构建"一盘棋"整体格局，高站位筹划部署，高标准制度引领，制定"1＋6"工作方案，建立"月挂牌、季调度、年考核"全时段、全覆盖考核机制，完善"发现报告、个案会商、从业查询、保护热线、信息管理"5项制度，逐步形成政社互动、家校联合、监管有力的工作格局。二是聚焦"三级驱动"发展构架，建立区、街道、社区三级未成年人保护工作机构。区未成年人保护站与4所高校合作开展大学生志愿服务，利用社区文化广场、长廊、公园等中心地带建立教育基地6个，在社区、公园、医院、学校、小区嵌入儿童友好空间，推动儿童参与社区活动。三是增强创新服务推动力，成立"金牛区未成年人心理关爱服务中心"，创新构建区、街道、社区、院落四级心理关爱服务体系，探索建立"督促监护令"监督工作机制。首创全省青少年普法虚拟角色"法妞妞"，积极开展未成年人社区矫正工作，逐步形成聚力共建、融合发展的未成年人"一站式"保护态势。经过系统化的建设，金牛区目前已建成区级未成年人保护工作站、13个街道未成年人保护工作站、90个社区未成年人保护工作点，创新形成"区级—街道—社区—院落"四级心理关爱服务体系，未成年人保护服务得到了长足发展。

（二）探索社区服务机制

社区服务的有效供给是创建和谐社会、建设服务型政府的现实需要。党的十八大提出，要"改进政府提供公共服务方式，加强基层社会管理和服务体系建设，增强城乡社区服务功能"。除了从群众日常生活需求入手拓展社区服务内容，改进服务手段、强化服务功能、创新服务机制也是当前城市社区服务建设优化的重要内容，金牛区为此进行了诸多大胆的尝试，探索出可资借鉴的实践经验。

1. 打造社区生活圈，营造方便快捷的社区服务供给体系

按照"全龄友好、功能完善"的理念，金牛区以服务人口和服务半径为依据科学布局公共配套设施建设，逐步完善全区各点的"15分钟公共服务圈"，强化公共配套设施建设，完善社区快捷方便的服务供给体系。一是重点打造社区中心和邻里中心，积极推进标准化社区综合体建设。统筹布置社区卫生服务中心、文化活动中心、社区养老机构等公共配套设施，完善婴幼儿照护、运动休闲、体育健身、老年康养等服务功能，将主要公共服务配套设施规划在同一街坊地块内，形成生活邻里中心。二是探索多元供给，补全配套设施。结合城市更新、城镇老旧小区改造、绿色社区创建等工作，通过补建、购置、置换、租赁、改造等方式多渠道增加公共服务设施供给，因地制宜补齐既有公共配套设施建设短板。三是梳理土地资源，强化空间利用。对现有建成区的空间梳理调查，整理现有闲置空间，结合土地开发项目、土地

整理项目、城市更新项目等，充分利用居住社区内空地、荒地及拆除违法建设腾空土地等进行相关公共配套设施项目的建设，从而最大限度地增加公共活动空间，重点补足社区综合服务站、幼儿园、卫生服务站等公共设施，有效提高土地使用效率。

2. 拓展多元供给方式，创新"五社联动"服务供给机制

城市社区服务体系具有庞大的需求体量，涉及居民群众日常生活的诸多方面，仅靠基层政府和自治组织显然是不够的。城市社区服务的现代化发展更强调的是多元协同和高效精准，需要多方主体参与，形成共建共享的服务格局。金牛区积极顺应发展趋势，着眼于"五社联动"服务机制的探索。一是创新"五社联动"激励机制。构建社会参与成效评估机制、社会组织诚信建设评价机制、社会组织项目品牌建设机制、激励表彰机制等，形成各方主体参与的动力激发制度体系，调动多方主体积极参与社区的服务供给和建设。二是创新"五社联动"行动参与机制。以公益创投社区提案为重要抓手，建立社区志愿者、社会慈善资源参与机制，用专业的社会工作方法，通过民主协商机制，解决人民群众急难愁盼，促进形成"五社"互联互动、有序参与的氛围。三是创新"五社联动"保障机制。一方面加强部门间的协同，实现社会资源整合，以街道党工委为"五社联动"组织保障第一责任人，建立领导小组联席会议工作机制；另一方面加大专业社工人才队伍培育的保障建设，建设"红色摇篮"人才队伍培育阵地、街道级智库专家支持队伍、街道级社区规划师队伍、"社区掌门人"学习交流平台等助力多方主体的培育和发展，从而更好地参与社区服务。

3. 延伸平台功能，发挥集成化的社会综合服务效能

金牛区依托社区治理创享中心这一综合化平台，充分发挥平台在资源、主体等方面的集成效应和综合优势，积极拓展延伸了平台的服务功能。一是发挥创享中心支持作用，大力完善平台下的社区开放大学功能，链接高校、科研院所资源，科学设置"线上＋线下"课程，发挥专家智库作用，为全区乃至区外的社区发展提供教育服务的支持功能。二是发挥创享中心创新孵化、资源对接的平台作用，开展系列社会组织能力提升行动，培养社区治理专业人才，建立区内外的优秀社会组织资源库，定期或不定期召开供需会，为全区街道、社区搭建资源对接平台，提供多元资源供给服务。三是深化创享中心"居民e学校"模式，借鉴"公益＋低偿"模式，以居民需求为导向，优

化"线上+线下"家庭教育、优品生活、现代社交素养等课程,丰富居民的生活、社交内容,提升社区居民素养、生活品质。

三、深入贯彻高质量发展理念,创新城市社区场景空间更新实践

随着社会主义现代化进入新时期,居民群众的物质基础、生活水平等都有了极大提升,需求层次也从基本的生存发展需求提升到了更高的层面,对自身的生活环境和活动空间有了更高的追求和要求。对于金牛区来说,一方面传统的中心城区所伴生的社区空间的老旧问题十分突出,存在大量的老旧小区(院落),这对超大城市的现代化发展进度产生了一定的阻碍作用,老旧的基础设施等也极大制约着居民群众的生活水平和服务质量提高,亟待更新置换。另一方面公园城市的深入推进对社区环境、生态绿色等提出了更高的要求,居民对美丽宜居的社区空间也更加期待。这些都要求金牛区要加快城市社区场景空间的优化和建设。

(一)优创社区宜居环境

为了满足群众对环境优美、绿色生态的宜居环境的要求和期待,金牛区聚焦于城市社区的居住环境进行了革新优化行动。

1. 探索建设城市公园社区

金牛区以新发展理念为引领,将公园城市建设理念贯穿于功能组团、生态空间、绿道体系、公园街区、有机更新等城市建设发展的谋划和实施中,努力推动公园城区形态和谐大美,城市生态价值充分彰显,城市文态别样精彩,城市功能品质多元复合,实现城市产业品相的"三生共融",形成了"一心两轴三片"公园城市社区格局。一是围绕"一心"做强极核功能。金牛区大力提升、新建了凤凰山片区三大公园,以打造出生态开放、环境优美、功能复合的"城市绿心"。二是聚焦"两轴"拉开发展骨架。金牛区通过人民北路百里中轴将都市文旅、时尚创意、现代商务、体育美食、"北斗+轨道"交通、国际商贸等多产业串联,规范整治金牛产业发展动力轴;通过金牛大道串联锦城公园、一环路市井生活圈、新金牛公园、天府艺术公园等特色点位,打造金牛人文体验走廊。三是做强"三片"提升城市能级。在成都站公园枢纽片区,金牛区通过绿道有机串联锦江公园、人北中央公园等7个大型公园,通过成都站上盖公园贯通中轴、打破空间阻隔,打造公园式片区核心

和锦水环绕的绿色门户；在天府艺术公园片区，金牛区加速成型了"三湖八景"，展现出了特色鲜明的蜀风雅韵，塑造出了韵味独特的文化形态，打造出了南丝绸之路文创文化交流新中心和国际交流门户；在锦园九堰商贸片区，金牛区整合近100公里绿道和凤凰山体育公园、锦城公园等10个大型公园，打造了蓝绿交织、功能复合的山水城北、休闲堰溪，营造出"人城境业"和谐统一的国际性商贸门户。金牛区公园城市的建设不仅仅是增加公园、绿地、游园，提升改善城市的生态品质，也推动了特色街区打造，提升了街区形象品质，全方位拓展优化了城市生活、生态、生产空间，呈现出具有历史记忆、商业氛围、生活气息、生态涵养的公园城市新场景。

2. 创新实施"美丽阳台"市民行动

金牛区为积极动员多方主体参与城市社区环境的优化和革新，创新实施了"美丽阳台"行动。以实现从"眼里看到美"，使居民群众真切感受到变化，到"行动中有美"发动居民自主参与；从"生活理念美"增强居民群众美学运用能力到"花园城市美"打造良好生活环境；从"邻里关系美"强化小区治理成效，到"心里感受美"增强群众的幸福感、获得感。一是以"小阳台"体现"大担当"，积极发挥基层党组织的引领作用，结合"百千万"工程，推动多方主体共建共享，整合社会各类主体和资源，激励大家从自家阳台入手，用美丽阳台扮靓街区风貌。二是以"小切口"做足"大文章"，明确细化各层级部门的职责任务。以区委城乡社区发展治理委员会、区城市更新局为总抓手，指导街道、社区发挥专业优势，同时积极培育社区治理的"能人""达人""热心人"，引入社会组织、社会企业等社会主体协力打造"美丽阳台"；街道部门、社区党组织承担"导演"角色，发挥基层党组织对辖区内各类组织的统筹引导作用，加强对居民的培训，用社区营造的手法引导居民参与小区治理、关注环境问题，传授居民养花植绿技能、增强居民美学观念，从而提升居民生活美学的运用能力。三是以"小名片"成就"大品牌"，以"美丽阳台"建设为切入点，结合"服务人、美化境"，挖掘一批具有金牛印记的地名、文物古迹、名人、民俗等文化元素，并进一步开展特色化、差异化的打造，形成一批有乡愁记忆，有民间底蕴的特色社区、街区和院落。2018年至今，金牛区共在1000余个院落（小区）开展了"美丽阳台"市民行动，评选出各类奖项270个，超过5万个家庭、300家社区社会组织、40余家专业社会组织参与，获得686万次线上点赞。

（二）更新社区空间场景

金牛区以"场景赋新城市·创意激活社区"为主题，系统梳理辖区资源和文化印记，实施一环路整体改造，高品质推进城市有机更新。

1. 打造示范社区。金牛区按照"新旧迭代同步创建""点面结合同步谋划""督导拉练同步推进"的思路推进示范社区创建工作，以点带面、引领带动社区治理，实现社区整合资源、成效集成展现。一是打造新桥示范社区。新桥社区依托社区地处锦江绿道、熊猫绿道交会节点的生态本底和摄影文化本底，聚焦"党建引领""文化切入""生态融入""产业植入"，全力营造了以摄影为主题的幸福美好生活公园社区，初步形成了"一社"（社区党群服务中心）优形态、"一街"（摄影文创特色街区）强业态、"一馆"（当代影像馆）精文态、"一园"（府河摄影公园）美生态、"一圈"（以熊猫驿站为中心，由幼儿园、超市、运动场等组成的"15分钟社区生活服务圈"）活心态的社区治理格局。二是建设曹家巷示范社区。曹家巷社区联合"地瓜社区"，以党建引领"青年+创新"为主题打造社区综合体，并创新提出"产消者计划"，让居民在家门口实现自己的价值。

2. 营造社区美空间。金牛区通过营造社区美空间行动，打造居民身边"展示社区在地文化，彰显社区生活美学"的生活场景，以提升社区场域价值和市民生活品质，促进美学应用与社区治理的有机结合。一是营造花牌坊社区美空间。花牌坊社区以"醉美街坊，蜀绣魅力""花牌锦韵，传承古今"的蜀锦纺织社区文化为主题，采取"公益+市场"运营方式，推动空间营造与社区商业运营相结合、互促进，让居民可以"停"下脚步、"静"下心来、感受"慢"节奏生活。二是打造陶里文创体验中心，以鲜明的陶文化为主题，通过时尚艺术的室外改造和丰富多样的制陶、篆刻、雕塑等室内文化场景设置，营造出可供居民休憩、游览、体验、参与、消费的社区艺术美学空间，并按照"市场+公益"的逻辑，链接优质的休闲消费业态，为年轻群体提供优质服务。

3. 建造特色街区。按照市委"公园城市建设""一环路市井生活圈打造"等决策部署，金牛区明确政府搭台、多方参与的工作方向，深度挖掘本地文化，精准分析居民需求，注重产业提质和专业运营，形成了风格鲜明的主题文化特色街区。一是打造枣子巷中医药文化特色街区。金牛区通过撬动省委统战部、成都中医药大学等驻区单位的拆违投建，引进了南京同仁堂、五行火锅料理等 10 余家中医药文化品牌，打造出了集文化体验、医药旗舰、健康养生于一体的新消费场景。二是营造北门里·爱情巷。金牛区通过深入挖掘司马相如、卓文君爱情励志之地驷马桥历史背景，以红砖建筑为主调，精心串联"滨河路绿道"及"缘心"广场、"凤求凰"剧场、"红线"民宿、"滨河"酒居、"河畔"茶香等节点，汇集红心、"520""1314""LOVE 墙"爱情锁链等元素，打造出了"北门里·爱情巷"这一网红爱情表白地。三是创建"文家巷丝面美食街"。金牛区立足回应民生诉求，按照行政、商业和文化 3 个逻辑，以打造面食特色街区为切口，与 130 余家面食经营者形成社区商业联盟，通过风貌改造、景观建设、功能优化、产业植入、消费场景营造等，呈现出了市井味、烟火气十足的老西门"面街"。

4. 改造老旧院落。近年来，金牛区以"一环路市井生活圈"打造为契机，坚持"片区一体化改造"的思路，通过一体策划、一体实施、一体治理，完成抚琴西南街片区老旧社区改造，重塑"市井西南、烟火抚琴"生活场景，描绘了一幅"有历史内涵、有商业氛围、有生活气息、有文化故事"，市民看得见、摸得着、感受得到的幸福美好生活画卷，初步探索出新城市发展进程中老旧社区改造的"老西门"模式。一是坚持"文态、形态、业态"一体策划，以"少拆多改"为更新路径，通过挖掘市井烟火文态特色、延续川西民居形态风格、构建便民利民业态体系进行连片整体规划。二是坚持"院落、空间、场景"一体实施，通过动员居民推进老旧院落改造、运用美学提升公共空间气质、营造特色社区消费场景来实现场景更新的多方共商、价值共赢。三是坚持"小区、街区、片区"一体治理，通过理顺各类主体的职责关系，搭建协商议事的平台，建立长效互动机制，形成紧密联系的社区共同体，促进区域持续发展。

第四节 "犇"勇开拓，
开辟城市社区长效发展道路

在奋力探索城市社区治理新格局的道路上，金牛区委区政府坚持以人民为中心，秉持"创新、协调、绿色、开放、共享"的新发展理念，积极转变超大城市社区治理方式，大力完善中心城市社区治理体系，将"转理念、转职能、转方式、转机制、转形态"贯穿于城市社区治理的全过程。经过近年来的探索和创新，金牛区形成了许多符合时代要求、顺应发展趋势的治理"新理念""新机制"和"新模式"，为全国各地的城市社区治理提供了可资借鉴的金牛经验。

一、城市社区治理的现代化理念应用

城市社区治理是国家治理现代化建设不可或缺的重要环节。全力夯实基层社会治理这个根基，首先应当树立科学的态度和运用先进的理念，形成现代化发展思维并将其作为思想和行动上的引领，才能高效推进城市社区治理向现代化方向发展，不断开辟城市社区治理现代化的新境界。

（一）秉持系统化理念

社区治理工作从来都不是单一项目模式，而是复合的治理场景、生活场景的营造，要在社区面貌更新中体现生态价值，在空间设计中体现美学价值，在本地文化挖掘中体现人文价值，在社区服务提升中体现生活价值，在动员居民参与中体现社会价值，在社区商业发展中体现经济价值。因此，对于城市社区治理这项系统工程来说，"单打独斗"必定"事倍功半"。金牛区为了发挥出城市社区治理创新实践的最大效能，实现各项治理实践和工作的有机协调，创新形成了系统化的治理理念，并具体贯彻到各项工作推进和实践创新中。

系统思维强调大局观和协调意识。在城市社区治理实践中，系统思维要求把社会治理和社会发展看成一个整体，以系统思维聚合力，用系统方法谋全局，在治理实践中形成长远布局与总体发展思路。金牛区秉持系统思维，在社区治理实践中有效凝聚了区政府、区委组织部、区民政局、区财政局等多部门的力量，诸如社区提案、老旧片区翻新等涉及部门多、需要强大推动力量、影响范围广泛的社区治理项目得到了有效推进和落实，并取得了显著的治理成效。具体来说，金牛区秉持系统思维体现在以下两个方面。

一是树立系统融合的谋划理念。城市社会治理是一项重要且复杂的系统工程，需要提高统筹谋划能力。在城市社区治理的谋划上，金牛区秉持系统思维，先是探索形成本区整体的发展思路、路径和模式，再围绕社区发展和治理的各个侧面展开详细谋划，形成了宏观与微观结合、整体与具体协调的系统发展建设谋划，从而在整体上保障了社区的发展和治理有方向、不跑偏。另外，金牛区委区政府从来不把城市社区治理工作视为某一单个部门的工作，而是将相关部门和力量都吸纳整合在一起，形成强大的工作向心力。在具体的项目计划中，往往采取一个政府领导牵头、一个主要部门统领、多个有关部门承接的工作模式，保障各项谋划得到有效推进。

二是秉持系统全面的实施理念。金牛区各项发展治理实践在落地实施时同样贯彻和体现系统思维。从整个街道层面进行统筹，通过"书记抓、抓书记"，把社区治理项目纳入区域建设、经济建设等重大系统项目中，实现片区化、集成化、系统化推进，推动城市更新、片区管理、社区商业、居民自治等各个方面协调建设。这是金牛区西南街老旧小区连片打造能够获得多项表彰、取得显著成效的根本原因。西南街老旧院落通过"系统化思维、集团化作战"，大打"组合拳"，通过集成化、连片化、系统化的方式进行了老旧院落的连片打造，实现了从老旧"稀烂街"到烟火西南街的华丽蝶变，在使社区重新焕发活力的同时，也有效破解了许多治理难题，打造出连片成绩、示范效应。

（二）树立项目化思维

以项目化的形式进行城市社区治理创新，推进社区现代化发展，是一种全新的工作理念和机制。从其内涵来说，是政府部门通过财政专项转移支付的项目手段，一种不同于行政指令性的方式，进行社区治理行动。这一形式具有"技术理性"的优势和特点，强调政府部门的有效控制，避免承接主体对项目执行不到位等；强调专款专用，保证项目的建设方向；重视规范化的程序技术，通过理性的目标管理等手段，实现治理绩效。同时，引入竞争机制，使社区治理项目在各街道社区间、各社会组织间等形成激励和动员，进而提高治理成效。金牛区在进行城市社区治理创新过程中，积极运用项目化思维，显著提升了城市社区治理的创新成效。

一是制定"一揽子"治理项目，推动社区治理发展。城市社区的发展和治理既需要明确而具体的工作内容，也需要充足资金的持续保障。为了解决社区治理中的工作方向不清晰、资金缺少保障等问题，金牛区委区政府实施"百千万"工程，通过3年时间评选100个院落治理微幸福示范院落，培育1000支示范院落骨干微队伍，在全区院落实施1万个群众参与的微治理示范项目。金牛区以这一具体而明确的项目工程来拓展和丰富居民参与院落治理途径，创新院落治理活动载体，提供充足的专项资金保障，推动全区治理体系现代化和治理能力现代化。

二是通过项目化的运行程序，保障社区治理行动的规范和有序。在"百千万"工程的具体操作过程中，首先由主管部门对本年度的项目类别和数量进行拟定，进行整体上的统筹和规划；其次由各街道、社区进行申请和承接，进行各项目的落地工作；最后通过各项目的指标体系、专项拨款等方式，对各项目的实施过程和结果进行技术控制，从而达到预期成效。

（三）践行社会化思想

除治理理念和治理机制等方面的现代化外，内容与主体的现代化同样具有重要的意义。金牛区积极顺应城市社区治理的趋势，通过践行社会化思想来不断推动城市社区的现代化发展，提高居民群众的生活质量。

一是社区治理主体的社会化。一方面拓展社区治理的主体，通过构建"四级社会组织孵化平台"和"创享中心"探索"社企融合机制""五社联动"等机制，积极链接各方社会力量，并将它们吸纳到社区治理的各方面、各环节。通过多方主体的广泛参与，夯实社区治理的力量基础，减轻政府、社区等的工作压力。另一方面由专业的人做专业的事，积极引进大量优秀的社会组织和企业参与社区治理，将行政化的公共服务转化为社会化的专业服务。同时，实现社区治理项目从前期规划到中期实施、再到后期管理的完整工作闭环，且每一环节都有专业主体参与，借助这些力量延长政府、社区等主体的工作手臂。例如，在曹家巷社区的建设过程中，既有国有企业的专业打造，也有居民和高水平的专业团队参与设计，还有社会企业参与日常运营，通过这一共建过程打造出居民满意度较高的曹家巷社区。

二是社区治理内容的社会化。城市社区的发展和创新归根结底是为了更好地满足居民群众的生活和发展的需求，因此城市社区治理的内容也应该积极向居民群众和广大社会的需求靠近。为此，金牛区以居民群众的需求和建议为导向，通过创新"居民社区提案"来实现居民需求的有效落地，通过培育和利用各层级社会组织，研判和分析居民需求导向和趋势，通过特定平台的"社会化运管"来保障服务的效率和质量，通过完善"居民 e 学校"等网络化方式和手段来拓展服务的范围和内容。

二、城市社区治理的精细化机制创新

基层社区的发展治理工作涉及民主政治、服务供给、精神文明、生态建设等多维度多层次的内容，面对的事项也纷繁复杂，因而必要的精细化机制成为社区治理持续开展的重要保障。

（一）社区治理的韧性机制

以韧性理念为指导进行社区建设逐渐成为城市发展的新导向，其中的韧性社区被视为城市公共安全的基础单元。在经历各种重大自然灾害及突发事件后，增强城市治理韧性也得到更多重视。所谓社区韧性，主要是指社区受到灾害冲击时，具有自我减轻负面影响的能力、自我调适及时应对的能力、自我恢复的能力。从其概念来看包含两个方面的内容，一是面对外来冲击的抗逆性，二是冲击发生之后的恢复力。党的十九届四中全会提出，"优化国家应急管理能力体系建设，提高防灾减灾救灾能力。"[①] 社区应急管理能力体系建设成为新时代国家应急管理能力体系建设的重要组成部分。

为了多维度建设韧性社区，提升城市韧性水平，金牛区在全省范围内率

---

① 中共中央关于坚持和完善中国特色社会主义制度 推进国家治理体系和治理能力现代化若干重大问题的决定［EB/OL］.（2019 - 11 - 15）［2023 - 10 - 07］. https://china.huanqiu.com/article/9CaKrnKnC4J.

先提出创建韧性社区,从提升组织韧性、环境韧性、个体韧性的角度开展创建工作,以加强社区资本韧性建设、提升社区组织韧性建设、促进社区治理韧性建设,最终实现社区居民减灾防灾意识和能力的提升、居民间亲密感的建立、社区内参与式决策的形成等目标,进而提升社区韧性水平。从其实践经验来看,增强城市社区治理韧性的机制创新包括以下方面。

一是增强组织韧性。一方面筹建社区行动联盟,确定合作伙伴,促进多方参与。积极链接社会组织、党支部、自组织、商家企业、医疗机构等组建韧性社区行动联盟,让各联盟单位在社区公共安全事件发生前后,保持公共合作,实现快速恢复与良性发展。另一方面形成社区行动联盟手册,明确成员职责分工和联动机制,引导动员不同力量在不同层面发挥功能作用,实现从统筹支持、创建规划、专业支持、生活保障、应急救护、心理康复等层面明确责任分工和有效协调。

二是提升环境韧性。通过建立社区"实体仓库 + '云'仓库 + 家庭'微'仓库"的三级仓储体系,提升社区安全防卫能力。在实体仓库方面,着力提升抗灾物资储备,规划落地社区实体仓库,提升救灾物资应急保障能力;在"云"仓库方面,立足生活保障、医疗救护、心理调适3个层面,建设社区备灾"云"仓库;在家庭"微"仓库方面,聚力于提升居民的安全防范意识,倡导建设家庭备灾"微"仓库,增强社区居民自救互救能力。

三是强化个体韧性。聚焦社区困难人群,如残障人士、高龄独居老人等,提升他们在防灾减灾中的应对能力,从而使社会韧性从整体上得到提升。从具体的实践经验来看,九里堤北路社区通过"小微"项目创投的方式,聚焦残疾人协会和老年协会的服务人群,提供应急减灾服务,建立起社区困难群体帮扶机制。府河新居社区则依托楼栋自治的优势和资源,形成了家庭为主、亲友为辅、社区兜底的"社工+网格员+楼栋长"困难群体帮扶机制。银桂社区从老龄化的视角出发,围绕社区老年应急志愿服务队伍与院落安全小分队建设、老年人居家安全等内容开展服务,构建"社区—院落—家庭"三级老年应急安全体系。

(二)权责对等的领导机制

在城市社区的治理层级中,区政府层面往往承担统筹和管理的角色,街道社区处于行政的末端和基层的顶端,是政府与基层的重要连接点,谋划项目、信息统计等工作都由街道社区具体落实。正是处于这样的独特位置，使得街道社区成为向上完成政府行政工作、向下引领居民群众进行社区治理的核心。在实施过程中，这一核心地位却往往表现出"权责不对等"的现象，日常事务的繁杂也使得街道社区各职能常常交叉重叠，大大降低了社区治理的效能。为了进一步厘清政社之间权责边界，明确社区居委会职责，理顺社区居委会依法履职与协助政府管理关系，真正实现社区"还权""赋能""归位"，切实提升社区居民依法自治能力和水平，金牛区探索实施了权责对等的领导机制，由此来规范街道社区的各项权力和事务。

一是推动街道社区扩权赋能。为了使街道社区的权力与职责相匹配，工作事项清晰明确，权力运行规范有序，金牛区制定出台了《部门职责事项下发实施办法》，研究形成向街道下放的权力事项清单，推动了各街道职责任务、公共服务、属地管理的清单化、标准化、规范化建设。具体来说，完善部门下沉街道社区管理服务事项费随事转、人随事走的制度机制，保障权、责、人、钱的相互对应；依据社区工作事项"三张清单"开展自查自纠，建立新增协助事项批准和备案制度，明确街道社区的权力职责边界；构建以社区工作事项清单管理为基础、社区治理为重点、群众满意度为导向的社区工作综合考评体系，建立社区评议部门和街道工作制度，实现对街道社区工作的有效监督和激励。

二是促进街道社区减负增能。金牛区出台了《城乡社区工作事项准入备案制度的指导意见》，建立起事项依法准入和动态管理机制。该机制明确规定了街道社区的工作事项准入原则和程序，对确需社区承担的临时事项，须报请区（县）级政府同意，同时保证所需工作经费及时下沉到社区管理使用。此外，金牛区还完善了"挂牌准入制度、牌子日常管理、挂牌督查问责"三项制度，对临时挂牌的职责、增设的责权进行规范化管理，明确因工作确需挂牌的职责须同城乡基层治理机构、民政部门等进行协商，达成共识后再开展相关业务，从而增强街道社区的负担表达和反馈能力。

（三）绩效评价的保障机制

金牛区十分重视对工作绩效的目标控制，让专项资金在"阳光"下高效运转。针对社区治理专项保障资金（以下简称社区保障资金）管理使用知晓率不高、规范性不强、绩效不突出等问题，金牛区以提高居民参与率、资金使用率、群众满意率为导向，率先探索建立社区保障资金工作绩效评价体系，通过健全宣传引导、规范使用程序、创新评价等机制，有力推动了社区保障资金用好、管严和增效。

一是规范资金使用程序。金牛区出台了《金牛区社区治理专项保障资金项目发包管理办法》《金牛区社区治理专项保障资金工作绩效评价体系建设实施方案》等配套文件，制定优化了《工作指导手册》，确保全区"一套制度规范全局，一本手册指导到底"。同时，为了使该程序在基层社区能够有效落实，金牛区还建立了区—街道—社区三级常态化培训指导机制，对街道社区工作人员分层分级开展政策理论和实操应用培训。

二是健全资金监管机制。金牛区明确了社区保障资金工作从需求征集到项目评议每个阶段的规定流程和时间节点，推动各社区专项资金的"早谋划、早启动"，使全区社区在资金管理使用上步调基本一致，方便统一审查和监督。同时，还建立了"月走访、季培训"常态化监督制度，督促街道人员每月一对一全覆盖向下走访指导，每季度向上反馈督查情况。

三是构建绩效评价指标。金牛区探索建立了《金牛区社区治理专项保障资金工作绩效评价体系》，包括30项基础评价指标和27项绩效评价指标，以此来引导资金在使用方向和使用形式上不断优化，在使用质量和使用效果上不断突破。

自从该机制建成以来，金牛区充分发挥了财政资金撬动作用，强化了社区保障资金管理水平，增强了资金绩效理念，优化了资金使用结构，为提升社区治理水平提供了新方法、拓宽了新思路、开辟了新天地。仅2020年度，全区共使用社区保障资金5791.55万元，资金使用率达94.83%，较上年提高5.18个百分点。

三、城市社区治理的长效化模式探索

社区治理不是阶段性的攻坚行动，而是长期且系统的建设工程。无论是项目实施前的规划设计，还是项目实施中的资金来源，或是项目实施后的管理运营，都需要考虑可持续性问题，需要以长远的视角提升社区治理和业务水平，持续改善居民生活质量。

（一）社区基金的长效化保障模式

为了拓展资金来源，盘活资金活力，为社区治理提供充足和长效的资金

保障，金牛区创新探索了社区慈善微基金的长效化保障模式。社区基金是指挂靠在社区基金会法人或具有公募资质的慈善机构（组织）下面，用于社区公益事业的慈善基金，社区基金的地域范围一般为某一具体的社区（这里所说的"社区基金"与"社区慈善微基金"是同一概念）。截至目前，金牛区共建立社区慈善微基金96个、街道级基金1个，总募资达280余万元，总支出80余万元。

一是拓宽募集渠道。金牛区积极整合社区资源，以资源置换方式充实社区慈善微基金，运用互联网平台众筹，从而加大影响力和募集力度。一方面，发动基层党组织，以固定党日活动为契机发动募集。如荷花池街道杨柳巷社区将每年7月1日定为社区"慈善日"，联动辖区商家、居民、企业等开展活动，探索社区基金生态链模式，已累计募集资金11.27万元。另一方面，链接企业商家，开展如"悦跑·营门——助力花照迷你马拉松"活动，结合法定节日，调动辖区企事业单位、商家社区集市、企业等以冠名、捐赠等方式开展社区公益活动，实现居民得实惠、商家得利益、基金池得充实的共赢目标。

二是活化资金使用。在资金的日常运管方面，金牛区坚持居民自筹自用的原则，通过专业机构引导社区慈善微基金用于社区微项目营造、社区院落微更新、社区院落自治、社区公益活动等社区治理领域，从而盘活资金的使用和居民自治的活力。同时，采用项目化的方式使用社区慈善微基金，延展服务链条，由原来单纯"给钱给物"拓展为"提供服务""助人自助"。此举不仅可以提升社区温度，还可扩大慈善资金募集源头。截至目前，已使用100余万元用于困难群体关爱、社区公益活动、"微项目"营造、社区提案实施等社区治理领域，如迎宾路社区用社区基金推动院落凉亭改造和太阳能路灯改造，优化院落居住环境，汇泽路社区用社区基金开展"小鬼当家·环保超市""粽爱汇泽·关爱互助"等活动。

三是强化"造血"循环。提升社区基金自我"造血"能力，在有基础的社区探索引入特色商品公益展卖，如有机农副产品、特色公益产品等，将展卖所得资金按一定比例注入社区基金池，以逐步实现社区基金的自我"造血"和内循环，推动社区基金的可持续发展。

（二）社区空间的可持续运营模式

对于城市社区来说，社区的公共空间资源十分珍贵，在有限的空间中实现最大化的效益成为空间运营的目标,以此避免社区公共空间资源的闲置、运营效率低下、运营模式不可持续产生的资源浪费等问题。为此,金牛区聚焦社区空间的可持续运营,大胆尝试"政府引导、社会参与、市场化营运"的公共空间运营模式,探索形成了多种可持续的运营模式。

一是以空间资源换运管服务。这种方式主要以社区空间为资源,通过为社区社会组织、社会企业等提供免费的工作场地来换取它们的专业运营服务。一类是遵循"公益+低偿"的运营模式来实现可持续发展,即社区公共空间以一分钱出租,由公益创投提供一定比例的资金支持,从而引进社会组织等入驻运营。另一类是无偿提供给专业化的社区社会组织和成熟的社会企业,并由它们自主运营。这类公共空间一般具有较强的功能性,如由四川省歌舞剧院等企业来运营下涧槽社区公共空间,品牌社会组织成都市爱有戏社区发展中心运营邻里月台,影视文化文创公司运营5811铁路印记广场等。

二是以市场化方式实现收支平衡。这种方式以商业思维为基础,通过挖掘社区公共空间中可资开发和利用的空间场地对外招租,从而实现社区空间的创收,进而保障该社区空间所需的基本运营成本,达到收支平衡的目标。这种方式一般多以咖啡角、书屋等为基本招租形式,既能够最大限度利用公共空间,为居民提供多元化的空间服务,还能够进行一定的空间创收,实现可持续的空间自营。如成都市金牛区创享社会服务中心的运营模式,即立足于创享中心功能定位不变的基础上,拓展市场化运行思路,开发空间功能,设置了创享咖啡、闲吧、聊吧、睡吧、读吧等,在为创享家提供集休闲、娱乐、交友空间的同时,还能实现一定的场地收入,满足中心的日常运营成本,形成了可持续的盈利机制。

(三)社区场景的一体化营造模式

现代化城市社区的场景营造并不只是简单的翻新重建,也不是单纯的功能添置,而是要考虑长远发展,综合营造,从而在社区服务、社区商业、社区文化等方面实现全面提升。金牛区在探索社区的可持续发展方面,形成了连片化的营造思维,通过聚集效应、品牌效应等来推动社区场景营造的可持续发展。

一是一体化的生活场景营造。金牛区作为传统的老城区,院落老旧、小区较多,基础设施老化、安全隐患增多等使得单一院落的针对性改造实用性并不高，治理效能的提升也十分有限。因此，金牛区创新采用了"整体规划、连片打造、多方共治、集中呈现"理念，坚持"院内院外、地上地下、软件硬件"一体推进，推动了片区内30个老旧小区、6条道路、4个游园、2个社区公共服务中心的集中提档升级改造，这不仅优化了当前的社区生活环境，同时还保障了社区服务等方面的长远发展需求。如西南街社区的连片化老旧小区改造，通过"引、拆、增"促进空间释放，弥补了老社区商业空间不足问题，并营造出多种社区生活服务场景，有效推动了社区从单一社区向复合型社区转型。

二是整体化的社区商业场景营造。金牛区运用商业化逻辑、市场化手段营造了具有金牛历史文化底蕴、有商业氛围、有生活气息、有文化故事的特色街巷，通过这些特色要素的聚集和品牌化的打造，有效实现了社区场景的可持续发展。如金牛区在全市率先践行公园城市街区一体化导则，打造出了"枣子巷"中医药文化特色街区，"池上锦"汉服产业文化街区等15条特色商业街区，塑造出了一批新颖的城市地标和文创品牌，在全面提升城市品质和城市形象的同时，也有力地盘活了街道社区的发展资源。

第二章 固本强基：建强城市社区的红色引擎

习近平总书记强调："增强党组织政治功能和组织功能，推进以党建引领基层治理。"[①] 基层党组织作为党的"战斗堡垒"，发挥着固本强基的作用。城市社区党建是基层党建的重要内容，是党在基层汇集政治资源、确立基层执政基础的基本手段，同时也是基层党组织整体活力的新生长点。随着全面建设社会主义现代化国家新征程的开启，党建引领基层治理内容和方式也需要进行相应转变。为应对经济社会发展形势和城乡社区治理需求的变化，金牛区坚持以系统思维为导向，以高质量党建引领社区高质量发展，初步探索出可资借鉴的社区党建经验，并成功入选2021年度全国基层治理创新典型案例。一是聚焦"先锋矩阵"，着力祛除基层党建"灯下黑""两张皮"顽疾，并孵化出40余个机关党建工作特色精品；二是推动"楼宇党建"，通过打造线上线下两个载体和圈内圈外四个圈层，扩大基层党组织覆盖面，不断激发社区治理活力；三是坚持"红色驱动"，开展形式多样的民族党建活动，进一步夯实民族团结根基；四是打造"先锋领航"，建立区、街道（部门）、社区三级党员志愿服务体系，深入推动党员志愿服务提质增效。

---

① 习近平：高举中国特色社会主义伟大旗帜 为全面建设社会主义现代化国家而团结奋斗[N]．人民日报，2022-10-26（1）．

第一节　创建"先锋矩阵"，突出基层党建品牌效应

2015 年，习近平总书记在参加全国人大上海代表团审议时强调，把加强基层党的建设和巩固党的执政基础作为贯穿社会治理和基层建设的一条红线①。2017 年 6 月，中共中央、国务院印发的《关于加强和完善城乡社区治理的意见》（以下简称《意见》）再次强调："坚持党的领导，固本强基。加强党对城乡社区治理工作的领导，推进城乡社区基层党组织建设，切实发挥基层党组织领导核心作用，带领群众坚定不移贯彻党的理论和路线方针政策，确保城乡社区治理始终保持正确政治方向。"②这充分表明党组织在基层社会治理中的核心地位，同时也表明社区党建在基层社会治理中的引领作用。2019 年 5 月，中共中央办公厅印发《关于加强和改进城市基层党的建设工作的意见》，进一步指出："充分认识加强和改进城市基层党建工作的重要性与紧迫性，认真落实新时代党的建设总要求和新时代党的组织路线，突出政治功能和组织力，严密组织体系，强化系统建设和整体建设，充分发挥街道社区党组织领导作用，有机联结单位、行业及各领域党组织，构建区域统筹、条块协同、上下联动、共建共享的城市基层党建工作新格局。"③ 2019 年 11 月，党的十九届四中全会明确指出，必须要加强和创新社会治理，完善党委领导、政府负责、民主协商、社会协同、公众参与、法治保障、科技支撑的社会治理体系。2022 年 10 月，党的二十大报告再次强调："完善社会治理体

---

① 习近平：当好改革开放排头兵 创新发展先行者为构建开放型经济新体制探索新路[EB/OL].（2015 - 03 - 05）[2023 - 10 - 07]. http://www.gov.cn/xinwen/2015 - 03/05/content_2828385.htm.
② 关于加强和完善城乡社区治理的意见[N]. 人民日报，2017 - 06 - 13（1）.
③ 中共中央办公厅印发《关于加强和改进城市基层党的建设工作的意见》[EB/OL].（2019 - 05 - 08）[2023 - 10 - 07]. http://www.gov.cn/zhengce/2019 - 05/08/content_5389836.htm.

系。健全共建共治共享的社会治理制度，提升社会治理效能。在社会基层坚持和发展新时代'枫桥经验'，完善正确处理新形势下人民内部矛盾机制，加强和改进人民信访工作，畅通和规范群众诉求表达、利益协调、权益保障通道，完善网格化管理、精细化服务、信息化支撑的基层治理平台，健全城乡社区治理体系，及时把矛盾纠纷化解在基层、化解在萌芽状态。"[1] 这些重要部署为基层党建引领推动社区治理现代化指明了理论方向，提供了实践依托，有助于地方基层朝着实现基层党建引领能力与城市社区治理水平双向提升的目标前进。

一、"先锋矩阵"党建品牌的创建缘起

当前，我国已经开启全面建设社会主义现代化国家新征程，经济社会发展迈上新台阶，人民生活水平得到极大改善与提高。但是现代化进程也在改变着传统的基层社会治理环境，传统的基层社区党建模式与现代社会结构之间的矛盾不断显现，主要表现在以下三个方面：第一，由于城市社区的现代化进程滞后于城市的经济发展速度，基层党组织自身建设存在局限，党建工作与治理工作存在脱节，导致基层党建引领城市社区治理面临一些困境，严重影响城市社区治理体系与治理能力现代化的进程。第二，新时代背景下，"两新"组织使得传统城市社区治理体制面临挑战，经济社会的全面转型导致单位制解体，很多"单位人"变成自由人，进而造成很多公共事务必须由社区承担并协调解决，社区工作量不断加大，无形中也使城市社区党建难度增加，严重限制了社区党组织战斗力的提升，成了社区党建深入推进的障碍。第三，随着新型城镇化快速推进，城市社会结构、生产方式和组织形态深刻变化，传统的社区党建正试图打破以往老套的工作模式，但在实际推进过程中还存在不平衡的问题。有的地方基层党组织软弱涣散，政治功能不强，领导作用发挥不充分；有的地方基层党建新理念还没有树立起来，仍然停留在单纯抓街道社区党建上；有的地方基层党建总体设计、系统推进不够，各自为政，工作碎片化；有的地方基层党建体制机制不适应城市治理和发展，街道社区统筹协调能力弱，共建共治共享未形成常态等。以上问题不仅制约着社区党建的创新发展，也使当前的基层组织工作难以充分发挥作用。要解决

---

[1] 习近平. 高举中国特色社会主义伟大旗帜 为全面建设社会主义现代化国家而团结奋斗[N]. 人民日报，2022-10-26（1）.

这些制约和阻碍当前城市社区党建中的问题，就必须主动回应社会结构出现的新变化，积极推进社区党建与社区建设良性互动，不断提高社区党的建设科学化水平。

随着社会结构的变迁，基层党组织的形态越来越多样，例如机关党组织、企事业单位党组织、社区党组织、农村党组织、"两新"党组织等。这些基层党组织所处的场景不同，各自的组织建设工作也存在差异。一般来讲，政治资源较丰富的基层党组织发展较好，其政治领导力和组织力也会较强；反之，基层党组织的发展和能力相对较弱，从而呈现出发展不平衡、不充分的势态。反映在社区基层党建中就主要体现为，同一市域范围内不同社区党组织规模、机制略有差异，尤其是在居民参与度方面差异更为明显。当前社区党组织面临的共性问题是党建创新缺乏顶层设计与整体规划，党建引领能力偏低，组织下沉力度不够，党建视野不宽、理念不新，党组织功能弱化、虚化、边缘化，组织力不强，服务能力不强，服务功能较弱，甚至一些社区党组织存在空转现象。这不仅削弱了党组织在基层的领导核心地位，也为社区治理带来了难题。因此，面对新形势新任务新挑战，针对不同形态的基层党组织要因势利导、分类施策，使其尽快适应社会结构的变迁。

如何破解传统基层社区党建模式与现代社会变迁之间的矛盾，建设适应新形势新要求的基层党组织，成为各社区党建突破瓶颈、创新发展的重要课题。在目前基层党建的实际探索中，打造富有特色的党建品牌，创新党建发展模式，为有效解决基层党建痼疾提供了一种可行性思路。基层党建工作品牌化建设作为一种从整体自上而下推动的基层党建工作创新方法，指的是将经济学概念引入党的建设工作中，能较好地体现党的先进性要求，具有较强的创新性、先进性、可推广性。基层党建品牌化建设有助于形成内外不同维度的正向效应，一方面，对于基层党组织的内部来说，品牌化建设能够增强党组织的内部团结和资源整合；另一方面，对于基层党组织外部来说，社区品牌化有利于社会资源以各种不同的形式惠及社区内群众的日常生活，实现社区的资源共享。这样内外联系的协同效应，不仅有助于实现社会安定团结有序，更有助于基层党员将服务人民的理念落到实处。

思想决定行动，理念支配实践。金牛区善于应变，主动求变，积极创建"先锋矩阵"特色社区党建品牌，全力破解党组织建设过程中的"两张皮"问题。所谓"两张皮"，指的是相互之间原本存在必然联系或依附关系的两种事物因发生游离而单独存在。在基层党建中具体体现为党建工作难以真正与业务工作相辅相成，甚至出现党建工作被虚化的情况。这种现象既不利于党建工作，也不利于其他业务工作。为此，中央和国家机关工委印发《关于破解"两张皮"问题推动中央和国家机关党建和业务工作深度融合的意见》，并把破解"两张皮"问题作为中央和国家机关党的建设专项督查的重要内容。金牛区积极贯彻落实中央和国家机关工委的文件精神，高度重视破解"两张皮"问题，在社区机关党建工作中坚持围绕中心、建设队伍、服务群众，实施"先锋矩阵计划"创建机关党建品牌，推动机关党建高质量发展，培育机关党建工作精品，扩大机关党建工作影响，在落实党组织"六有"标准中破题，在打造机关党建品牌中解题，在服务群众中答题，不断推进各单位机关党的建设工作始终走在前、作表率，取得不错的实践成效。

二、"先锋矩阵"党建品牌的实践逻辑

金牛区"先锋矩阵"党建品牌的创建为破解"两张皮"问题提供了借鉴。在品牌创建过程中，金牛区制订《关于金牛区"先锋矩阵计划"机关党建品牌创建工作方案》（以下简称"先锋矩阵计划"），按照"一机关一品牌，一支部一特色"的工作目标，突出党建与业务工作互促融合，努力打造一批各具特色的机关党建品牌，全面提升机关党组织工作水平，使之成为服务基层、服务群众、服务发展的重要平台和示范阵地，真正把机关党组织建设成凝聚人心、推动发展、促进和谐的领导核心和战斗堡垒，从党建品牌的内涵、践行和验收三个方面推动"先锋矩阵计划"不断走深走心走实。

（一）"先锋矩阵"党建品牌的丰富内涵

为不断丰富"先锋矩阵"党建品牌内涵，2021年以来，"先锋矩阵"坚持以新发展理念为引领，以服务发展、服务基层、服务群众为宗旨，提出机关党建特色品牌创建"有品牌名称、有品牌标识、有工作流程、有文化内涵、有活动载体、有社会影响"的"六有"标准，以"专业型"党务队伍、"先锋型"活动阵地、"特色型"党组织，扎扎实实走好"精心设计品牌、优化做亮品牌、叫响做强品牌"的每一步，为基层党建高质量发展"赋能充电"。

一是建"专业型"党务队伍，发挥品牌导向作用。党员队伍是社区党建得以发展的根基。金牛区以创建"先锋矩阵"基层党建品牌为目标，选优配

强党支部（党委、总支）队伍，目前已配备党委书记20名，专职党务工作者58名，党务队伍不断夯实；创新编印《金牛区基层党组织党务工作指导手册》，细化19项党务工作规范流程，推动支部工作学有所依、操作有序；开展党务工作专题培训班，邀请党建专家、业务骨干等进行现场授课10余场，全面提高党组织班子队伍能力素质。

二是建"先锋型"活动阵地，发挥品牌示范作用。红色活动阵地是社区党建活动开展的重要场所。金牛区以"先锋矩阵计划"带动各单位高标准建设"有声图书馆""金牛百年党史展览""红色小舞台"等30余个活动阵地，开展"天府文化与金牛"主题巡讲、微党课赛课等干部职工活动120余场，让党员学习培训有场所、开展活动有阵地、相互交流有平台、党性锻炼有载体；创新打造"金牛有声书""菁锋课堂""党建红云"等10余个线上"微课堂"阵地，传播历史文化、红色故事等内容，目前收听量超10万余人次，掀起了党员干部学党史、悟思想、办实事、开新局的热潮。

三是建"特色型"党组织，发挥品牌引领作用。党组织是社区党建发挥引领作用的核心机构。金牛区实施"先锋矩阵计划"，突出党建与业务工作互促融合，精心培育打造了金牛法院机关党委"豌豆荚"、区卫健局机关党委"医心为民"、区行政审批局党总支"金帮办"、区委政研室党支部"小智库驱动大服务"、区总工会党支部"走千家企业、访万名职工"等30余个基层党建工作特色精品；制订示范点创建方案，按照"一重五有三服务"创建标准，采用"积分制"创建法，明确10个方面、21条具体标准和分值，真正把基层党组织建设成讲政治、有活力、能战斗的"红色堡垒"。2021年，区行政审批局党总支等10个机关党组织被评为市、区先进基层党组织。

(二)"先锋矩阵"党建品牌的践行过程

为了使"先锋矩阵"党建品牌落地生根，更好地下沉到社区居民群众中，金牛区委组织部坚持系统思维，布局党建工作"点线面"立体化工作形态，以"党建对标管理工作"和"党建工作质量管理体系建设"为抓手，通过一揽子改革创新举措，全方位推动党建工作目标更明确、工作实施更规范、责任落实更到位。

一是"点"上打造"先锋矩阵"党建品牌。首先是找准"点位"。启动党建对标管理工作，将党建工作对标管理模式纳入全区组织工作要点，对标目标城市，在深入调研分析的基础上，制定《党建对标管理工作三年总体方案》，以建设"核心型、服务型"社区党组织为主线，紧密结合社区网格化管理，提升社区党组织政治功能和服务功能。同时，各街道、部门制定党建对标管理工作实施方案，分解细化工作措施，定期调整党建工作项目清单、目标任务，建立动态评估机制，将党建责任压实到每个党支部，撬动支部主体作用落地生根，从而打造出"先锋矩阵"特色党建品牌。其次是筑牢"基点"。实行"先锋矩阵"党建工作"任务清单+考核细则"式管理：一方面加强党员服务管理，推进"双示范"建设等7大项、27方面内容的党建工作目标责任，制定基层党建工作目标责任考核细则，细化28个具体考核指标，并与全区各街道、系统签订党建工作目标责任书；另一方面印发《基层党建工作项目化管理实施方案》，将22个党建工作项目定标任务分工到各街道党工委、区直机关工委、区委党校、区教育局、区财政局、区卫计局、园区管委会，制定出22个党建工作项目标准化工作方案，推进基层党建工作全面从严。最后是培育"亮点"。以培育"先锋矩阵"党建品牌为主要内容，按照"条块结合、资源共享、优势互补、平等协商、共驻共建"的原则，构建"双党委"运行机制，在基础条件成熟的社区，深化"双带双促"工作，着力孵化培育4~6个市级"先锋矩阵"党建品牌示范点。以基层党支部和党员为重点，推进实施"双强六好"示范点倍增计划，通过借鉴先进党组织的党建工作模式，融合创新，打造"先锋矩阵"党建工作标准化升级版，分类发掘、培育4~6个在全省、全市"叫得响、立得住、学得会"的先进典型。在社区、园区、"两新"、学校等多种类型基层党组织中，根据行业特色，培育打造具有一定影响的党建特色品牌。

二是"线"上树立"先锋矩阵"党建品牌工作标准。一方面开展分层调研，理顺社区党建工作的"线头"。成立由区委组织部牵头，各街道、系统党工委、部分"两新"党组织为成员的"先锋矩阵"党建工作标准化引领规范化专题调研组，围绕组织设置、功能定位、职责分工、服务群众等对"先锋矩阵"党建品牌建设基本情况进行调查摸底和对策研究，形成街道党工委和"两新"党组织15份调研分析报告，1份总调研报告。围绕组织体系、治理体系、党建目标、工作抓手、制度落实、资源保障、形式载体、创新能力、区域化党建运行体系等方面，对全区"先锋矩阵"党建工作的运行现状进行精准"号脉"。通过"请进来、走出去"的方式，举办"先锋矩阵"党建质量管理、党务知识培训会，邀请上级组织部门、相关认证机构、企业党务工作者，讲解相关党建工作管理理念、原则、方法等知识。组织区委组织部干部、街道党务工作者、"两新"党组织负责人到党建工作先进街道、社区、企业考察学习，确立在"先锋矩阵"党建工作中引入ISO9001质量管理体系理念的工作思路。另一方面推动试点探索，厘清社区党建工作的"主线"。在"先锋矩阵"品牌建设中搭建"1+8"党建质量管理体系架构，成立由区委组织部牵头，各相关试点单位参与的质量管理体系建设试点工作领导小组，制订《金牛区党建工作质量管理体系建设工作试点方案》《金牛区党建工作质量管理体系建设实施意见》，探索形成以区委组织部党建质量管理体系总管，各领域试点单位党建质量管理体系为支撑的"1+8"党建质量管理体系架构。在此基础上，科学推进"先锋矩阵"党建质量管理体系文件建设。区委组织部详细梳理党章、党规要求，形成一套动态、统一的党建工作相关制度汇编册，按照ISO9001质量管理体系和党内法规要求，编制完成"先锋矩阵"党建工作质量总手册，明确党建工作质量方针、质量目标、职责分工、资源保障等顶层设计工作的实施路径和标准要求。画出一条内容具体、流程清晰、标准统一、行为规范的"先锋矩阵"党建工作基准线。

三是"面"上推进"先锋矩阵"党建品牌整体提升。首先是内部审核纠偏。制定"先锋矩阵"党建工作内部审核制度，各街道、系统党工委抽调党务工作人员担任党建内审员，策划、制订、实施并保存内审工作方案，明确内部审核的频次、方法、职责和范围，对标单位党建工作责任书，审核党建工作完成情况，对党建工作不合格项，及时发现、及时纠正，促进党建工作自查自纠成为常态。其次是分片指导提质。制订《金牛区委组织部联系指导街道系统党建工作制度》，明确部领导党建工作指导责任片区，机关干部联系指导单位，印发《关于实行部领导联系指导街道、系统党建工作的通知》《关于实行党建工作约谈制度的规定》《关于实行党建工作管理评审制度的规定》，定期对各基层党组织开展管理评审，指导督查街道、系统党建工作不断提升。最后是交叉体验共进。开展"先锋矩阵"党建工作交叉体验式督导工作，招募党建监督员（体验官）45名，定期组织监督员走进街道、公安、教育等各领域基层党组织，通过顶岗体验式"微党课"，促进互学互鉴、携手并进。通过交叉督导、交流座谈，"把脉问诊"党建工作的开展情况，从面上整体提升全区基层党建工作质量。

（三）"先锋矩阵"党建品牌的检验标准

"先锋矩阵"党建品牌在验收过程中坚持以新发展理念为引领，以服务发展、服务基层、服务群众为宗旨，主动把机关党的建设融入金牛区经济社会发展大局。聚焦"实干""严管""远谋"，以此来检验"先锋矩阵"党建品牌的实践成效。

一是聚焦"实干"敢为善成。"先锋矩阵"党建品牌在业绩验收方面主要聚焦"实干"。第一，以"创新"为策，定期组织"头脑风暴"，围绕可行性、创新性、推广性、影响力等因素，集中开展创新工作项目评选，鼓励干部提出化解重点难题、高效推动工作的"金点子"；第二，以"规范"为策，扎实推进部机关制度"废改立"，出台和修订完善《关于进一步加强部机关自身建设的实施意见》《机关工作人员履职行为规范实施细则》等17项制度，构建形成"职责明晰、配套完备、评价科学、激励有效"的制度体系；第三，以"考核"为策，建立"月晒、季评、年考"机制，出台《金牛区组织工作考核暂行办法》，从领导班子和干部队伍建设、基层党建工作、人才工作方面，建立"1+3"全区组织工作考评体系，积极推动全区组织工作提质增效。

二是聚焦"严管"正风肃纪。"先锋矩阵"党建品牌在检验过程中要强化管理"树正气"。一方面，创新制定《金牛区"先锋矩阵计划"机关党建品牌"五维"评价体系》，设立一级指标5项，细化二级指标19项，明确要求各基层党支部紧紧围绕中心工作和业务工作进行党建品牌创建，开展"两张皮"问题专项整治，切实推动党建和业务深度融合；另一方面，全面评价组工干部敬业精神、作风形象、遵规守纪情况，引导组工干部模范执行党的纪律和规章制度，杜绝"慵、懒、散、浮、奢"的不良现象。提高要求"强底气"，开展提质提速"双提"行动，完善"立项交办、过程督导、结果通报"全链条督办模式，建立"会散立行""见文即落"工作机制，为"先锋矩阵"党建品牌的建设保驾护航。

三是聚焦"远谋"蓄势赋能。"先锋矩阵"党建品牌验收不仅要关注眼前成效，更要着眼长远发展。第一，突出精业强识，建立业务法规"季学季考"制度，举办"组工干部大讲堂"，让"被动学"变为"主动讲"，着重检验干部"提笔能写、开口能讲、问策能对、遇事能办"的综合能力；第二，突出精准施教，检验"帮带结对"机制的实际落实情况，考察处级领导与科

（室）长结对的方式，依照"按需供给""精准滴灌"方式，传授岗位知识，培塑工作作风；第三，突出全面过硬，对选派到上级机关、区级部门、功能区、街道等单位的党员干部，进行"实战"锻炼，全面考察业务本领。

三、"先锋矩阵"党建品牌的经验总结

金牛区紧紧围绕"高质量发展攻坚年"主题，在"先锋矩阵"党建品牌的实际建设过程中，突出品牌特色，彰显品牌优势，不断提高金牛区机关党建工作的质量和影响力，多措并举推进组织机关自身建设，形成了一系列可供借鉴和推广的经验。

（一）"三抓"提升机关党务干部素质

党务干部是机关党建品牌中最核心的要素，党建品牌能不能打得亮、叫得响，关键要看党员干部的业务是否熟练、服务是否到位、品牌宣传是否有力。近年来，金牛区直机关工委始终以"先锋矩阵"党建品牌建设为抓手，聚焦队伍建设，坚持问题导向，针对大多数机关党务干部身兼数职、又是业务骨干，存在业务工作熟悉但党务工作经验不足的问题，通过分级抓培训、帮建抓指导、聚力抓攻关的方式，着力在培养"先锋矩阵"党建品牌"明白人"上下功夫。

一是区分层次抓培训，夯实"先锋矩阵"党建队伍业务基础。按照"机关工委突出基础性、规范性、共同性抓专题培训，机关党组织突出应用性、操作性、针对性抓经常培训"的总体思路，机关工委先后举办2期党务干部培训班，有针对性地对机关各级党组织书记和组织委员进行分层按需培训，推动机关党建工作"带头人"转理念、转方法、转作风、提能力。机关各级党组织也通过以会代训、难题"会诊"、观摩教学等途径，常态化开展理论、业务、技能"三位一体"学习教育，确保了党务干部培训全覆盖、综合素质提升全方位，进一步夯实"先锋矩阵"党建品牌建设业务基础。

二是融入实践抓指导，提升"先锋矩阵"党务干部办事能力。"先锋矩阵"党建品牌建设不仅要有先进的理念，也要有踏实的作为。金牛区在"先锋矩阵"党建品牌创建过程中，坚持把"帮建支部、帮带干部"的"双帮"工作覆盖到机关各级党组织，机关工委领导利用党建目标考核、工作调研督查等时机，通过面对面传经验、手把手教方法、一对一理思路，竭尽所能为

党务干部答疑解惑，帮助他们提高解决实际问题的能力；建立"划片督导、交叉巡查"的工作机制，让党务干部在相互学习交流、吸收有益经验中共同进步、共同提高，从而使"先锋矩阵"品牌特色落到实处。

三是聚焦难题抓攻关，强化"先锋矩阵"党建品牌先锋力量。金牛区以"先锋矩阵"党建品牌建设为抓手，以全区开展"大学习、大讨论、大调研"活动为契机，结合年度机关党建目标任务推进情况调研督查，聚焦"如何加强机关党的建设""如何发挥党组织书记作用""如何压实党建工作责任"等重难点问题，采取集中调研与对口研究、座谈交流与征求意见等形式，召集部分党组织书记和党务干部进行"集中会诊"，通过"命题作文"的形式集思广益、集智攻关。此举既有效解决制约党建发展的问题，又大力提升党务干部的业务能力，以此打造出综合素质健全、能力突出的先锋党员队伍。

(二)"三着力"强化机关党建高质量运行

为进一步提升"先锋矩阵"党建品牌效应，金牛区坚持以政治建设为统领，把握新时代机关党建工作特点规律，聚力聚焦思想教育、队伍建设、品牌创新，促进党建和业务工作互融互促，不断推动机关党建高质量发展。

一是着力巩固思想政治教育成效。"先锋矩阵"党建品牌建设始终将政治建设放在首位，不断健全完善党组、党（工）委书记联系指导党支部制度。全区57个机关党组织与90个社区党组织结对共建，结合"我为群众办实事"、党史学习教育开展走访调研192次，讲授专题党课103次；举办"两史两书一章""不负韶华·建功金牛""天府文化"等系列主题活动35场，创新开展"颂建党百年·看金牛变迁"图片实物巡展，实现57个机关党组织、3900余名机关党员学习教育全覆盖；聚力聚焦省委巡视反馈问题整改提升，抽调8名经验丰富的调研员成立日常督导小组，开展落实"三会一课"制度等专项检查"回头看"28次，进一步严肃规范基层组织生活制度。

二是着力提升机关党员能力素养。党员能力素养是"先锋矩阵"党建品牌建设的重要内容，金牛区充分释放机关党组织书记"头雁"引领作用，配备副处级专职机关党委书记20名，着力构建一支"讲政治、懂业务、会党务"的机关党建队伍；编印《金牛区机关党组织党务工作指导手册》，细化19项党务工作规范流程，推动232个机关党支部书记学有依据、操作规范；聚焦机关党务干部"开口能讲、提笔能写"，创新实施机关党务干部素能提升计划，培训新任党组织书记、党务工作者4期161人次，举办金牛区机关公文写作培训暨技能竞赛，67名机关党务工作者参与集训，其中3人综合成绩全市排名前列，切实推动党建和业务深度融合。

三是着力孵化机关党建创新成果。以打造"先锋矩阵"党建品牌为契机，金牛区出台《区直机关党建示范点创建活动实施方案》，着力孵化机关党建创新成果。金牛区完成区行政审批局、区就业局等2个示范点位硬件提升，打造"党建引领·五心政务服务""党员入千户、就业惠万家"机关党建品牌；健全完善机关党员干部"1+1+12+20"常态长效联系服务群众机制，印发《"乐服金牛·你我同行"志愿服务活动实施方案》，3000余名机关在职党员到联系社区认领服务项目、参与社区建设。创新开展"学党史、悟思想、办实事、开新局"主题"微党课"。此外，4支机关队伍结合本单位业务工作，采用话剧、情景剧等形式讲活党的光辉历史、光荣传统和优良作风，新华网线上实时接入直播，全网100余万人次在线观看，进一步扩大了金牛区党建品牌影响力。

（三）"三个一遍"推动机关党建责任落实

金牛区在打造"先锋矩阵"党建品牌过程中，始终将党建责任扛在肩上，落在实处。区直机关工委按照新时代党的建设总要求，认真履行全面从严治党政治责任，通过"三个一遍"的方式方法，要求机关各级党组织压紧压实党建责任，从严从实整改问题，推动党建工作落地落实。

一是年初评估一遍"定责"。每年初，根据上年度目标考核结果和新年度党建工作要求，机关工委召开专题会议对机关党建工作形势进行分析评估，结合实际研究制定《党建工作要点》和《目标考核细则》，对全年党建工作提出总体目标，明确主要任务，进行责任分解，细化工作标准。在明确全年党建目标任务之后，按照党建工作"清单化+责任制"管理模式，督导机关各党组织将党建的重点工作、常规工作、创新工作进行细化分解，形成责任清单，明确工作内容、基本要求、责任主体和完成时限，实现党建任务具体化、责任明晰化。既确保机关各党组织干有目标、抓有手段，又保证机关党建每项工作有人管、每个环节有人问。

二是年中校核一遍"督责"。逢年中，按照"以查督责、以查促改"的思路，结合半年工作总结开展专项督查，加强对机关各党组织落实党建工作责任、开展党建工作情况的过程监管和动态监控。督查中坚持问题导向，不掩饰缺点，不回避问题，采取"逐项过堂、逐个过筛"的办法，帮助机关各党组织逐条对表党建工作要点、逐一对标目标考核细则，将清单销号情况认真"梳理、校核、完善"一遍，及时查漏补缺、纠偏正向、明责传压，敦促各个责任主体分兵把口抓好工作落实。

三是年终考核一遍"问责"。每年底，开展机关党建工作目标考核，排出好中差，坚决给"说法"，并将考核结果与单位评优挂钩，有效解决党建工作"做好做坏一个样""做与不做一个样"的问题。同时，将机关党组织负责人履行书记职责纳入目标考核范畴，采取"个人述评、领导点评、群众测评"的方式开展现场述职评议，对综合评价为"一般"或"差"的进行约谈函询、限期整改，切实把刚性问责作为落实主体责任的重要保证，使其在"评优劣"中认清行政上的"一把手"更是组织上的"党代表"，自觉做到"两副担子"一起挑，"两个任务"一起抓，"两个轮子"一起转。

四、"先锋矩阵"党建品牌的实践成效

2021年以来，金牛区立足自身发展实际，通过创立"先锋矩阵"基层党建品牌，有力推动了区机关党建工作的质量和影响力。这一举措不仅促进了党建和业务深度融合，建强城市社区的红色引擎，而且真正把机关党组织建设成了凝聚人心、推动发展、促进和谐的领导核心和战斗堡垒。金牛区以"先锋矩阵"党建品牌建设为指引，积极把创建过程中取得的好经验、好做法推广运用到区直机关党建工作中，逐步实现"一机关一品牌，一支部一特色"的机关党建工作格局。

（一）进一步提升了干部队伍能力素养

"先锋矩阵"坚持抓队伍建设。党员干部队伍是党建工作中的核心要素，其能力素养的高低直接关乎党组织在人民群众心目中的形象与社会和谐稳定。金牛区在创建"先锋矩阵"基层党建品牌过程中，注重提升干部队伍能力素养，坚持问题导向，聚焦队伍建设，坚定政治立场，充分发挥党组织书记"头雁"领航效应。编印《金牛区机关党组织党务工作指导手册》，推动全区232个机关党支部书记学有依据、操作规范。同时，创新实施机关党务干部素能提升计划，通过举办金牛区机关公文写作培训暨技能竞赛，提高机关党员

写作水平。坚持分级抓培训、帮建抓指导、聚力抓攻关，着力在培养党建"明白人"上下功夫。通过"先锋矩阵"党建品牌建设，切实提升机关党务干部素质，构建了一支"讲政治、懂业务、会党务"的机关党建队伍。

（二）成功打造了一批党建特色精品

"先锋矩阵"坚持"跳出党建抓党建"。金牛区把推进破解"两张皮"问题抓在日常、严在经常，抽调8名经验丰富的调研员成立日常督导小组，开展专项检查28次，不断推动机关党建工作提质增效。精心培育"法治先锋红色天平""犇犇一检""先锋人社·情暖民生""阳光审计""金色税月犇腾向前"等30余个品牌叫得响、主题内涵深、工作措施实、示范效应强的机关党建工作特色精品，打造完成区行政审批局、区社保局2个机关党建示范点位，不断提升机关党建的生命力、影响力和示范力。

（三）顺利打通为民服务"最后100米"

"先锋矩阵"坚持以学促知。金牛区坚持以知促行、以行见效，组建市民观察员、网络观察员、专业观察团、媒体观察团的"两员两团"观察员队伍66人，建立观察员积分激励制度，目前已收集并办理回复"两员两团"意见建议20条。结合机关各党组织开展"我为群众办实事"实践活动，从最现实的利益出发、最突出的问题抓起、最困难的群众入手，机关各党组织开展"我为群众办实事"项目390项，深入开展访困难送温暖、访问题送平安"两访两送"工作，累计解决群众诉求问题651个、问题隐患630个，用心用情用力解决基层的困难事、群众的烦心事，把实事办到群众心坎上，不断增强人民群众的获得感、幸福感、安全感。

第二节 聚焦"楼宇党建"，扩大区域党建覆盖范围

一、金牛区"楼宇党建"的实践缘起

商务楼宇是打造城市名片和推动经济发展的重要力量。作为嫁接在商务楼宇中的新兴经济，楼宇经济是以商务楼宇为载体，通过开发、出租楼宇引进各种企业和组织，引进各类商务、会员，带动区域经济发展的一种经济形态。① 随着社会主义市场经济的快速发展，新型经济组织蓬勃兴起，城市当中出现的楼宇逐渐增多，给社会基层治理带来一系列矛盾和问题。为破解这一治理难题，需要从实际出发，将"支部建在楼上"②。2018 年 11 月 6 日，习近平总书记在上海陆家嘴金融城党建服务中心考察城市楼宇党建时强调："党建工作的难点在基层，亮点也在基层。随着经济成分和就业方式越来越多样化，在新经济组织、新社会组织就业的党员越来越多，要做好其中的党员教育管理工作，引导他们积极发挥作用。基层党建既要发扬优良传统，又要与时俱进，不断适应新形势，拓宽基层党建的领域，做到党员工作生活在哪里、党组织就覆盖到哪里，让党员无论在哪里都能找到组织找到家。"党的二十大报告进一步指出："推进国有企业、金融企业在完善公司治理中加强党的领导，加强混合所有制企业、非公有制企业党建工作，理顺行业协会、学会、商会党建工作管理体制。加强新经济组织、新社会组织、新就业群体党的建设。"③ 因此，如何推进商务楼宇党的建设，以党的基层组织建设引领和带动

---

① 陈建领，游斐.商务楼宇党的建设研究：以北京市为例[J].中国特色社会主义研究，2013（2）：99 - 104.
② 李君如."三个代表"重要思想辞典[M].上海：上海辞书出版社，2011：421.
③ 习近平：高举中国特色社会主义伟大旗帜 为全面建设社会主义现代化国家而团结奋斗[N].人民日报，2022 - 10 - 26（1）.

各类基层组织建设，如何加强楼宇党建工作，扩大组织在经济领域的覆盖范围，促进楼宇经济高质量发展，已成为新时代推进城市基层党建改革创新的必答题。总之，楼宇党建已然成为基层党建题中应有之义。

"楼宇党建"是指在商务楼宇以及商业街、专业市场、商圈、园区等新兴领域建立健全党的基层组织、开展党的活动的总称。"楼宇党建"工作是新形势下加强党的建设的必然要求，也是组织协调驻区单位党组织和在职党员参加社区建设，积极构建和谐社会的重要举措。作为城市基层党建的一个重要组成部分，楼宇党建最初开始于上海，1999年6月上海市浦东新区潍坊新村街道在嘉兴大厦建立起第一个楼宇联合党支部；2001年上海市静安区静安寺街道在中华企业大厦以楼宇为单位探索建立党组织和党员服务点；2002年12月23日新华社内参刊登《支部建在楼上，党建落到实处》一文，详细介绍了上海以社区党建为载体，抓好"两新"组织党建工作的做法，得到中央领导同志的认可。此后，"支部建在楼上"逐步在全国推广。

（一）金牛区"楼宇党建"的背景

"楼宇党建"是新形势下社区党建的创新和延伸。近年来，金牛区结合自身实际，着力发展楼宇经济，组建成立了楼宇经济发展工作领导小组，研究开发了楼宇经济信息服务平台网络端和手机端服务。截至2017年底，金牛区已建商业商务、工业总部楼宇项目115个，入驻企业7438家，全口径税收贡献22.93亿元，同比增长19.3%。作为"竖起来的园区"，商务楼宇已成为城市经济发展的新天地，成为新型经济组织和各种人才最集中的场所。如何在商务楼宇中开展党建工作，建强党组织战斗堡垒，凝聚与发挥党员作用，更好地服务和促进楼宇发展，是新时代下推进城市基层党建工作改革创新、以党建引领城市社区治理的一大课题。

（二）金牛区"楼宇党建"的起因

"楼宇党建"模式的兴起是从问题导向出发，着力解决如何让楼宇发挥好促进社会经济发展和加强政党基层治理双重作用的问题，目的是使楼宇在党的集中统一领导下，成为引领社会经济发展和提升基层治理水平的强大动力。近年来，金牛区对全区商务楼宇进行全覆盖摸底排查，通过走访调研，发现传统商务楼宇党建存在三项短板。

一是党建工作缺乏有效抓手。商务楼宇是一个地域概念，在推进党建工作中，缺乏统一、有力的载体作为支撑。传统的楼宇党建工作一部分依托属地社区党组织，导致党建工作思路和举措与楼宇经营、发展结合得不够紧密，开展组织活动难以吸引楼宇的白领和党员职工参与。另一部分依托楼宇服务和管理机构——开发商或物业管理方，应发挥开发商或物业管理方对企业数量、联系人情况较了解的优势。但在开展工作中，开发商或物业管理方对每家企业的具体情况，尤其是入驻企业内部管理、组织活动、党员队伍以及高层管理人员情况都无法熟悉，也缺乏掌握详细情况的内在机制和动力。

二是"关键少数"重视程度不够。党建工作离不开企业主的支持，但楼宇党建工作因与企业的直接利益联结不深，尤其是企业主不是党员，难以从思想上高度重视党建、从行动上支持楼宇党建。一方面，相较于企业单建党组织的情况，楼宇党组织与企业的直接关联度不够，与企业的直接活动交集不多，导致楼宇党组织在企业的影响力和号召力削弱；另一方面，由于楼宇的整体党建未引起企业主的足够重视，非党员职工参与的积极性会打折扣，楼宇党组织提出的许多建议、组织的活动获得的支持度和广泛性也会受影响，党建工作和组织活动所需的场地和经费支持，也缺乏长效支持机制。

三是党建引领发展后劲不足。引领楼宇经济发展是楼宇党建工作的出发点和落脚点之一，但党建引领的成效受制于工作载体和对外渠道。从内部来看，区别于普通企业单独建立的党组织，楼宇党组织独立于企业而存在，是楼宇内多个企业党员的联合组织，作息时间和分布空间的分散导致了统筹困难。楼宇党组织与每家入驻企业之间缺乏必要纽带，联系紧密度不强，企业参与党建、开展工作的动力不足。从外部来看，楼宇党组织作为联合党组织，能部分整合楼宇资源却难以对外树立整体形象，搭建的载体和平台难以照顾到每家企业，也难以回应每个党员的利益诉求，不利于发挥党组织和党员作用。

二、金牛区"楼宇党建"的经验做法

为了解决上述问题，金牛区坚持问题导向，在综合调研的基础上，在兴盛国际总部楼宇开展楼宇"党组织＋商会"助推楼宇经济发展试点，借力商会的工作机制，创新党组织发挥作用的理念、渠道和方式。试点依托兴盛国际综合党委与成都市金牛区商会兴盛国际分会2个主体，建实建好线上线下2

个载体,着力形成引领楼宇健康发展、快速发展、高质量发展"四个圈层"。同时,进一步健全组织体系,提升党组织引领楼宇发展能力,增强与成都市楼宇经济促进会的联动,提升楼宇党建和发展品质。

(一)线上线下"两个载体""筑基石"

金牛区在继承以往楼宇党建模式优点的基础上,充分利用当代信息技术带来的发展机遇,坚持以现代工业都市的党建需求为导向,进一步巩固党的阶级基础和群众基础,构建线上线下"两个载体",丰富拓宽了金牛区楼宇党建的实践形式,扩大了组织的覆盖面。

一是线上开发楼宇官方网站。金牛区综合党建与业务、服务与活动、企业形象与展示等内容开发楼宇官方网站。首先,开辟楼宇活动项目板块,及时公布楼宇和园区内各类活动信息,向附近用户发出邀请,扩大组织活动参与度,吸引更多年轻人积极参与,提升楼宇的蓬勃朝气;其次,开辟党员学习板块,同步建立楼宇党员信息"云库"和商会会员信息专栏,将流动党员全部纳入教育服务和管理,以党员与会员共同学习、共同活动为内容,进一步提升楼宇党组织、党员的存在感和活力;最后,自主开发"智能财税云"作为兴盛国际楼宇党组织和商会的官方微信公众号,设置"楼宇党群直通车"和"楼宇商会快速通道"2个入口端,除了开辟党群阵地、群团协同、公益助力,还新增设置楼宇家园、心愿诉求、家庭活动3个互动平台,与用户互动,线上收集党员、会员以及白领的真实诉求,针对性开展组织活动、群团活动以及商会活动,丰富楼宇党员职工生活。

二是线下打造楼宇党群阵地。金牛区在收集入驻楼宇机关企事业单位、商会会员需求和意见的基础上,利用楼宇内的合理空间,打造党群活动阵地,营造浓厚氛围,为楼宇党员职工开展各类活动提供阵地条件。一方面,开展固定党日活动。每月25日,采取党建主题沙龙、团队建设、情景模拟、党内外人士互动等丰富多彩的方式,举办党日活动,整合楼宇内及周边资源,邀请楼宇内及周边联系紧密的企业党员职工共同参与,服务楼宇入驻企业、商会会员单位。另一方面,组织大溪地沙龙。依托"大溪地尚生活"这一阵地,组织开展大溪地沙龙活动品牌,每月的第三周定期组织开展一次,分别设置"时尚先锋"(党建有关分享)、"心灵鸡汤"(心理辅导)、"兴盛财商"(金融讲座)、"专业专线"(法律及人力资源讲座)、"同心兴盛"(党员与非公经济代表人士交友）五个板块，将楼宇党员、白领、商会活动等深度融合，强力打造兴盛"时尚党建"活动品牌。

（二）圈内圈外"四个圈层""强筋骨"

为进一步突出基层党组织在楼宇的政治领导核心地位，促进区域经济健康平稳发展，金牛区积极搭建红色交流平台，通过构筑"四个圈层"，充分发挥党对楼宇经济的引领作用。同时，金牛区楼宇党建依托"党组织+商会"形式，使党组织以新的方式融入社会、整合社会、引领社会，进而加强党对商务楼宇的影响力、凝聚力，推动楼宇内党建和楼宇经济社会的包容式发展，进一步提升商务楼宇层面社会建设和党的建设科学化水平。

一是搭建学习交流平台，构建思想引领圈。金牛区始终将政治建设摆在首位，突出党组织的政治引领、思想引领和方向引领作用，强化形成以楼宇综合党委为核心、全覆盖商会党员和会员的"思想引领圈"。第一，弘扬主旋律，针对商会民主党派、非公经济代表人士、新经济代表等数量较多的情况，发挥党组织的思想引领作用，积极在商会和楼宇内传播红色正能量和社会主义核心价值观，比如组织开展由党组织牵头，以商会会员企业为主体，以"不忘创业初心，借力改革伟业"为主题的"迎七一"活动，吸引周边楼宇党员一百余人参加；第二，增强政治道路认同，紧密结合楼宇内民主党派人士以及教育、工程、设计等行业从业人员聚集的特点，建立完善以党建带群建为载体，组织专业性强的沙龙、讲座、论坛等组织活动，针对党员群众，以"三会一课"、组织生活会、组织活动、线上线下学习等方式，引领党员群众坚定"四个自信"，树牢"四个意识"，不断提高思想政治素质；第三，针对民主党派、非公经济代表人士、新经济代表等群体，开展理想信念培训班，定期发布时事资讯，引导他们与党同心，坚定跟党走的意志和决心，增强对中国特色社会主义的道路认同、政治认同和情感认同。

二是搭建主题活动平台，构建楼宇朋友圈。金牛区重点提升党组织的组织力，依托商会搭建各类活动平台，根据业缘、趣缘和地缘三个标准，营造红色"朋友圈"。在业缘上，结合楼宇内涉及较多的科技、教育、服装、餐饮等行业特性，开展"教育夜话"、走秀展示等与有关行业联系紧密的特色活动；在趣缘上，围绕楼宇内党员、青年较多，以发放调查问卷、个别访谈等方式，收集共同兴趣爱好，组织集体活动、户外拓展把大家凝聚起来；在地缘上,与周边其他楼宇和企业举办联谊活动,让楼宇内的白领相互认识,在工作生活中相互融合,着力营造楼宇"朋友圈"。

三是搭建商务综合平台,构建企业服务圈。金牛区在楼宇之间积极发挥党组织的战斗堡垒作用,促进楼宇经济发展。一方面,强化党组织和商会服务企业、服务党员的能力。依托商会智能商务分析平台、保险财税与金融支持服务平台、统战服务平台等载体,提供精准服务,结合企业发展最需要的经验和资源,搭建各类平台,丰富党组织服务企业、会员的载体;另一方面,转化发展优势,商会利用党组织搭建的党委政府沟通桥梁,邀请党建专家、资深党务工作者,对党委政府决策进行解读,邀请创业经验丰富的企业主进行分享,主动服务党员、会员,切实将政治优势和组织优势转化为发展动力,促进楼宇经济发展。

四是搭建帮贫助困平台,构建同心公益圈。在突出楼宇党组织引领功能的同时,金牛区更加注重激发楼宇活力,引导党员和会员企业主动承担社会责任,践行社会主义核心价值观,在党的旗帜引领下服务社会,以公益传递党的声音、弘扬正能量。同时,引导楼宇企业积极参与精准扶贫,由党组织与商会牵头,组织楼宇入驻企业和商会会员企业,参与各级各类精准扶贫,如响应乡村振兴战略,积极参与"两新联万村乡村助振兴""千企帮千村"等行动,主动服务中心大局。此外,金牛区大力塑造公益活动品牌,由党组织和党员带头,举办捐资助学、为落后地区献爱心等主题公益活动,通过建立爱心企业名单、宣传公益先进事迹、分享公益活动心得,增强企业履行社会责任的荣誉感和使命感。

三、金牛区"楼宇党建"的成效反响

在探索楼宇党建过程中,金牛区积极回应楼宇企业经济、社会发展及治理过程中的需求和问题,通过线上线下双向联动、圈内圈外"四个圈层"同时发力,不仅巩固了党在楼宇企业的领导核心地位,而且充分发挥了楼宇社区党组织的服务功能,把服务楼宇社区党员需求、解决企业发展过程中遇到的问题和实际困难融入楼宇社区治理全过程,取得了可观成效。

(一)"党建引领"提升"四圈"影响力

金牛区通过搭建"四个圈层",着重突出楼宇党组织的核心地位,发挥党

建引领作用和商会主体作用，不仅使行政资源服务得到整合，也为提升楼宇党建质量、促进楼宇经济发展、创新楼宇党建工作模式提供了有力的支撑。

一是思想引领圈日益壮大。金牛区楼宇联合党组织刚成立时，党员仅有11人。随着组织活动的增多、工作的深入推进，楼宇职工中亮明身份、转入组织关系的党员明显增多。2018年7月开展试点工作以来，有14名党员转入组织关系，30余名商会会员和楼宇企业员工递交入党申请书，党组织在楼宇内的影响力和号召力明显增强。当前，随着楼宇党建工作的逐渐成熟，综合党委党员规模逐年扩大，下一步将根据实际情况，对楼宇各项资源进行整合，加大对企业单独建立党支部的孵化力度，进一步突出党组织政治核心作用，强化思想引领和政治引领，将楼宇企业、白领职工吸引到党组织周围，扩大思想引领圈。

二是楼宇"朋友圈"迅速扩大。在党组织的影响和号召下，商会得到了长足发展。在兴盛国际分会成立初期，会员单位仅为31个。试点工作开展以来，商会会员单位迅速增加至63个，许多在各自行业中具有很强影响力的民营企业都加入商会，商会版图持续扩大。例如，全国非开挖工程施工综合排名十强企业、全国非开挖工程施工综合排名西部第一的四川圆通油气建设工程有限公司，在参加2次组织活动后，主动申请加入商会，并要求参与更多的组织活动。金牛区以党组织作为连接纽带，不断吸引越来越多的优秀企业加入商会，为政企、企业与企业之间的良好沟通交流搭建了平台，进而引导企业更好投入地区建设。

三是企业服务圈不断丰富。兴盛国际党组织与商会在将商会搭建成为企业家之间交友平台、交流学习平台、法律咨询与援助平台的基础上，不断丰富企业经营管理、保险、财税与金融支持服务、医疗资源等平台支持，为楼宇企业和党员职工提供更为丰富的服务内容。自平台建立以来，社会资源服务得到进一步统筹，开展各类服务项目300余个，服务党员会员和员工4000余人次，党组织联合商会的服务能力大幅提升，较好弥补了政府服务管理的不足，提升了楼宇党建科学化水平，满足了地区楼宇社会服务管理需求。

四是同心公益圈持续扩大。在参与公益活动中，楼宇对接精准扶贫、服务乡村振兴的方法越来越丰富。第一，参与精准扶贫。由党组织与商会牵头，组织楼宇企业和商会会员赴中江县广福镇方碑村，为村民赠送慰问品和慰问金，共计8.3万元。第二，塑造公益活动品牌。党组织牵头举办捐资助学、献爱心等主题公益活动，以"大爱兴盛"为主题，建立爱心企业名单、宣传公益先进事迹、分享公益活动心得，不断增强履行社会责任的荣誉感和使命感。2017年8月，党支部组织全体党员、团员以及各企业开展"祈福九寨，情系灾区"捐款活动，共为九寨地震灾区捐款6700元。第三，组建党员抗洪抢险队。2018年7月2日，成都突降暴雨，楼宇党委第一时间启动抢险工作，确保了楼宇地上地下安全和地铁二号线金科北路站的正常运行。一系列公益服务活动的举办，不仅增强了楼宇社会党群组织力和凝聚力，也充分发挥了楼宇党员干部的模范带头作用，为楼宇社会营造了良好的公益氛围。

（二）"党建搭台"促进服务产业创新发展

楼宇党建的一个重要功能是促进服务产业创新发展，进而提升地区核心竞争力。近年来，金牛区委按照中央和省委、市委关于加强楼宇企业党的建设，推动产业园区科学发展的有关要求，明确了以高新技术产业为先导、总部经济为引领、"新城、新区"为定位的高端总部聚集区发展思路，通过建设高新高质的"现代都市工业典范区"，打造绿色建筑产业链楼宇党建联盟，创建"'链'上金牛，共'盟'发展"产业链党建品牌等举措，形成了以点促片、以片带面的楼宇党建工作格局。

一是建设高新高质的"现代都市工业典范区"。成都金牛高新技术产业园区作为全市66个产业功能区和中心城区唯一的省级高新技术产业园，着力轨道交通、"北斗+"、人工智能三大主导产业，拥有天奥电子、腾盾科技、视慧智图等一大批高新技术重点企业，其中上市企业4家、工业总部项目32个，楼宇载体总面积280万平方米。在园区党工委指导下，园区着眼发挥楼宇党建工作组织体系层级清晰、梯次搭配的体制机制优势，构建"园区党工委+企业党组织"与"功能区综合党委+产业社区综合党委"双轨并行的园区党建工作体系，加强党建对园区发展的引领力、辐射力和带动力。同时，依托园区内企业集聚的优势，构建"园区党工委—楼宇（产业）综合党委—企业党组织"三级组织体系，创新区域组团、行业组团、产业组团、楼宇组团四大党建组团模式，增强了对6个企业党委、27个企业党支部、1个联合党支部资源整合能力、服务能力。2020年，康弘药业党委获"全省先进党组织""四川省民营企业党建工作示范企业"荣誉，三泰控股集团党委获成都市"'蓉城先锋'示范基层党组织""四川省首批十佳'两新'组织党建示范楼宇"荣誉。

二是打造绿色建筑产业链楼宇党建联盟。为深入贯彻习近平生态文明思想，以碳达峰碳中和目标为引领，金牛区直机关工委积极抢抓绿色低碳转型机遇，从夯实基础、完善保障入手，以楼宇为单位，推动楼宇企业建圈强链，制定了《党建引领助推建圈强链实施方案》，聚焦绿色建筑产业发展，以高质量党建引领高质量发展。依托机关单位、高等院校、科研院所等力量，金牛区直机关工委组建"产业链党建联盟智库"，深入推进"一产业领域一人才工程"，初步形成《党建引领绿色建筑产业高质量发展规划》。同时，实施"企业点单、部门服务"工作机制，由楼宇党建联盟选派"红色领航帮办团"，及时收集汇总企业需求、资源、项目"三张清单"，通过楼宇党建联盟平台，持续深化"放管服"改革，为产业链企业降门槛、减负担、拓空间，为企业党建、项目落地、人才引进、企业发展、产业链壮大等问题提供解决方案，累计协调解决楼宇企业各类困难问题50余个。

三是创建"'链'上金牛，共'盟'发展"产业链党建品牌。楼宇党建品牌的创建能够破除楼宇行业间的党建壁垒，不仅能为楼宇企业纾困解难，也为创新楼宇党建模式贡献智慧。金牛区坚持"按产业链布局党建链，以党建链带动产业链"，锚定"1+3+6"产业体系及市、区重点产业链，不断强化楼宇党建引领作用，制定了《"'链'上金牛·共'盟'发展"党建引领助推建圈强链实施方案》，建立由机关党组织牵头，链主企业、龙头企业头雁带动，上下游关联企业以及相关高校院所、社会团体等协同推进的"1+X+N"产业链楼宇党建联盟组织体系。目前，金牛区已建立美食餐饮、现代商贸、电商直播、绿色建筑、文旅体育等产业链楼宇党建联盟，累计吸引链上相关楼宇企业230余家、党员1200余名，并且制定形成"党建+卫星互联网""党建+医药健康"等融合发展规划。此外，产业园区成立由机关党员干部及企业党员骨干共同组成的"联盟党员突击队"，建立定期沟通协调机制，聚焦上下游企业引入、重点项目攻坚、企业经营发展等重点关键环节，累计梳理联盟企业五大类需求清单，解决企业融资、人才引进等困难420余个，成功为楼宇企业排忧解难，促进金牛区楼宇经济高质量发展。

四是奏响电商直播产业党建"三重奏"。近年来，以平台经济为代表的新业态蓬勃兴起，聚集了大量新就业群体，是楼宇经济发展的新样式。金牛区以电商直播产业为突破口，围绕组织建设、队伍建设、产业发展奏响"三重奏",全面拓展党组织在楼宇企业的覆盖面,开启了新业态新就业群体党建工作的新篇章。首先,坚持组织"凝心",奏响"红色领航曲"。金牛区通过组建区级电商直播产业党委,覆盖全区12个电商企业党组织和232名党员,主动联系直播企业和项目培养、发展党员;发展党员20余人,孵化产业联合党支部、国际商贸城电子商务党支部2个党组织,推动党的组织和党的工作延伸覆盖到久广科技等4家平台企业和战马学院等3个直播项目;同时,联动3个功能区、13个街道、7个行业部门与19家"涉电"企业建立区域性电商直播产业党建联盟,开展各类联合主题党日活动37场次。其次,坚持队伍"聚力",奏响"红色活力曲"。实地走访41家枢纽企业,分类建立从业人员、积极分子、党员和流动党员"四本台账",组建"党建+电商"11人师资队伍和11门主讲课程,累计开展培训30场,覆盖1000余人次;制作发布《金牛区主播公约》11条,引导2200余名主播参与倡议公约,强化产业人群正向引导。最后,坚持发展"带动",奏响"红色协奏曲"。选派18名楼宇党建指导员和7名涉电商职能部门骨干,组建电商服务专班,通过"问需+帮服""跟踪+助力"模式,切实为企业纾困;创新设立电商直播产业"党建工作室",由职能部门点对点设立驻点法务、税务、市场监管和楼宇专员,精细化定制28项服务项目,推动党务法务政务服务集成推送。据统计,金牛区坚持楼宇党建引领聚资源、聚要素,已引入成都燚达网络科技有限公司等40余家电商企业及10余家直播服务机构入驻,"蜀中桃子姐""川香秋月"等3000余名头部主播参与,累计售卖乡村特色产品980万件,培育江津花椒等15个重庆特色农产品牌。在楼宇党建引领下,集主播培训、电商运营、直播供货等于一体的产业生态圈初步形成。

(三)"党建做媒"强化企业高效联动

企业联动不仅能够整合服务资源,提高行动效率,而且有助于楼宇企业间形成党建合力,实现党建联建。金牛区重点突出"政治理论联学,优势资源联享,实践活动联办,党员队伍联建,中心工作联促,作风纪律联抓",选聘50名行业主管、业务能手等联盟优秀党员组建"红色力量导师团",深入产业链联盟企业开展"机关讲政策、龙头讲发展、党员讲党史、骨干讲业务"一体化联合培训,定期举办"党建搭台·产业共促·筑梦金牛"联合主题党日、"金色时光下午茶"交流会等活动。同时,发动区直机关160余名党员骨干组建党员服务队开展党建联盟服务，引领产业上下游企业深入交流、融合发展。目前，各产业链党建联盟累计开展各类共建活动 200 余场、专题培训近 300 次。这些举措有效促进了企业间的交流与合作，强化了党组织在企业间的凝聚力和影响力。

四、金牛区"楼宇党建"的思考启示

"楼宇党建"是在市场经济快速发展以及社会转型加快推进的时代背景下推动区域党建实现创新的一种重要形式。与传统领域单位党建和街道社区党建不同，"楼宇党建"具有独特的物理空间、市场特征、社会属性和价值理念，有助于提高党组织在城市园区、商务楼宇或商业街区等形成的"楼宇社区"物理空间中的覆盖率，进一步强化阵地覆盖和工作覆盖。金牛区"楼宇党建"通过开展党组织活动、贯彻党的政策、发挥党员的先锋模范作用和党组织的战斗堡垒作用，党的政治功能和楼宇党组织的影响力进一步提升，从而激发楼宇企业的发展活力，为金牛区社区治理提供了强大的组织支撑。金牛区"楼宇党建"模式的有益探索，为基层党建模式创新和区域协调发展提供了现实参考。

（一）促进群团资源整合，形成楼宇党建合力

基层是一个多元复杂的社会，单靠基层党组织引领，很难达到预期治理效果。楼宇党组织是基层党组织的一个重要分支，因此要充分发挥基层党组织的枢纽功能、整合行政资源、融合工青妇等其他条线资源，在资源共享中增强政治势能，形成楼宇党建合力。同时，以楼宇党建资源撬动社会资本，结合楼宇和商家吸引人气的需求，吸引企业、社会组织等社会资源和社会资本的共同参与，在多方共建中营造紧密的"党社关系"。为此，金牛区立足楼宇园区服务资源零散、群团组织资源丰富等基本情况，从整合资源着手，凝聚工作合力。第一，整合服务资源，实现共建共享。在每个楼宇设置党建指导员、工商服务专员和地税服务专员各 1 名，整合组织关系转接、市场监管、税务、产权办理等党务、政务、服务"三务"，构建"企业注册落户、组织介入孵化"的"双孵化"机制，打造跟踪式、一站式企业服务，实现园区内服务资源与党建共建共享。第二，整合群团组织，实现有机融合。确定"资源共享、共同合作、抱团服务"的楼宇党建思路，通过整合党建指导员与工会

专干等群团工作力量，共享楼宇图书馆等硬件设施，共同开展职工茶艺角等群团活动，实现党建与团委、工会、妇联互相促进、有机融合的工作格局。第三，整合物业公司，实现党建联建。整合园区企业党委、物业管理公司、楼宇党组织三方力量，构建"两个交叉任职"工作格局，即物业管理公司员工与楼宇党组织班子交叉任职，入驻企业主与园区企业党委班子交叉任职，增强物管公司与楼宇党组织在推进党建中的协同配合，形成分工明确、协调推进的工作机制，实现党建联建。未来，金牛区将继续发挥楼宇党建引领功能，构建资源共享、阵地共用、服务共推的现代都市党建新格局。

（二）打破楼宇党建传统桎梏，助推现代经济发展

金牛区探索"党组织＋商会"的楼宇党建工作模式，从抓住"关键少数"着手解决以下问题。第一，突破楼宇与进驻企业只是简单租赁关系的传统模式，在楼宇企业间建立起桥梁和纽带，形成充满凝聚力、吸引力的发展共同体；第二，破解企业主不是党员、对党建重视度不够的难题，企业主以商会会员身份融入"四个圈层"，赢得了企业主对党建工作的支持；第三，完善楼宇物业联系机制，充分发挥物业对楼宇企业熟悉、信息掌握快的优势，深化综合党委、商会与企业的沟通，营造党建工作有抓手、共同参与的氛围；第四，提升楼宇形象，自"党组织＋商会"试点以来，19名员工向党组织递交了入党申请书，14名党员转了组织关系，商会会员单位数量也迅速翻倍增至63个，党建引领发展后劲十足。因此，抓住、抓好了"关键少数"，就能收到"落一子而活全盘"的效果，实现楼宇党建工作与经济工作的协调共促，释放出"两新"党组织在城乡社区治理中的巨大能量。

（三）释放"两新"组织能量，激发社区治理活力

"两新"组织不仅是基层党组织的覆盖对象，更是参与社区治理、服务群众的重要力量。从非公经济自身发展角度讲，发挥特长广泛参与社区治理，是企业履行社会责任的高度体现，不仅有利于企业的长期发展，提升企业市场竞争力，树立良好品牌形象，也是企业与社会可持续发展的内在要求。但非公经济往往难以常态化参与城乡社区治理，党建引领无疑成为加强这一领域社区治理的最佳切入点。金牛区抓住楼宇这个非公有制企业聚集区，突出地域相邻、党委领导、企业参与的原则，通过党组织和商会两个有效抓手，

激发出企业参与社区治理的内生动力，指导企业将社会责任绩效上升到企业战略的高度。兴盛国际总部楼宇以"党组织+商会"模式展开试点，构建"四个圈层"助推楼宇实现党建与业务双向"抱团发展"，有望产生基层治理效果的"倍乘效应"，让他们既成为社区治理的"局内人"，又成为社区治理的"受益人"。

第三节　加强"红色驱动"，夯实民族团结进步根基

我国是统一的多民族国家，民族关系关乎民族的生存和发展。处理好民族关系，加强民族团结，对社会主义现代化建设、构建社会主义和谐社会都具有十分重要的意义。2021年8月，习近平总书记在中央民族工作会议上指出："加强和完善党的全面领导，是做好新时代党的民族工作的根本政治保证。"[①] 社区党建是基层党建的重要方面，特别是民族地区社区党建，在促进民族团结方面有着尤为重要的作用。作为基层社会的一个基本单元，城市多民族社区是嵌入式社会的基本形式之一。基层社区党组织不仅能优化基层政府、街道、居委会等传统社区公共产品和公共服务供给者的资源结构，也能有效满足多民族社区内各民族居民日益增长的多样化、个性化需求。因此，在城市多民族社区中，进一步加强社区党组织建设，使之成为促进民族团结进步的坚强战斗堡垒，是新时代社区党建的重要内容。

一、夯实民族团结进步根基的背景依托

民族工作是我国统战工作的重点，民族团结是我国稳定繁荣的基础和保障。党的二十大报告明确指出："以铸牢中华民族共同体意识为主线，坚定不移走中国特色解决民族问题的正确道路，坚持和完善民族区域自治制度，加强和改进党的民族工作，全面推进民族团结进步事业。"[②] 在加快推进城市多民族社区治理的进程中，充分发挥社区党组织的引领优势，积极通过社区党

---

① 习近平. 以铸牢中华民族共同体意识为主线 推动新时代党的民族工作高质量发展[N]. 人民日报，2021－08－29（1）.
② 习近平. 高举中国特色社会主义伟大旗帜 为全面建设社会主义现代化国家而团结奋斗[EB/OL].（2022－10－26）[2023－10－07］. http://politics.people.com.cn/n1/2022/1026/c1024－32551597.html.

建推动民族工作的顺利开展，是新时代夯实民族团结根基的重要内容，金牛区在这方面拥有独特的区位优势和现实基础。金牛区是川西地区少数民族进出成都的重要通道和集散地，全区有45个民族，少数民族户籍人口1.6万余人，少数民族年平均流动人口近100万人次。辖区内有土桥清真寺、回民公墓等涉民族宗教因素的场所。党的十八大以来，金牛区坚持党建引领，促进各民族共居共融共发展，取得了一系列显著成绩：2015年被成都市评为"民族团结进步模范集体"；2019年被四川省评为"第四批全省民族团结进步示范区"；2020年，金牛区民族宗教事务局和抚琴街道西北街社区分别由成都市推荐为四川省第八次民族团结进步表彰候选集体；2020年，金牛区民族宗教事务局、西北街社区被表彰为"四川省民族团结进步模范集体"，西北街社区、成都市祥瑞少数民族法律援助服务中心、成都嘉润置业有限责任公司3家单位被命名为"四川省第五批民族团结进步示范单位"；2021年3月，经成都市政府同意，推荐金牛区作为第九批全国民族团结进步示范区候选单位上报省民族宗教委；2022年1月，金牛区教育局、金泉街道、四川省成都市财贸职业高级中学校（成都财贸职高）被命名为"全省第六批民族团结进步示范单位"。这一系列成就的取得离不开金牛区委的红色引领和全区少数民族群众的积极参与和大力支持。在全面建设社会主义现代化国家新征程上，金牛区将继续以党建引领强化认同，促进城市多民族社区共居共融共发展。

为打造民族团结进步示范区，促进城市多民族社区共居共融共发展，近年来，金牛区委区政府深入学习贯彻中央民族工作会议精神，全面落实党中央与四川省委省政府、成都市委市政府关于加强和改进民族工作系列决策部署，围绕铸牢中华民族共同体意识主线，以党建为引领，深入推进民族团结进步创建"七进"活动，不断改进少数民族流动人口服务管理模式，积极探索少数民族法律援助服务新路径，各民族共居共融共发展的良好环境逐步形成，持续促进各民族共同团结奋斗、共同繁荣发展，新时代民族工作高质量发展成效持续提升，同心共筑民族团结区的"金石榴"品牌影响力越来越大。中央和省部级以上领导先后调研金牛区民族工作并给予充分肯定，为金牛区持续打造民族团结进步示范区奠定了良好的政治基础。

二、"红色驱动"民族团结进步的实践路径

在城市多民族社区中，基层党组织引领多数民族群众提供服务、整合资

源、治理社区，为社区共居共融共发展提供政治引领、组织引领、思想引领，切实维护民族关系的团结和谐，不断促进各民族在中华大家庭中手足相亲、守望相助。金牛区在历史上就是成都城区汉、藏、羌、回、维吾尔、蒙古、白、彝等少数民族主要聚居地之一。近年来，金牛区认真贯彻执行党的民族政策，辖区内多个街道和单位荣获省级民族团结进步示范区荣誉。为进一步巩固民族工作成果，不断夯实民族团结根基，金牛区在区委区政府的坚强领导下，将民族工作重心下沉到街道社区，坚持党建引领民族工作，大力开展民族团结进步创建活动，深入推进各民族相互嵌入，不断筑牢中华民族共同体意识。

（一）党建"三嵌入"模式助力民族社区建设

金牛区多民族聚居的地域特点促使社区党组织必须始终将民族工作作为党建的一项重要工作，并纳入社区党委重要议事日程，与社区治理各项工作整体推进，以提高社区基层党建工作的质量。为了使民族工作开展更加保障有力，金牛区委充分发挥党组织核心作用，整合资源、汇聚力量，把加强党的建设、党建引领作为贯穿社区民族团结进步工作的主线，切实加强民族工作的组织领导。通过建立街道、社区两级工作网络，以"共居、共学、共治、共享"融合的服务模式，推行党建引领下的嵌入式社区建设。

一是嵌入"协商民主"，推动"多方共治"。协商民主是我们党的独特政治优势，基层民主是党内民主建设的基础，更是基层党建的重要内容。在城市多民族社区里，由于各民族之间的语言、风俗文化不同，更需要以协商民主的方式倾听社区不同民族的声音，满足不同民族群众的需求。为此，金牛区委将协商民主嵌入社区建设，使党组织建设与社区治理同频共振，积极创建民族团结进步示范社区。通过建立社区各民族工作联席会，设置民族工作协调室，利用少数民族党员身份，金牛区主动引导各族群众参与社区建设，同时依托党组织的协调功能，打造共治共建共融的"石榴籽"民族团结进步小区。除此之外，金牛区在市、区民宗部门和司法部门、公安部门以及社区党委大力支持下，充分发挥党员的先锋模范作用，建立党组织引领下的社区治理协调机制，如居民议事协调机制，积极与新疆驻川藏工作组建立工作联系，通过主动与少数民族群众深入沟通，建立感情，共情共融，大大降低了各民族之间发生矛盾纠纷的可能性。

二是嵌入"法治示范",融合"尊重包容"。由于城市多民族社区党员干部来自不同民族,为培育各民族党员知法、守法、懂法、用法,更好维护社区和谐稳定,金牛区将"法治示范"嵌入党的基层建设,通过举办专题讲座、印发宣传手册等多种形式,强化民族团结交融。同时,打造民族团结警务服务站和法治宣传阵地,将法治延伸至社区"最后一公里",不但解决社区治安问题,也增强了社区少数民族群众的法律意识,让他们在违法犯罪面前更懂得用法律武器来维护自身权益,形成"尊重包容、明礼守法"的良好社会氛围。

三是嵌入"人文交流",增进"感情认同"。少数民族歌舞文化在民族社会中具有广泛影响,是本民族社会生活的重要组成部分。为了使基层党组织更加牢固地扎根于群众,服务于群众,一方面,金牛区组织各种党建文艺宣传队,把党员教育内容、党的政策以及各种先进的人物事迹编排成民族歌舞或者是文艺小品,深入各个民族地区进行巡回演出,与民族文化融合,增强党建工作的感染力。比如,采取社区居民联欢、传统节日联谊、民族舞蹈交流等方式,利用传统媒体与现代媒体宣传民族团结先进模范事迹、播放民族团结和爱国题材影片。另一方面,社区党委将自身党建活动与传统民风民俗巧妙结合起来。比如,在中秋、国庆、重阳节、春节等节庆日举行系列文艺活动,积极鼓励各民族群众参与,共同营造民心相映、同舟共济的和谐社区氛围。在交往、交流、交融中增进文化感情认同,把党建内容通过不同文化交流方式融入民族活动当中,实现从居住空间的嵌入向心理认同的嵌入发展。

(二)党建"四联"工作法助推民族团结

随着城市发展进程的不断加快,金牛区的社区共同体发生了根本性的变化,以藏、羌、回、维吾尔等少数民族为主的多民族社群已经形成,特别是鑫城府藏族风情楼盘建成和具有藏族特色的启雅尚国际酒店的开业,吸引了大量藏族同胞从过去的聚居地迁居到该区域生产生活。各民族之间的相互交往、交流、交融日渐广泛,各民族之间的互动已是常态。但是由于各民族之间仍然存在语言、生活习惯、宗教信仰、未成年人教育等方面的差异,社区治理仍然面临着复杂艰难的局面。因此,落实民族政策、增强民族感情、确保未成年人入学、保障流动少数民族就业、加强困难少数民族帮扶等工作的落地落实,成为金牛区委今后民族工作的重要方向。习近平总书记在党的十九大报告中明确指出:"加强各民族交往交流交融,促进各民族像石榴籽一样紧紧抱在一起。"① 金牛区委严格贯彻落实党的十九大以及十九届历次全会精神,明确省、市、区、街社区治理的相关要求,并结合社区先进基层党组织的实际情况,经过社区党委反复走访了解社情民意,按照社区治理的总体要求,以建设民族团结示范社区为总体目标,以"党建+民族团结""四联"工作法为路径,坚持党建引领、多维支撑、多轮驱动、多点示范,引导辖区少数民族居民深度参与社区治理,不断促进各民族之间的团结与合作。

一是多级联动,优化主架构。金牛区坚持党建引领,整合各方资源,助力民族团结,实现党建效应最大化。首先,充分发挥各级党委的主引擎作用,注重"四维"融合共建,坚持"党建带团建、带妇建、带工建",突出建设"末梢工程",增设少数民族院落党支部和党小组,不断健全党组织"毛细血管"。其次,充分发挥区域党建的传动杆作用,以区域化党建架桥,做精做实"党建+民族团结"。联动省文化馆、省就业局、区民宗局等辖区单位党组织,为民族同胞量身定制文化活动及就业计划,每年开展"送政策、送岗位、送服务"活动。最后,充分发挥"两新"组织的加速器作用,围绕"党建统揽、助力发展"主线,依托启雅尚藏文化酒店党支部,探索"楼宇党组织+商会+商住联动"的党建引领多民族共治模式。在金牛区委和街道党工委的领导下,联合辖区多家少数民族商家,成立以启雅尚酒店为会长单位的多民族商家促进会,制订文明经商公约,签订会员承诺书,引导各民族群众实现自我管理、自我教育、自我监督和自我服务。

二是多点联建,夯牢主阵地。为拓展党群服务阵地,充分发挥党组织引领功能,金牛区按照"连片规划,集中呈现"的思路,多点出击,联合规建。首先,提升党群中心主阵地。通过集中筹措建设资金,按照"易进入、可参与、能共享"的标准,同步实施党群中心提档、老旧小区改造、绿地游园提升、最美阳台打造等项目,重点突出民族文化元素,增设民族活动之家,建设让辖区各族群众有亲切感、归属感、认同感的社区综合体和服务主阵地。其次,拓宽驻区单位辅阵地。全面征集居民群众公共服务需求,分类梳理形成清单,并在此基础上协调多民族聚居楼盘鑫城府、藏文化主题酒店启雅尚

---

① 习近平. 决胜全面建成小康社会 夺取新时代中国特色社会主义伟大胜利:在中国共产党第十九次全国代表大会上的报告[N]. 人民日报,2017-10-28(1).

以及文旅、就业等单位，提供共享资源和载体支撑，构建起"1个主阵地+4个辅阵地"的功能格局。最后，延展小区院落微阵地。按照"社区阵地有限、服务空间无限"理念，梳理整合小区、院落配套用房，建设相互融合、互为补充的"院落党员活动+邻里之家"公共服务微阵地。采取"公益+购买服务"方式借力、依托市民规划员队伍借智，打造5个空间公用、功能复合的院落"微空间"示范点，实现社区服务阵地向院落有效延伸。通过开展多点联建、共同评优评奖、共同开展党建活动等一系列工作，金牛区以党建平台为引领，形成社区民族工作合力，进一步增强了基层党组织的凝聚力和战斗力。

三是多维联育，建强主力军。社区党员是基层党组织建设的主力军，特别是在一个多民族聚居的社区，既要推动打造相互嵌入的社会结构和社区环境，保障各民族的合法权益，又要营造风清气正的多民族聚居环境，促进各民族团结。金牛区紧抓党员干部队伍建设，提升为民服务质量、服务能力、服务水平，打造了一支"党性强、能力全、懂政策、守纪律、会协作"多维联育的党员队伍。一方面，建强社区"两委"、党建指导员、基层党员骨干三支队伍，培优社区专职工作者队伍，成立多民族院落自治组织，推行自组织领头人积分制，引导并激励多民族同胞深度参与社区治理工作，通过加强培训与引导，提升党员干部的服务能力与服务水平，提升多民族院落自治队伍的整体能力；另一方面，成立文艺表演、治安巡逻等志愿者服务队伍，实现"依法治理+民族自治"的"1+1>2"的治理效果，培育盘活多民族志愿服务队伍，主动联系结对帮扶社区困难家庭、社区矫正帮扶人员、年老体弱的独居老人及其他重点人员。

四是多方联引，拓展主渠道。在城市多民族社区中，各民族在生活习惯、思维方式、集体观念上存在比较大的差异性，如何满足社区内多民族居民的生活工作需求，确保他们有效享受社区的公共产品和公共服务，需要社区党组织统筹实施一系列的微治理活动。为此，金牛区多方联引，积极拓展主渠道。首先，共建和谐社区搭建微平台。成立以知名民族人士、知名民族企业为骨干的民族工作联系小组，协商解决社区治理中的矛盾纠纷。近年来，金牛区依托启雅尚酒店成功调解多起民族纠纷，有效维护民族团结稳定。其次，共建和睦社区用好微课堂。结合社区实际，采取院落"坝坝会"、多民族自治座谈会等线上线下方式，每年定期开展多次民族政策文化等各类教育培训；

在街道开设社区学院,增设少数民族文化课程,进一步增强党组织的引领力、向心力、凝聚力。最后,共创和乐社区做实验微项目。用好用活社区保障资金,做实做优社区治理微项目,分类实施社区党建、居民自治等六大类微更新、微治理计划;坚持做好关键节点打造,打通零公里界碑—西北街社区—力佧院—启雅尚党建动线,进一步充实"党建+民族团结"内容,建设多民族和谐美好家园。

三、党建引领民族团结进步的实践成效

金牛区以打造民族团结进步示范区为导向,坚持党建引领民族工作开展,街道党工委、社区党委长期自觉致力于加强流动党员的教育、管理和服务,引导少数民族党员与群众组织开展形式多样的活动,学习和宣传党的路线方针政策,并积极参与社区治理、志愿者服务等活动,加强了党对民族工作的领导,夯实了民族地区发展基础,提升了民族地区公共服务水平,促进了各民族共同精神家园的形成,营造了"民族团结一家亲"的良好氛围,为地区和谐稳定发展创造了良好条件。

(一)唱响"一个主旋律",党对民族工作的领导更加坚强有力

一直以来,金牛区高度重视基层党组织对民族工作的全面领导,持续增强"围绕发展抓党建、抓好党建促发展",充分发挥基层党组织的领导核心和战斗堡垒作用,构建了以"街道党工委—社区党委—小区院落党支部—'两新'党组织"为框架的党建桥梁,落实了"社区党委抓二级支部、二级支部抓党小组、党小组抓党员、党员抓群众"四级工作体系,在民族工作重点社区成立少数民族院落党支部及党小组20余个,不断健全党组织"毛细血管"。同时金牛区结合社区少数民族分布情况,广泛开展主题实践活动。比如,创建多民族阳光书吧、搭建"就业直通车"等,不仅加强了与少数民族群众的联系,积极为社区居民办实事,而且增强了党在各族群众中的凝聚力和感召力。金牛区通过以党建为核心的各项实践活动开展,全面精准落实从群众中来到群众中去的群众路线,践行实事求是的工作作风,不断实现各民族相互嵌入,进一步提升了社区党组织的形象,为共商、共担、共享、共建美好家园夯实了基础,使党对民族工作的领导更加坚强有力。

(二) 抓牢"一把总钥匙",民族社区治理基础得到进一步夯实

金牛区始终把发展作为解决民族社区各种问题的"总钥匙"。由于城市多民族社区的人员成分复杂,各民族之间在日常生活中的行为习惯略有差异,难免会出现矛盾纠纷,为此,金牛区在各社区建立民族工作联席会,设置民族工作协调室。2020年以来,金牛区共召开民族工作联席会5次,协调解决有关工作10余件次。金牛区在5个重点社区试点设立民族工作服务站,推动社区教育培训、公共服务、党团活动、关怀帮扶和志愿者组织面向各族群众"五开放",极大地助力了基层民族工作与社区治理的深度融合。与此同时,金牛区持续完善依法管理民族事务体系建设,如建立全区涉民族矛盾纠纷多元化解机制;创新开展"线下+线上""讲堂+新媒体"普法教育模式,依托西部法律品牌服务创新中心法务资源汇集优势,探索建立"中心+区+街道+社区"及"中心+商会(企业)+各民族代表人士"等"1+N"少数民族法律援助联动模式;与甘孜州石渠、白玉等县合作,在全省率先开展远程视频线上法律咨询服务等。除此之外,金牛区联合石渠县,引入成都市农林科学院等专业机构,聚焦做强特色农业,创新构建了"2+X"模式,通过科技助农、科技扶农、科技兴农,巩固拓展脱贫攻坚成果同乡村振兴有效衔接,不断为少数民族社区发展夯实基础。

(三) 坚持"一个基本目标",民族社区公共服务水平显著提高

金牛区将党"全心全意为人民服务"的宗旨融入日常服务行动中,坚持以民族地区公共服务均等化为目标,让各族群众不断得到实惠。首先,打造民族特色鲜明、功能丰富的社区党群服务中心主阵地,包含有便民服务站、养老服务站、青少年活动站、新市民培训站、爱心援助站、志愿者工作站和数字化管理等便民服务场所。同时,建立了微心愿卡片墙,实现了行政服务功能向文化、法律援助、物业管理、社会救援等多层次、多元化服务功能延伸,为社区居民提供了家门口的全生命周期一站式暖心服务,打通服务群众的"最后一公里",增强社区居民的获得感、幸福感、安全感。其次,组建由不同民族党员组成的网格员队伍,党委书记为第一责任人,各网格员为主要责任人,以"党建+服务"的模式深入少数民族群众之中,与社区各民族群众交心交友。该举措不仅可增进文化感情认同,密切党群关系,而且可以为

少数民族群众提供就业、就学、就医和生活上的政策咨询与困难帮扶,做到责任到岗、工作到位、联系到户、关心到人。最后,在市、区民宗局指导下,在社区成立了"蓉城一家亲"民族团结服务站,加强与民族地区驻蓉机构合作,持续开展普法宣传、就业创业帮扶、随迁子女入学、技能培训咨询、心理咨询与疏导等服务工作,不断为金牛区少数民族提供多元服务,民族社区公共服务水平显著提高。

(四)突出"一条工作主线",各民族共同精神家园逐步形成

金牛区以牢牢把握铸牢中华民族共同体意识工作为主线,推动各民族文化传承保护和创新交融,构建各民族共同精神家园。一方面,打造西北街社区"成阿公路零公里界碑"民族团结进步地标,深入挖掘该地标在促进民族团结作用方面的历史价值。另一方面,在省、市民宗部门的充分肯定和大力支持下,健全完善少数民族国家通用语言培训机制,率先试点开展社区"新疆籍少数民族流动人员国家通用语言文字培训",共举办8期,培训近400人,不断夯实"五个认同"根基。同时,在成都财贸职高开展"精诚德育"主题思想品德教育,全面铸牢各民族学生中华民族共同体意识,先后培养民族地区"9+3"免费教育学生11届300余人、民族地区定向委培学生6届200余人。此外,在花照壁社区开设全市首家社区民族非遗项目工作站——藏羌织绣工作站,以文化为桥梁增进各族群众的交流互动。在羌历年、藏历年等民族传统节日期间,组织民族文化体验活动,增进各族群众间的情感。

四、夯实民族团结进步根基的经验总结

治国安邦,重在基层;管党治党,重在基础。党的基层组织建设既是党的建设基础和落脚点,又是党的建设改革创新的关键。现代社会治理重在基层社会治理,基层党组织建设在很大程度上决定了基层社会治理的方向和成就。金牛区是川西地区少数民族进出成都的重要通道和集散地,区委区政府踔厉奋发,笃行不怠,立足实际,以铸牢中华民族共同体意识为主线,以打造民族团结进步示范区为己任,继续向外界讲好民族团结的金牛故事,提炼金牛区民族工作的精神价值,形成了一系列可供推广借鉴的金牛经验。

(一)坚持党建引领,将民族工作纳入社区治理体系

金牛区坚持党建引领民族工作开展,各民族社区党委认真落实新颁发的

《党支部工作条例（试行）》，瞄准"民族工作整体推进"的目标，深化"示范引领"的行动，推动全域民族党建标准化。第一，在民族工作重点社区、企业组建少数民族流动党支部和多民族院落党小组，鼓励少数民族流动党员积极参与社区事务。第二，构建网格化管理工作格局，建立社区民族工作台账，开设少数民族群众服务窗口，着力完善均等化公共服务和个性化特色服务体系。同时，充分发挥多民族志愿服务队、政策法规宣传队、治安巡逻队等多民族自治组织作用，定期开展"送政策、送岗位、送服务"活动，实现民族工作"社区治理＋自我管理"的"1＋1＞2"成效。第三，在新冠疫情防控战中发挥头雁效应。全区少数民族党员、群众纷纷响应各级党组织号召，主动投身防疫工作一线，发挥自身优势参与防控、带头捐款捐物、复工复产，充分发挥党员的先锋模范作用和基层党组织的战斗堡垒功能。

（二）创新方式载体，深入推进民族团结进步创建活动

基层党建创新离不开平台的创新。一方面，金牛区不断健全优化"区—街道—社区"三级民族工作网络，积极探索"楼宇党组织＋商会＋商住联动"企业民族工作模式，发挥少数民族企业领头作用，在少数民族商家相对集中的街道成立少数民族商家促进会，引导各族商家开展自我管理、自我教育、自我服务。加强民族团结进步宣传教育，在社区、学校、企业和清真寺，打造民族和谐广场、"成阿公路零公里桩"地标等5个民族团结进步宣传阵地，支持辖区内四川唐古拉风演艺团、成都华珍藏羌文化博物馆等开展民族文化交流活动，切实筑牢中华民族共同体意识。另一方面，通过依托少数民族地区企业创新企业民族工作模式，对企业产生带动作用，不仅为企业搭建了抓民族团结、思想教育、团队建设的平台阵地，有力增强了各族员工的凝聚力，更是搭建了与属地党组织沟通交流渠道和参与社区治理的路径，真正让少数民族群众在城市创业就业找到组织依靠、找到家的感觉，有认同感、归属感和获得感。

（三）提升服务水平，实现少数民族流动人口服务"五开放"

在城市多民族社区，为少数民族提供高水平、均等化的服务是基层党建的一项基本工作，金牛区通过创新服务机制与方式方法，成功打破各民族之间的壁垒，大大提升了服务资源的利用效率。首先，建立"区民宗部门、公

安部门、街道、社区＋阿坝州驻蓉机构、新疆驻川藏工作组"的"4＋2"少数民族流动人口服务管理机制，形成多部门、多层级、宽领域的服务体系，让群众在家门口享受到贴心服务，切实感受到服务水平的提升。其次，在重点社区建设少数民族流动人口服务管理站、流动服务队，配置兼职双语工作人员，设立社区少数民族创（就）业示范点、少数民族法律咨询援助站和民族团结警务服务站，着力完善均等化公共服务和个性化特色服务体系，实现活动场所、教育管理、关怀帮扶体系、培训体系和志愿者服务"五开放"。通过构筑这样的服务体系，让金牛区少数民族群众切身感受到金牛区的温暖与包容。最后，以少数民族群众为主体，组建"国家通用语言培训"班，通过"线上＋线下、理论＋实践"的方式，率先开展新疆籍少数民族流动人员语言文化政策培训，以语言培训为牵引，铸牢各民族群众中华民族共同体意识，促进社区各民族交往交流交融，为创建高质量民族团结进步示范区积累了宝贵经验。

第四节　实施"先锋领航"，完善党员志愿服务体系

志愿服务是现代社会文明的重要标志。2013 年 11 月，党的十八届三中全会明确提出支持和发展志愿服务组织这一战略任务。2014 年 1 月 2 日，中国志愿服务联合会经民政部批准在京登记成立。中国志愿服务联合会（以下简称"中志联"）是由志愿者组织、志愿者自愿组成的全国性、联合性、非营利性社会组织，在中央文明办指导下开展工作，任务是统筹协调，组织推动全国志愿服务事业。此后，中志联设计开展了形式多样的志愿服务活动，不断增进人们对社会主流价值的认同感和践行力，助推社会主义和谐社会迈上新台阶。党的二十大报告指出："提高全社会文明程度。……完善志愿服务制度和工作体系。"① 当前，我国已开启全面建设社会主义现代化国家新征程，发展不平衡、不充分问题仍然是社会主要矛盾，人民群众对服务的需求表现出多元化、高标准的样态。作为志愿服务体系中的重要组成部分，党员志愿服务的完善与创新成为解决当下现实服务问题的重点内容。

一、时代之需：金牛区党员志愿服务的当代意义

志愿服务，党员先行，共产党员做志愿服务，就是为人民服务，为老百姓做实事，这样才能得到老百姓的拥护，我们党才能获得永久的执政地位。所谓党员志愿服务，就是党员为了提升自身价值、服务人民群众、夯实党的基础，不以获取报酬为目的，在党组织的引领下发挥自己专业、特长进行服

---

① 习近平：高举中国特色社会主义伟大旗帜 为全面建设社会主义现代化国家而团结奋斗[EB/OL].（2022 - 10 - 26）[2023 - 10 - 07]. http://politics.people.com.cn/n1/2022/1026/c1024 - 32551597. html.

务的公益性行为。① 孔子讲"先之劳之、无倦",放在这里,说的是党员要起标杆作用,要多干、干好,把群众路线变成党员志愿服务这一实际行动,把"全心全意为人民服务"的宗旨变为思想自觉与行动自觉。我国已实现第一个百年奋斗目标,正奋勇开启现代化国家建设新征程。时代在不断前进,对党员志愿服务的要求和质量也在不断提高,这就需要构建更加完善的党员志愿服务体系,创新服务模式,推进基层党组织和党员志愿服务常态化、制度化、规范化,不断满足人民群众对美好生活的向往。

中华人民共和国成立后,为解决粮食短缺和失业问题,共青团中央号召成立了一支支"青年志愿垦荒队",这也是新中国最早的有组织的公益活动。1963年3月5日,毛泽东向全国发出"向雷锋同志学习"的号召,并在全国各地开展"学雷锋活动",此后,各种雷锋式好同志不断涌现。究其实质,学雷锋活动就是以党员为榜样的志愿服务活动,这是我国党员志愿服务的最初形态。改革开放以来,在"雷锋精神"的影响下,无数共产党员将党的群众路线落实在日常行动中,奋斗在基层一线,服务在群众身边。人民公仆焦裕禄曾说:"共产党员在群众最困难的时候,出现在群众面前,在群众最需要帮助的时候,去关心群众,帮助群众。"② 焦裕禄在实际行动中率先垂范,以身作则,用自己的一言一行塑造共产党员的先进形象。小善渐而大德生,进入21世纪,党员志愿服务得到迅速发展,全国各地掀起党员服务热潮。例如,广东省深圳市福田区莲花街道的一群退休老党员组成志愿巡逻队守护莲花山,北京市朝阳区酒仙桥街道开展"小红帽"社区党员责任岗活动,河北省唐山市组织"大爱唐山·志愿奉献"共产党员学雷锋志愿服务活动等,不仅为广大群众提供暖心服务,受到群众的拥护和支持,也充分体现出党全心全意为人民服务的宗旨,进而使党员志愿服务活动的社会影响力更加广泛。

党的十八大以来,我国发展进入新时代,党员志愿服务的内涵与形式不断丰富,人民群众既要享受到多元的服务,还要从服务中获得更多的幸福感与安全感,这就要求对以往的活动开展及服务体系进行创新与完善,使党员志愿服务常态化、制度化、规范化。2020年9月,中共中央办公厅在《关于

---

① 黄美. 党员志愿服务:意义、问题与对策[J]. 中共太原市委党校学报,2020(1):19-22.

② 杨玉玲. 焦裕禄精神学习读本[M]. 北京:人民日报出版社,2014:31.

巩固深化"不忘初心、牢记使命"主题教育成果的意见》中指出，推行党员志愿服务，组织党员结合实际参加党组织开展的志愿服务活动。[①] 2020年10月，党的十九届五中全会再次明确提出，要推行党员志愿服务，鼓励和引导在职党员到工作地或居住地党组织报到为群众服务，广泛开展志愿服务关爱行动。[②] 这些重要表述为新时代志愿服务事业的发展指明了方向，为党员参加志愿活动提出了明确的组织要求，进一步拓展党员志愿服务开展的范围。

当前，党员志愿服务正以积极良好的社会影响越来越受到社会各界的高度重视，并深深根植于民众心中，参加党员志愿服务活动已成为越来越广泛的社会治理行动。党员志愿服务的发展，为推动基层服务型党组织建设、巩固党的执政基础、推动社会文明制度建设等发挥着越来越重要的作用。党员参与志愿服务活动，既能发挥先锋模范作用、践行党的宗旨，又能更好地体察民情、关注民意、改善民生，密切党同人民群众的血肉联系，也是贯彻执行党的路线、方针、政策的有效载体。随着我国第一个百年奋斗目标的顺利实现，人民生活水平和生活质量不断提高，对志愿服务的要求也进一步提高。党员作为社会群体中的先进分子，参与志愿服务，是新时代推进"两学一做"常态化，做"四讲四有"合格党员的具体体现，是党员践行共产党人初心与使命的有效途径。组织开展党员志愿服务活动，有助于进一步强化党员意识、宗旨观念和责任担当，提升大公无私的精神境界和为人民服务的本领。同时，也能组织动员、鼓励支持更多的党员参加志愿服务，进一步服务社会、服务群众。在全面建设社会主义现代化国家新征程上，更需要创新和完善党员志愿服务体系，进一步贯彻落实新时代党的建设总要求，稳步推进基层党组织和党员志愿服务常态化、制度化、规范化。在这方面，金牛区以"乐服金牛·你我同行"为主题，通过创新构建党员志愿服务体系，率先垂范，提供了具有参考价值的实践样板。

---

① 中共中央办公厅印发《关于巩固深化"不忘初心、牢记使命"主题教育成果的意见》[EB/OL].(2020-09-14)[2023-10-07]. http://www.gov.cn/zhengce/2020-09/14/content_5543377.htm.

② 中国共产党第十九届中央委员会第五次会议全体会议公报[EB/OL].(2020-10-29)[2023-10-07]. http://www.xinhuanet.com/politics/2020-10/29/c_1126674147.htm.

二、金牛先锋：金牛区党员志愿服务的实践背景

哪里任务险重，哪里就有党旗高高飘扬；哪里有急难愁盼，哪里就有党徽闪耀；哪里有群众需求，哪里就有党员志愿者那一抹亮丽的红色。金牛区为深入贯彻落实新时代党的建设总要求和新时代党的组织路线，进一步强化基层党组织"战斗堡垒"功能，充分发挥机关单位"走在前，作表率"的积极作用，稳步推进基层党组织和党员志愿服务常态化、制度化、规范化，以实际行动诠释共产党员的初心使命。金牛区委组织部联合区文明办，以"乐服金牛·你我同行"为主题，坚持政治引领、服务大局，围绕2022年中央和省委、市委各项重点工作，充分发挥党员先锋模范作用，动员广大党员践行"奉献、友爱、互助、进步"的志愿服务精神，多为群众办实事、做好事、解难事，切实增强群众获得感、幸福感、安全感，用"志愿红"丰富"金牛先锋"底色。

作为党员志愿服务体系创新的先行者，金牛区具有丰富的实践经验和鲜明的实践背景。截至2021年底，金牛区基本形成区、街道（部门）、社区三级党员志愿服务体系网络，并建立科学高效的记实登记制度。据统计，金牛区的各个街道、区级各部门、区属国有企业基层党组织的在职党员登记参与志愿服务达80%以上。到2022年7月，各街道、区级各部门、区属国有企业基层党组织的在职党员登记参与志愿服务达到了90%以上，基层党组织开展志愿服务逐渐常态化，充分体现出金牛区广大党员参与志愿服务的积极性与主动性。到2023年底，全区组织战线和机关单位搭建起上下贯通、运转高效的党员志愿服务体系，初步形成党员先锋引领、群众人人参与、全员共建共享的志愿服务新局面。

三、多方联动：金牛区党员志愿服务的实践逻辑

金牛区坚持以习近平新时代中国特色社会主义思想为指引，深入贯彻落实党的十九大及十九届历次全会精神和省委、市委、区委全会精神，深刻践行全心全意为人民服务的宗旨，围绕中心工作和基层群众需求，依托"双报到""机关干部进社区"等载体，结合"我为群众办实事"实践活动，充分发挥基层党组织战斗堡垒作用和党员先锋模范作用，激励引导广大党员弘扬志愿服务精神，构建组织战线和机关单位制度化、规范化、专业化、信息化、

常态化的党员志愿服务体系,为金牛高质量建设"天府成都北城新中心"汇聚强大正能量。

(一)构建上下联动的动员体系

党员参与志愿服务既需要动员广大党员积极作为,又需要建立一定的服务制度与机制,进而充分激活党员"小细胞",释放服务"大能量"。近年来,金牛区大力营造积极向上的舆论氛围,充分进行广泛宣传动员报道,通过完善党员志愿服务队伍架构,建立服务工作机制与服务制度,形成了上下联动、纵向到底、横向到边的党员志愿服务动员体系。

一是建立完善党员服务队伍架构。一方面,金牛区在区委组织部(区直机关工委)牵头领导下,成立金牛区党员志愿服务总队,负责全区基层党组织和党员志愿服务工作的组织、指导、协调、管理工作。各街道、区级各部门、区属国有企业党组织牵头成立党员志愿服务支队,"两新"组织党组织和社区党组织根据自身实际,灵活设置党员志愿服务队,纵向形成了区、街道、社区三级志愿服务队伍基本框架,横向组建覆盖了机关、国企、学校、医院、非公企业、社会组织六大领域的行业系统支队,初步实现党员志愿服务组织体系上下贯通、纵横联动。另一方面,各机关部门充分发挥本单位专业特长,聚焦疫情防控、防汛减灾、抗震救灾、法律援助等领域,牵头组建跨行业、跨区域的专业化党员志愿服务队伍,积极参与组织动员、宣传引导、抢险救援、心理安抚等工作,切实增强党员志愿服务队伍的专业性、实效性。

二是建立党员志愿服务工作机制。为进一步提高党员志愿服务工作效率,一方面,金牛区在全区建立党员志愿服务联席会议制度,定期研讨、协同推进全区党员志愿服务工作,同时明确专人负责组织协调与日常运行,各社区党组织积极配合开展好党员志愿服务工作,助推服务工作落地见效。另一方面,建立机关党员联系服务群众机制,推动机关党员对口联系社区,促进党员群众结对认亲、紧密联系,深入基层开展"线上日常听意见、线下定期解民忧"党员志愿服务项目,实行包入户走访、包政策宣传、包解决困难服务的"三包"机制。

三是建立完善"1+1+12"机关党员志愿服务制度。为充分发挥党员在区域化党建和基层治理中的重要作用,金牛区各级各部门机关党组织积极践行"工作在单位、活动在社区、奉献双岗位"的理念,推行1名党员每年定点联系1个社区，服务不低于12次的"1+1+12"志愿服务长效机制，并按照《区级部门机关党组织对口联系社区安排表》，发动在职党员到对口联系社区报到、认领服务项目、参与社区建设。同时，各街道按照"社区全覆盖"的原则，结合街道自身实际，安排机关党员到所在社区报到、服务。区属各国有企业党组织参照机关党组织做法，与所在街道社区开展结对共建，引导企业党员积极开展并参与社区志愿服务活动。此外，社区党组织还结合自身活动或项目实际，及时通知未能按计划参与服务的辖区党员践诺履责，由此形成多方联合、多元参与的志愿服务新格局。

（二）构建精准高效的服务体系

党员志愿服务的生命力在于开展活动。广大党员在党组织的引导与号召下进行有组织的志愿服务，是践行社会主义核心价值观的有效载体，也是各级党委和政府创新社会治理的有效途径。党员志愿服务的开展，不仅有利于保持党员队伍的先进性，扩大党组织的影响力，提升人民群众对党的信任，而且对弘扬社会主义核心价值观以及建设基层服务型党组织有一定的促进作用。近年来，金牛区立足社区基层党建引领志愿服务活动开展实际情况，突出服务群众主题，着力构建党员带头、高效精准的志愿者服务体系，通过建立机制、搭建平台、创新模式，一体推进党员志愿服务体系构建，切实提高服务效能与服务质量，充分展现党员为民服务的特质。

一是建立服务供需对接机制。金牛区基层党组织坚持以党建引领城乡社区治理和"幸福美好生活十大工程"为抓手，主动到对口联系社区开展"民情走访"，加强沟通对接，掌握社区、群众需求困难，通过了解和正视群众所面临的实际问题，及时找到疏导问题的办法，为人民群众解决实际困难，维护人民群众的根本利益，让人民群众得到更多实惠，做到"群众有需要，党员能做到"，"群众有难，有求必应"。除此之外，针对群众急难愁盼，金牛区通过民主协商确定党员志愿服务年度计划和月度项目，根据实际情况合理安排服务时间与服务项目，加强科学普及、技术服务等方面的服务，尽可能地实现人民群众所需求服务事项的全覆盖，实现与群众需求的实时对接。

二是搭建区域化志愿服务平台。为了加强党员志愿服务活动与社会建设的融合度，金牛区不断推动党员志愿服务以更加专业化的姿态深入持久发展。一方面，结合区域化党建工作，探索创新搭建机关事业单位、学校、医院、非公企业、社会组织、街道社区之间的互动平台,通过需求收集、项目对接、签订协议、项目推进、效果评估"五步工作法",构建共建共享的志愿服务新格局。另一方面,结合不同群众的需求,运用党员志愿者自身的特长、专业知识,拓宽服务平台,突破现有的补救性服务,发掘更多创新志愿服务,为党员志愿者搭建更为广阔的服务平台。另外,金牛区还根据不同行业、不同部门、不同领域的服务特点,在机关行政事业单位的服务窗口设置党员志愿服务岗,通过采用延长服务时间、开设节假日服务窗口等形式为群众办事提供方便。通过搭建不同领域、各具特色的党员志愿服务平台,金牛区不仅充分发挥党员志愿者的优势与专长,而且彰显了党组织的先进性,从而使党员志愿服务实效最大化。

三是推广清单式服务模式。为进一步优化规范志愿服务流程,有效整合社会资源,动员全区各方力量参与党员志愿服务,金牛区在坚持"量力而行"原则的基础上,以特困群众和基层组织最薄弱的地方为重点,结合自身职能,探索"群众点单、社区下单、志愿者接单"的"三单制"服务模式。同时,建立"线上平台发布+线下活动推广"工作机制,聚焦助困、助医、助学、助残、助老、助孤、防疫7类重点,实现在线集中申领、线下集中办理。此外,制定"圆梦爱心套餐",提供个性化、精细化服务,特别是针对"空巢老人""留守儿童"、进城务工人员、残疾人等特殊群体,主动征集"微心愿""微梦想",开展"微承诺",形成"助人即是助己"的志愿服务良好氛围。

(三)构建规范有序的管理体系

党员志愿服务是在党组织引领下的公益行为,为持续优化提升服务质量,进一步规范党建引领下的志愿服务活动开展,金牛区委积极主动引导,充分发挥领导核心作用,通过建立权责分明的分级管理机制,构建规范有序的管理体系,以此加强对党员志愿服务的管理和引导。

一是建立信息化管理平台。将信息化技术融入党员志愿服务管理,是当前创新完善党员志愿管理的主要方式。金牛区按照全市志愿服务的统一安排,依托"文明兴蓉"企业微信管理系统,建立全区党员志愿服务网络平台,全面落实基层党组织和党员志愿服务线上登记管理、项目发布,足不出户开展党员志愿服务,建立志愿者信息库,实现对党员志愿者的信息化管理,提高志愿服务的效率,加强党组织对党员志愿服务的协调能力。同时,在金牛区门户网站、金牛e先锋、金牛组工微信公众号等网络平台开设专栏,实时发布党员志愿服务行动相关信息,进而扩大工作影响力,创新志愿服务方式,更好地发挥党员志愿服务的效能,使党员志愿服务得到社会广泛的认知。

二是完善考评考核制度。评估考核是党员志愿者管理的一个重要环节,是激励志愿者的重要依据,也是提高志愿服务绩效的重要措施。金牛区为提升党员志愿服务的质量与实效,不断完善考评考核制度。首先,建立志愿服务积分评价体系,制定《金牛区基层党组织和党员志愿服务积分考核管理办法(试行)》,不定期开展资料核查、实地走访、问卷调查、电话访问等,对各单位开展党员志愿服务情况进行抽查核实,并将各街道、区级各部门、区属各国有企业开展党员志愿服务情况作为基层党组织党建工作年度考核、党组织书记年度述职评议、"两优一先"评选的重要依据。其次,根据党员参与志愿服务实际情况建立动态管理台账,认真开展党员志愿服务纪实评价,及时做好志愿服务积分的申报、核实、统计工作,并将志愿者服务积分情况作为党员年度民主评议的重要内容。最后,建立科学规范的考核标准,实施多中心评估主体,将评估对象、组织对象、服务对象满意度和专家评估相结合,严格评估流程和评估过程,对党员志愿者作出全面、综合的评价,从而进一步提升其业务能力和服务水平,不断增强自身综合素质。

三是探索完善激励机制。引导激励党员积极参与志愿服务,是保持志愿服务长效性的重要手段。金牛区为进一步激发党员参与志愿服务的热情与动力,依托志愿服务积分评价体系建立积分兑换机制,探索使用积分兑换生活服务。比如,使用积分兑换区内公园、博物馆等场所的门票、讲解服务等,定期开展积分评比,根据积分排名情况,对表现突出的党员给予适当的物质奖励。同时,建立以"时间换时间、时间换积分、积分换物品"的党员志愿服务积分管理体系,推出"时间银行"项目,开通"时间银行"党员志愿服务账户,将志愿服务事项列入积分兑换清单,以此来激发党员参与志愿服务的主动性。除此之外,区委组织部(区直机关工委)将结合全区志愿服务总体推进情况,每年选树一批志愿服务优秀党员和先进党组织,进一步激发各级党组织和党员参与志愿服务的积极性。

四是开展常态化专题培训。为不断提高党员志愿者的现代服务素质及服务能力,金牛区立足基层党员志愿者自身实际,建立科学的培训机制,开展常态化专题培训,进一步促进培训的经常化和规范化。一方面,区委组织部

(区直机关工委)把志愿服务专业培训纳入年度计划,组织开展对志愿服务实务操作和项目设计等内容的培训,对培训次数、时间进行合理规定,把党员志愿者初次培训、阶段性培训和临时性技能培训结合起来。另一方面,基层党组织结合"三会一课""主题党日"等活动,将志愿服务专题培训融入党建主题中,使党员志愿者不仅学习到党的理论政策,也能提升志愿服务水平,进而加强对党员志愿者志愿精神、文化理念、专业服务技能的联合培养。

四、三个聚焦:金牛区党员志愿服务的经验启示

党员志愿服务是新时期党员以实际行动体现党的宗旨,让广大人民群众真切地感受到党的关心、关爱、关怀的重要方式,也是推进党建引领基层治理的主要抓手。近年来,金牛区深刻践行为民服务宗旨,把开展党员志愿服务作为联系服务群众的有效载体,将常态化、制度化、规范化开展党员志愿服务作为党内组织生活的重要内容,深化应用"互联网+党建+志愿服务"的O2O模式,按照成都市委组织部关于开展"一月一主题"党员志愿服务活动要求,围绕"三个聚焦",探索形成"党员先锋引领、群众广泛参与、各界共建共享"的志愿服务新局面,切实推动志愿服务有"热度"、有"深度"、有"力度",形成了一系列可借鉴的经验启示。

(一)聚焦"常态化"增强党员服务"热度"

为使党员参与志愿服务可持续化,不断增强党员服务"热度",金牛区坚持"全面化"推动、"品牌化"打造、"智慧化"管理,以此聚焦服务"常态化",彰显党员志愿服务成效与质量。

一是坚持"全面化"推动。金牛区积极构建"区—街道/部门—社区"三级党员志愿服务体系,建立机关对口联系社区制度,全区57个机关单位按照"一对一、一对多"等形式与90个社区进行全覆盖结对,依托"双报到"等载体,结合"我为群众办实事"实践活动,开展"党员进社区"系列活动。截至2022年上半年,各街道、区级各部门、区属各国有企业基层党组织在职党员登记参与志愿服务达90%以上,人均从事志愿服务时间超20小时。

二是坚持"品牌化"打造。为进一步凸显党志愿服务特色,金牛区聚力创新,深入实施"乐服金牛·你我同行"党员志愿服务,按照有名称、有队旗、有承诺、有项目、有档案"五有标准"建设党员志愿服务队,推广

"志愿服务日"制度,结合春节、中秋、重阳等传统节日和学雷锋日、植树节、建党节等主题日,集中开展全区性志愿服务主题活动,将主题活动与党员志愿服务巧妙结合,无缝衔接。同时,针对辖区内的群众需求,结合自身职能优势,成功打造"医心为民""党员入千户就业惠万家"等主题鲜明、特色突出、成效显著、群众欢迎的特色服务品牌,进一步巩固深化干群、党群关系,切实提升金牛区党员志愿服务的感知度、认可度、美誉度。

三是坚持"智慧化"管理。为提高服务效率与服务效能,金牛区深化应用"互联网+党建+志愿服务"的O2O模式,全面构建"滚动征集、动态发布、线上认领、线下服务、实时管理"的党员志愿服务管理新方式,依托金牛区门户网站、金牛e先锋、金牛组工微信公众号等,建立全区党员志愿服务网络平台,全面落实基层党组织和党员志愿服务线上登记管理、项目发布,不断强化线上服务。

(二)聚焦"精准化"增强党员服务"深度"

党员志愿服务以解决人民群众切实困难为主要内容,因此必须形成准确的供需对接服务清单,构建评价反馈服务机制,建立多方参与服务队伍,更加聚焦服务"精准化",进而推动党员志愿服务不断走深走实。

一是形成供需对接服务清单。为实现服务群众"零距离",打通联系服务群众的"最后一公里",金牛区突出需求导向,以解决群众急难愁盼为目标,以特困群众和基层组织最薄弱的地方为重点,聚焦党建引领城乡社区治理和幸福美好生活十大工程,探索"群众点单、社区下单、志愿者接单"的"三单制"服务方式,提供个性化、精细化服务。特别针对"空巢老人"、"留守儿童"、进城务工人员、残疾人等群体,开展"'职'等你来""五进护民生"等主题活动,切实把服务落到群众心坎上,让志愿服务供需更加精准对接,不断增强人民群众的获得感、幸福感。

二是构建评价反馈服务机制。服务评价反馈是不断改进服务方式,提升服务质量的重要方式,为使志愿服务更加暖民心、惠民生,金牛区建立志愿服务积分评价体系,通过不定期开展资料核查、实地走访、问卷调查、电话访问等方式,对党员志愿服务情况进行抽查核实,收集服务对象意见建议,形成"反馈—优化"机制。同时,建立动态管理台账,认真开展党员志愿服务纪实评价,及时做好志愿服务积分的申报、核实、统计工作,表扬优秀、树立标兵，不断提高党员志愿服务积极性，提升志愿服务有效性，促进形成良好社会风尚。

三是建立多方参与服务队伍。多面主体、多方参与是目前志愿服务的主要形式。金牛区积极整合社会资源，搭建机关事业单位、学校、医院、非公企业、社会组织、街道社区之间的互动平台，共同成立"尚法先锋"助残志愿服务队、"市场卫士金心护航"服务队等专业志愿服务队，构建共建共享、力量整合的志愿服务新格局。同时，把志愿服务专业培训纳入年度计划，采取专家授课、考察参访、案例交流、情景模拟等"实践+理论"的方式，组织开展对志愿服务政策、实务操作、项目设计等内容的培训，提升志愿服务专业化水平。

（三）聚焦"急难险"增强党员服务"力度"

越是艰险越向前，党员参与志愿服务要把解决群众"急难险"作为首要任务，用党员的"志愿红"不断温暖"百姓心"，通过成立党员先锋队、组建项目攻坚队、建立机动应答队三支应急队伍，不断增强党员服务"力度"。

一是成立党员先锋队。哪里有险情，哪里就有党员。新冠疫情防控期间，金牛区迅速抽调500余名党员干部组建"党员先锋队"，按照党建引领"七步工作法"，第一时间下沉社区一线，逐户开展排查，在关键路口、院落小区设置防控点、党员先锋岗，以党员示范带动辖区群众，共同筑牢防疫第一线。坚持优中选强，从党员先锋队抽选组建"突击队"深入封控一线，在组织群众做好疫情防控、参加核酸检测的同时，按照"防控一线缺什么就做什么、送什么"组织开展工作，切实让群众在危难之际感受到了党组织满满的温暖和正能量。

二是组建项目攻坚队。为稳经济、保民生、促发展，金牛区组建项目攻坚队，下沉企业楼宇，深入实施"党员送政策""党员进企业"系列活动，建立党员"一对一"联络服务企业制度，定期走访了解企业发展中存在的困难问题，切实解决企业在人才招聘、生产销售、原材料供应、防疫物资采购等方面的各类问题，及时为辖区各类企业纾困解难，以实际行动助推辖区经济社会发展。

三是建立机动应答队。面对涉及面广、工作量大的社会重大突发性事件，金牛区以全区党员干部为重点，建立全区应答机制，确保第一时间党员带头奔赴一线。在落实"2·16"燃气大排查工作中，全区1万余名志愿者闻令而动，迅速集结，通过地毯式走访、摸排，以及"线上+线下"联动宣传，排查发现安全隐患38443处，圆满高效地完成了全区燃气安全摸排任务，切实有效提高居民燃气使用安全意识。党员机动应答队的建立为及时防范、规避、破解社会突发性事件、确保人民安居乐业、社会长治久安提供了有效保障。

第三章 深度参与：唤醒城市社区的自治活力

城市社区居民自治是打通"最后一公里"的"指南针"，是增添城市韧性的"助燃剂"，也是筑牢城市社区治理根基的"强心剂"。金牛区的城市社区自治工作试点以2014年院落自治为起点，以助推民主协商、开启社区提案、加强网格化治理为主要手段，用"微队伍""微项目""微治理""微幸福"串起平台建设、信息沟通、民主协商等治理工作。

以2019年获批"全国社区治理和服务创新实验区"为新节点，金牛区以党建为引领、以良制促善治，积极构建居民深入参与、社区积极试点的城市社区治理新格局。为应对城市社区治理转型期间的"欠账"问题，金牛区积极构建了以完备的社区提案、民主协商和社区网格为支撑的城市社区居民自治机制，探索出了一条有金牛特色的基层自治之路。其中，院落自治瞄准社区党建，以"点—圈—面"进行整体谋划，充分挖掘院落的自治功能；民主协商聚焦现实问题，充分发挥院落居民议事会、业委会等主体作用，做到"民事民提、民事民议、民事民决、民事民办、民事民评"；社区提案畅通四级组织平台，基层党建作引领，传承红色基因，社会组织作保障，孵化社会基金；社区网格化体系着眼于网格全覆盖、人才优培育、技术强支撑，打造居民的幸福网、智慧网、无忧网。

第一节　延续传统院落形态，赋能居民自治实践

党的二十大报告明确指出："积极发展基层民主。基层民主是全过程人民民主的重要体现。""拓宽基层各类群体有序参与基层治理渠道，保障人民依法管理基层公共事务和公益事业。"[①] 基层治理是厚植党的执政根基的"微场域"，是推进国家治理体系和治理能力现代化的"微细胞"，是加强社会治理的"微单元"[②]。随着城市化进程的加快推进，人口异质化明显、人口密度大、人口流动性大、管理协调难度大等问题较为突出，城市社区治理主体内生动力缺乏、基层自治效能运转不足、社区管理增码加量等现实问题阻碍了城市社区治理的民主化进程，粗放式、包办式的传统管理模式已经难以适应现实发展要求。

一、院落自治模式的产生背景

金牛区作为城市社区治理改革创新的先行者和重要试点单位，在城镇化演进过程中面临诸多困境，如基层自治单元过大，社区管理难协调；居委会行政导向严重，民生服务难落地；政策悬浮制度缺失，组织结构难聚力；社区组织根基薄弱，主体作用难发力。因此，金牛区创新院落自治模式必须立足实际需要，探索缓解基层行政压力、激发居民自治动力、发挥治理主体活力的新路径。

[①] 习近平. 高举中国特色社会主义伟大旗帜　为全面建设社会主义现代化国家而团结奋斗[N]. 人民日报，2022 - 10 - 26（1）.

[②] 姜晓萍，谭振宇. 习近平关于基层治理重要论述的深刻内涵与理论贡献[J]. 国家现代化建设研究，2022，1（4）：16 - 28.

（一）基层自治单元过大，社区管理难协调

中国基层社会的改造已经从改革开放前的"国家的全面改造和控制"转向改革开放后的"放松管制推进自治"阶段。无论城市还是农村，基层社区已经成为行政体系的延伸，也是国家最基本的治理单元。[①] 根据住建部发布的《2019 年城市建设统计年鉴》，成都市区人口达 876.5 万，越发接近超大城市的 1000 万人门槛，"万人小区"超过 200 个。2012 年以前，金牛区在社区自治方面一直面临辖区户数多、人口杂、小区旧、物业虚等问题，虽有院落布局，但依然遵循着传统的"社区"为主的管理模式，并未真正发挥院落的功能。一方面，因平原地势而完成的院落数量较多，或聚居、或散居的状态又难以满足院落居民的差异化需求。另一方面，院落"形小"且规模不一，因此资源分配也成为难题，自然院子最小的只有几户，最大的十几户，很难以一把尺子统一衡量。

（二）居委会行政导向严重，民生服务难落地

作为居民自我管理、自我教育、自我服务的基层群众性自治组织，社区居委会不独立行使任何政府职能。1986 年，民政部首次把"社区"概念引入城市管理工作，提出要在城市开展社区服务。直到 1989 年，社区服务的概念才被第一次引入法律条文，当年 12 月 26 日全国人民代表大会通过的《中华人民共和国城市居民委员会组织法》明确规定："居民委员会应当开展便民利民的社区服务活动。"尽管居委会在法律层面被界定为自治组织，但其行政化导向愈发严重。一方面，社区居民缺乏自我管理意识，对居委会的地位和功能认识不到位。长期以来，居民将居委会误解为一级政府机关，"鸡毛蒜皮"都找居委会投诉协调，"居民有事找社区，社区无权解决"的情况时有发生。另一方面，随着简政放权工作的开展，社区承接上级下移的行政任务逐渐增加，数不胜数的"表格""表单""台账"等占据了社区工作者的大量时间，"基层减负"被曲解，社区日常工作时常被繁重的行政工作打断，背离了"最后一公里"的服务初衷。居委会管辖范围过大、管理人数多，但管理干部数

[①] 杨敏. 中国社会转型过程中社区意涵之探讨［J］. 武汉大学学报（哲学社会科学版），2006（6）：878-882.

量有限，调解社区问题时常分身乏术、鞭长莫及，而且由于缺乏自下而上的民意表达渠道，"小事变大事"时常发生。

（三）政策悬浮机制缺失，组织结构难聚力

随着城市规模越来越大，社区居民数量激增，社区网格员、社区工作者需要服务的居民人数也大大增加。面对社区事务繁杂、管理难度大的局面，金牛区传统的管理机制难以适应现阶段的社区发展需要，也影响了城市社区治理的整体效能。一方面，城市社区居委会没有行政权力，却又承担着推动政策落地的重要任务；另一方面，利益协调机制尚不完善，社会多元化的加剧使得群众意见往往难以达成一致，导致一些有利于区域发展的项目和政策难落地。

（四）社区组织根基薄弱，主体作用难发力

社区治理和社区建设离不开社区居民的积极参与，社区活动开展、院落自治创新离不开社区组织的引领和推动。因此必须充分调动社区居民主体参与力量，借助社区组织活动传递民主精神，共塑议事平台。伴随着新型城镇化的推进，城市居民的维权意识逐渐增强，诉求表达渠道日益多元畅通，居民也从"局外人"转变为"当家人"。然而，社区协商议事一直以来主要集中在选举监督、民生改善、行政事务等方面，大部分社区居民"主人翁""共同体"意识仍然较为薄弱，他们仅将社区作为安家之所和栖息之地，民情联系不够紧密，民主议事不够积极，民主意识相对缺乏。与此同时，随着行政压力不断下移，社区居委会承接了更多关系民生的大小事务，社区治理主体单一化趋势更加明显。自治缺乏强力引领、社会组织发育不充分、配套制度不健全等导致社区治理主体呈现出碎片化、单一化的特点。

二、院落自治创新的特色做法

社区是社会的微观缩影，社会治理的重点就在社区。金牛区立足实践需求，通过环境整治、组织优化、协议公约、制度保障等方式，搭建起院落自治的创新模式，借助公开商议、广泛宣传、自我评议、完善制度等举措，形成了自我规范的院落公约和以评促建的自治规范。金牛区以整洁干净、秩序井然的院落环境为基础，立足院落原始格局，以"微改造""微项目"为手

段整治新旧社区，不搞"一刀切"。在保留院落特色的同时，金牛区"点线面"全面铺开，为居民自治提供活动空间，不断满足居民需求。在组织设计方面，金牛区进一步完善线下四级、线上三级的党组织结构，紧扣"党建引领、创新发展、治理保障"，围绕院落党支部、楼栋党小组，搭建院落自治小组、院落自治协会的共建共治平台。在院落公约方面，金牛区采取群众事群众议的方式，并通过一定手段的考评公示进一步让公约深入人心。在制度设计方面，金牛区以规范化、具体化的制度规范保障院落自治活动的顺利开展，推动院落议事流程的稳定运行。

（一）"点线面"整合院子，打造规模适度的自治空间

首先，从整合院落的"点"上入手，井然有序地开展"院落宜居"环境整治工作，为院落自治奠定基础。金牛区从中国传统空间和当地特有的建筑形态入手，将充满传统特色和烟火气的院落作为社区管理的最小"细胞"，以"微治理"挖掘传统院落自治功能，打造最小自治单元。2014年12月9日，成都市召开城市建设管理转型升级"四改六治理"十大行动工作会议，围绕环境卫生、违建控制、道路维护、车辆停放、绿化美化、标识管理、公厕卫生的"七好"进行整治。金牛区城市建设管理乘势转型升级，不断改善城市人居环境。除此之外，在《金牛区环境卫生星级院落评定办法》中，结合环境卫生综合评分和群众满意率调查对标相关环境卫生问题，实现以评促建、以评促改。

其次，从"线"上分别设计居民自治的活动空间，贯穿新、旧社区整改的两条线，重视院落交往活动空间的挖掘。传统居住形态都离不开"院"，在老旧社区中，社会关系嵌入院落空间中，"无院不成家"的传统意识深入人心。过去由于设计不到位，院落居民活动空间比较缺乏且分布不均衡，因此金牛区在打造院落活动阵地时，注重发挥院落空间的社会生产功能，重塑社区共同体，形成"非穿越式邻里交往空间"。为贯彻落实《成都市深化社会体制改革加快推进城乡社会建设五大实施纲要（2011—2015年）》（成委办〔2011〕21号）精神，按照成都市建委《关于印发成都市老旧院落新增门卫物管房及居民活动室等配套用房的建设标准及指导意见的通知》（成建委〔2015〕135号）的要求，金牛区采取先"破"后"立"的方法整合院落资源。通过拆违改扩建、租赁居民住房、新建小区等方式解决院落改造建设问

题，如将门卫室改造为院落自治管理小组的办公阵地，进一步完善城市社区服务平台；对新建小区采取整合资源新建或租用手段，充分发挥院落党组织、居民自治小组、业委会、物管公司等多方主体的能动作用。

最后，在"面"上全面铺开。金牛区的院落活动空间包含民主议事、居民服务、居民活动三大功能，社区以议事功能为主设置"居民议事站"和"调处工作站"，以服务功能为主设置"党员活动站"和"助老服务站"，以活动功能为主设置"居民活动站"和"'430'乐园"，做到人人议事、人人参与、人人享有。在院落党组织、楼栋党小组的指导和推动下，社区将"居民议事站"设置为居民商议大小事的活动场地，满足居民议事需求，提升居民的民主意识；将一些院落空间打造为公共会客厅，同时可开展书报阅读、琴棋书画等文化活动，满足邻里交往、互动需求，为居民日益增长的文体活动需求提供相应的场地，以居民活动促进居民参与，增强"主人翁"意识。

（二）基层党组织"细胞化"，搭建党领群治的自治平台

社区作为国家政策传导的神经末梢，是国家顶层设计延伸到基层社会的重要触角。基层党组织作为基层自治的重要核心和中枢纽带，其组织设计、组织效能关系到国家治理体系运行的畅通程度，社区自治要打通阻塞点，必须发挥基层党组织的政治指挥、组织协调和资源整合功能，搭建党领群治的自治平台，进一步整合社区治理资源，发挥区域化党建的联动功能，将国家方针政策真正落到实处。截至2022年7月，金牛区调整优化街道党工委13个、社区党组织90个、小区（院落）党组织665个。

第一，推进四级党组织规范运行，充分联动区域化党建资源，发挥基层党组织核心引领作用。线下细化"社区区域化党委—社区网格党总支—院落党支部—楼栋党小组"四级党组织结构，党组织呈现出"细胞化"发展趋势。一方面，院落内党员可在此参加组织生活等党员活动，使得基层党建工作联系得更为紧密；另一方面，院落楼栋党小组可以院落楼栋为平台，积极开展"亮身份、认岗位、优服务"的活动，发挥党员平台功能。区域化党委是整合党建资源的创新之举，搭建网格党总支是适应网格化管理需要、协调片区党组织各类活动的应时之举，社区以3~9位党员为单位搭建院落党支部，超过9位党员则设院落支部委员会负责党支部组织生活、监督院落管委会，在党员人数较多的楼栋建立党小组。

第二，整合区域资源，以制度规范强化党组织领导核心作用，明确规定院落党组织主要职责。院落党组织是院落民主自治管理工作的领导核心，在社区党组织的领导下开展工作，落实上级党组织对院落民主自治与管理工作的要求，积极推进所辖院落民主自治。金牛区在线上构建"街道党组织＋社区党组织＋小区党组织"三级组织架构，出台《街道党工委运行规则》、《社区党组织运行规范》和《小区（院落）党组织工作运行指导细则》等制度文件，以制度化的形式进一步健全完善四级党组织规范运行联动体系。

（三）"坝坝会"上定公约，构筑刚柔并济的自治规范

首先，坚持"坝坝会"上定公约，"公意合约"齐践行。社区治理中不仅需要刚性的制度规范，也需要柔性的规约自觉。规范多方治理主体参与下的社区秩序，需要挖掘居民自我教育下的约束能力。社区（院落）公约体现了治理理念，与"公意的合约"的理念相契合，对院落居民在物质生活和精神生活上进行规范和引导，具有普遍性、多面性、针对性的特点。公约事关院落的精神文明建设、院落治安管理、院落环境卫生等多个方面，潜移默化地影响居民的行为。金牛区采取"坝坝会"上商议、听取群众诉求的方式制订公约，在谈心、聊天中形成人们口口相传且约定俗成的公约内容。公约大多短小精悍且更易推行，在潜移默化中塑造居民的价值观，协调邻里关系，塑造了友爱和睦的社区文化。

其次，坚持院落公约居民议，利用广泛宣传和激励手段促进居民参与。借助院落办公室倾听社情民意或设立群众意见箱，收集各方意见，拓展实践载体。金牛区在征集公约内容时对积极提交草案、推动公约实施的主体予以表扬，并采取宣传教育、正向激励、及时公开的方式，引导居民参与、规范居民德行、提升居民素养，推动居民自我约束、自我管理、自我教育，最终实现内化于心、外化于行。社区（院落）公约作为介于法律和道德之间的柔性约束，是引导规范居民日常行为的重要载体，不仅可以维护公共利益和稳定社会秩序，而且有助于增强居民法治意识、提升居民素养、强化居民契约意识。

最后，以院落事务公开和制度规范化建设保障民主评议和院落考评取得实效。院落公约、院落议事都涉及居民的切身利益，能够吸引居民关注院落事务。定期考核有利于及时整治院落自治中存在的问题，更好地服务院落自

治工作。由此，社区设立"院落自治管理公开栏"由院落自治管理小组提出公开内容，经社区、院落党组织或居委会研究同意后公开。社区党组织为每个院落建立居民自治管理小组长、小组成员和民情议事代表工作台账，以半年为周期，通过自评、互评和群众评的"三评"形式评议考核辖区各个院落的工作情况。金牛区围绕院落自治单元中群众最关心的环境治理问题和安全隐患问题，制定完善了保洁、会客登记、居民小区院落巡逻、居民小区消防安全、居民自治院落环境卫生管理等相关制度，为常态下的安全健康教育和非常态下的群防群控奠定了良好的制度基础。

（四）明晰治理主体职责，增强协商议事的自治活力

首先，推进院落议事制度"规范化"，明确制度规定与议事流程。金牛区以完备具体的制度规范，明确了院落议事的相关组织规定和议事导则，使得院落自治职责明确且有章可循。院落议事会（又称"院落民情代表议事会""小区议事会"等）受本院居民会议委托，在授权范围内行使院落自治事务决策权、监督权、议事权，对居民会议负责并报告工作，接受居民会议监督。首先由社区居民通过"一户一票"选举院落议事代表，再经过收集议题、确定议题、民主议事、公告决议、实施决议、公告实施情况这6个环节的议（决）事流程，推动院落议事活动的有序开展。由院落党组织、自治管理小组、民情代表或10名以上居民联合以书面形式向院落党组织提出议题，社区或院落党组织审查并确定议题，议事会讨论形成方案，向院落居民群众公告方案，由自治管理小组实施决议，由自治管理小组公告实施情况。

其次，探索物业管理长效机制，灵活运用物业管理、自管、他管方式。院落居民自治小组和业主委员会均为群众性自治组织，具备条件的要依法建立业主委员会，暂不具备条件的，可以成立住委会或家委会、院委会、院落居民自治小组等居民自治组织，实现院落居民自治组织全覆盖。金牛区主动探索业主委员会与居民自治小组成员交叉任职的方式，根据实际分别设立物业委员会或院落居民自治小组，实现业主自治与居民自治的统一。同时，采取居民自愿选择物业服务方式，为居民院落提供保障性、基础性物业服务，选聘物业服务企业、街道或社区组建的物业服务组织，通过居民自治的方式（院落居民自治小组组织居民自我服务或选聘他人）对院落的环境卫生、安全秩序、设施维护等进行管理。

最后，发挥院落自治小组中"一长三员"作用，反馈院情民意。《成都市民政局关于加强社区居民院落自治的指导意见》（成民发〔2012〕62号）中明确指出，院落居民自治小组是院落居民自我管理、自我教育、自我服务的群众性自治组织。金牛区以院落为自治单元设置院落居民自治委员会（院委会或院落自治小组）进行自我管理、自我教育、自我服务、自我监督，由"一长三员"（院落院长、院落事务管理员、卫生管理员、安全管理员）监督执行《院落居民自治章程》《院落居民公约》，因地制宜地开展多种形式的院落服务活动，动员院落内一切力量主动参与院落建设和管理，实现院落资源共有共享。以"区—街道"两级院落自治组织为主体，为社会组织开展交流、培训、协商、监管等活动搭建全方位公益服务平台，调动和发挥社会力量实现功能互补和服务创新。

三、院落自治落地的显著成效

院落既是提升居民民主参与意识、调解居民纠纷矛盾、满足居民公共服务需求的重要空间，也是社区党员率先垂范、社会组织踊跃活动、院落小组积极动员、院落居民主动参与的自治小平台。虽然单个院落资源有限，但是整合后的院落具有强大的聚合功能。金牛区充分挖掘院落空间，对接院落居民需求，实现党组织"细胞化"和全覆盖，探索社区院落自治组织"抱团"治理和"抱团"服务，通过完善院落自治规范提升全区社区、院落组织服务管理水平，推动院落自治走向落地。具体成效在于："坝坝会"上商议，激发了院落居民参与自治的活力，也大大提高了自治效率；推动"民事民议"活动流程化建设，提升了基层自治能力；规范院落相关条例，为院落自治提供了坚实可行的制度保障；挖掘院落组织资源，通过区域化党建盘活辖区内组织资源，增强了自治活力。

（一）激发居民参与活力，提高自治效率

基于院落空间"围合"的本质，挖掘院落廊檐空间，既为开展文体活动提供场所，也为庭院之间的人际交往提供互动机会，有助于增进居民交往，唤起居住者的归属感。从整体来看，金牛区的院落自治激活了群众的自治意愿，提高了自治效率。首先，民意汇集更快了。在整合院落之前，社区干部队伍疲于应付。院落整合后，各院落委员会人员平均不低于3人，服务群众

的人增多了，群众也广泛参与建言献策，90%以上的突出问题都能得到妥善解决，群众满意率达到95%以上。其次，群众议事更便捷了。实行院落自治之前，社区很难调动居民议事的积极性，即使组织召开居民议事会，也常常因意见难统一导致自治效率极低。开展院落自治后，开院落居民大会成了常事，遇到事情开一个"坝坝会"就解决了。最后，执行效果更好了。院落事务由群众自己议决，群众相互监督，执行效果明显改善。金牛区以居民需求为导向，打造幸福生活馆等社区微更新项目40个，形成花牌坊、方庭书店、遇芙、陶里等市社区美空间19个，其中13个获评2021年"成都市社区美空间"，数量位居全市第一。

（二）推动民事民议活动，提升自治能力

金牛区以"让人民群众在城市生活得更方便、更舒心、更美好"为目标，着眼解决群众急难愁盼的民生实事和城市形态老旧、业态低端等突出问题。在推进院落综合改造过程中，民事民议发挥了巨大效能，提升了基层自治能力。金牛区采取"意见收集—资金筹集—合理改造"的方式，以党员领航、党员分包等方式强化示范效果，以议事会、议事箱、议事厅等多个平台提升民事民议能力。在西南街片区实践中，改造完成的30多个城镇老旧小区，充分将政策宣传、沟通服务等延伸至小区"神经末梢"。前期通过"坝坝会"、商家座谈会等方式收集居民群众相关利益诉求、意见建议1200余条，1个月内顺利筹集维修资金43万余元，拆除违建110余处，实现"维修资金筹集率100%、违建拆除率100%"。同时，通过划分党员包片责任，党员在缴纳维修资金等工作中积极示范带动，推动形成了"党员引领做群众工作、群众自发做群众工作"的生动局面。

（三）规范院落相关条例，完善自治体系

在制度保障上，以院落"民情联络"不断完善自治体系。当前金牛区形成的民情联络制度包括"倾听—联络—议事—反馈—办理—工作追责—考核奖励"七大流程，进一步明确了各方主体职责，能够更好地推进社区服务落地。一方面，金牛区通过不断完善具体的相关条例，以规范和制度为院落自治护航。依据明确规定的议事规则和议事流程，生活在院落中的居民可以通过议事平台或以"坝坝会"的形式按规则议事，遵程序发言，充分尊重不同利益群体的诉求。另一方面，金牛区形成的制度和条例有利于培育基层民主精神，推进公共决策。议事规则强调了"民主"，议事机制可以在相当大的程度上赋予决策以权威性、民意性。参与各方主体依托民主议事平台，通过讨论、辩论、表决、选举等多种民主议事程序，使决策的内容更加科学合理，赢得了民众对决策的认同，推动民众积极参与决策的实施。实践中，金牛区结合星级院落、文明院落、和谐院落创建活动，制定了院落环境评价和监督制度，广泛发动居民开展自我服务和自我管理，实现以院落自治促进环境治理的目标，通过环境治理促进居民自治和社区参与双赢。

（四）挖掘院落组织资源，增强自治动力

发挥社区大党委的组织优势，充分调动组织资源，培育社区自治组织，能更好地增强院落自治的强劲动力，焕发出新活力。院落空间作为推进院落自治管理的重要载体，离不开院落居民和相关主体的参与。金牛区街道、社区在院落空间设置和谐信箱，由网格员及时收集群众诉求。院落自治小组、监督小组根据群众诉求定期在院落中召开议事会，讨论决定院落管理事项，及时满足居民的议事协商需求。社区自治充满活力和可持续性，专业社区组织的培育必不可少。西南街社区引入"专业组织"做好活动，充分发挥社区"两新"组织专业力量，进一步提升院落自治的专业化水平。与此同时，邀请"岚庭装饰""华凌摄影"等高水平设计团队，改造升级"西南街社区党群服务中心""幸福生活馆"，创意打造"微电影"拍摄工作室、党员"加油站"等影像美空间，植入VR居家装饰体验、多肉植物微景观形成居家美空间、生态美空间，精心搭建邻里中心"邻里戏台"，极大改善了院落的人居环境，院落自治的内生动力更加强劲。

四、院落自治探索的经验启示

金牛区的院落自治是立足院落底色、发挥党员本色、探索地方特色的一次成功探索。一方面，有助于推动新时代"枫桥经验"在金牛区的落地落实，通过打造院落议事空间，将"居民议事站"作为调解居民纠纷、化解矛盾的重要平台，最大限度将矛盾化解在院内，实现"小事不出院落、大事不出社区"。另一方面，有助于明晰社区治理主体职责，推动基层减负增效，探索物业管理长效机制，实现院落居民自治组织全覆盖。从金牛区探索的院落自治模式中可以总结出以下几点经验：一是立足院落本色，完善院落自治小平台；二是强化民主规则，细化院落自治新标尺；三是回应居民需求，明确院落自治新权责；四是挖掘院落资源，拓宽院落自治新场域。

（一）立足院落本色，完善院落自治小平台

"街道党工委—社区党组织—院落（小区）党支部—楼栋党小组"横向到边、纵向到底的四级联动机制，对于维护金牛区域稳定发展具有重要的压舱石作用。在传统的城市社区治理体系中，社区居委会往往处于主导地位，承担了绝大多数的管理职能，面对不断加大的治理压力，社区居委会力量日显单薄。金牛区立足院落本色，搭建"区—街道—社区—院落"四级党组织议事结构，有利于推动公共秩序的优化建设，进一步完善院落自治平台。金牛区在自然散居院子的基础之上重构自治单元，按照"地域相近、规模适度、群众自愿、利益相关"的原则，以院落（小区）基本单元为治理依托，实现从群众"看戏"到群众"唱戏"的转变。为了真正将群众自治落地落实，金牛区不断夯实社区自治的基础，将重心下移到重构的院落（小区）治理单元，让资源在院落（小区）整合、力量在院落（小区）凝聚、服务在院落（小区）集成。在党和政府领导下，社会力量充分参与的新型社会治理模式正在金牛区逐渐成形。这一模式的经验启示在于，推动群众自治必须进一步发挥基层党组织的凝聚作用，通过发动群众、社会组织等多方力量共同参与基层治理，最大限度凝聚城市基层治理的合力。

（二）强化民主规则，细化院落自治新标尺

以规则为导向的基层治理，有助于实现从难以约束到自觉遵守的转变。金牛区始终坚持"法治同行"的治理理念，切实将党组织依法执政、干部依法治村、群众依法自治有效结合起来，广泛发动民主协商，完善细化规章制度，不断强化法规意识，夯实社会治理的法治根基。同时，通过民主协商、民主监督、民主评议等方式让民主规则更加完备。金牛区不断健全完善议事协商机制，运用新技术手段创新议事规则和监督方式营造了"规则大家议，施行齐推行"的良好自治氛围。一是民主协商定规。通过组织召开党员大会、院落（小区）议事会、"坝坝会"、各类行业协会会议，依照国家相关法规制度，结合群众需求、发展需求和全面从严治党要求，研讨制定党员工作手册、

党员干部行为规范、院落（小区）自治章程、村规民约、院规院约、行业规章、社会组织管理培育办法等制度，立规执纪，不断完善社会治理制度体系。二是民主监督执规。充分利用院落（小区）公示栏、广播、手机短信、微信、网络等信息平台，实现决策公开、承诺公开、成效公开、群众意见公开、处置违纪公开，让民主和监督贯穿执规执纪的全过程。三是民主评议守规。通过党员民主生活会、院落（小区）居民代表大会、"坝坝会"和服务质量测评等方式，定期组织党员群众对党员干部依法依规服务、院落（小区）自治照章管理、社会组织依法服务以及群众遵规守约情况进行民主评议，并且在院落（小区）公示评议结果，对遵规守约的党员群众进行表彰，不断强化法治规则意识，营造尚法守规的良好氛围。

（三）回应居民需求，明确院落自治新权责

金牛区以详尽的制度设计夯实了自治的制度根基，通过强化机制保障确保院落自治常态长效。当前，金牛区已经建立起横向上居委会、议事会、监委会、业委会四方分工合作，纵向上居委会、院落委员会、楼栋长三级共管的"四会联动、三级共管"格局，推进居民的自我决策、自我管理、自我服务、自我教育和自我监督。建立院落自治组织体系，通过居民民主选举产生院落民情代表和院落自治小组成员；建立院落民情代表议事会制度，成立院落自治小组，民情议事会行使自治事务议事权、决策权和监督权；民主议定院落事务，自治小组负责落实。同时，推动建立居民公约、院落公约等社区规范，形成在党组织领导下多方参与的协商议事平台。结合群众日益增长的美好生活需要，进一步明确院落自治的内容，激发居民参与活力；结合群众需求与群众协商讨论，梳理院落（小区）公共环境整治、物业管理、治安巡逻、文化娱乐以及基础设施维修维护等权责义务，建立权责明细清单，有效激发了群众的参与活力，实现服务自给、设施自建、发展自谋。坚持民主协商对话方式，广集民智，建立院落（小区）物业服务标准。为进一步增强老旧院落整治的规范性，金牛区还进一步建立健全门卫值班制度、巡逻值勤制度、来访人员登记制度、小区车辆管理制度、大件物品进出登记制度、院落卫生管理制度等系列制度。

（四）挖掘院落资源，拓宽院落自治新场域

院落自组织是政府与居民沟通的桥梁，深刻影响社区的资源利用分配、社区矛盾的协调、社区力量的凝聚。地方政府要深化城市社区治理，加速政府职能转变，对民办非企业单位以及社会团体给予鼓励与支持，帮助它们积极承担部分政府部门中分离出来的社会职能，参与社区服务项目，从而满足社区成员的不同要求。基层政府应当大力培养和扶持基层微组织，使这些新兴力量广泛参与基层治理。金牛区以培育各类社会组织为支撑，大力孵化社区社会组织，实现了从"一元治理"到"合作共治"的转变，推进治理体系和治理能力现代化发展。尤其是要培育根植于基层社区、院落（小区）的"草根"社会组织，通过它们带动群众进行自我管理、自我教育、自我服务和自我监督，推动政府治理、社会参与和群众自治的良性互动。金牛区坚持以公共利益最大化为工作导向，以丰富的社区活动带动居民参与。一是重点结合群众需求。通过降低门槛、政策优惠、资金扶持等措施，积极鼓励党员干部和有志愿服务意愿的群体成立各类备案社会组织和产业协会等。二是购买服务，助力发展。建立完善政府购买服务机制，设立培育发展社会组织专项资金，用于鼓励培育发展服务性、公益性、互助性社会组织，指导支持各类社会组织积极参与公益创投、项目服务。三是强化监管，规范运行。在社会组织运行过程中，坚持党建指导社会组织建设，推进党组织建设与社会组织管理同步进行、协同发展。同时，建立社会组织服务跟踪考评机制，多角度、全方位对社会组织进行综合测评，对社会组织实行严格的分类分级指导、管理、监督，确保社会组织健康、规范运行。

第二节 探索制度赋权模式，保障民主协商权利

针对辖区社区差异大、人口多、诉求杂的现实困境和初步建立社会治理公民议事会（公议会）过程中出现的主体"公益性"不足、居民"贴合度"不够、处理"有效性"不强的现实问题，金牛区黄忠街道通过搭建群众自治事务议事决策平台，不断推动制度赋能、制度赋权工作的完善。为打造特色院落自治模式，金牛区探索建立公议会，以日常民意收集与定期集中议事为主要手段，以制度为典型优势保障辖区居民的民主协商权利。公议会搭建起由社区网格委员和辖区单位委员组成的议事会领导队伍，以多种方式应对程序缺失和结构失范等问题，形成了"网格单元"汇集议案、孵化培育"社会组织"推动议案、"三大产品"与"三项制度"保障议案、7大类21项明确公民议事会权利、民主协商"去行政化"以及用"考评服务"监督议案的主要做法。公议会作为典型的自治组织，以完备的工作流程为基础，不断优化规范、约束执行、调解矛盾，践行"不忘初心""人民至上"的服务理念，将群众的权益放在首位，搭建了黄忠街道居民群众和辖区单位共商共议的议事互动平台。金牛区以公议会作为载体和平台，基层群众广泛参与民生事项，从事前决策、事中参与到事后评估等方面引导社区居民参与提案，从居民的所想、所需、所虑、所求入手，借助多方合作、动静结合、刚柔并济的"1+5+N"模式形成了完备的制度规范，保障居民的民主协商权利。

一、公议会的产生背景

在金牛区街道党工委、办事处的支持下，黄忠街道公议会于2014年12月12日正式成立，是典型的居民群众的自治事务议事决策机构，其所形成的系列制度、体系、规则和细则为后续开展基层民主协商的试点工作奠定了制度基础。黄忠街道地处成都市经济产业升级、城市转型、社会转轨核心区域，

下辖3个社区，面积1.51平方公里，常住人口5万余，流动人口接近50%。公议会成立以前和成立初期，黄忠街道的社区治理工作面临一些突出的问题。

（一）认识不够统一，成员公益心不足

黄忠街道创设社会治理公民议事委员会的一个重要政策背景，是为了进一步坚持和完善基层群众自治制度、发展基层民主，防止出现人民形式上有权、实际上无权的情况。改革前的公议会管辖3个社区，管辖范围较大。领导班子成员也较为复杂，由31名网格委员和辖区6名单位委员共37名委员共同组成，其中常务委员5名，包括主任1名、副主任4名，秘书长由1名副主任兼任。由于常务委员对公议会的认识不够统一，导致部分人员在工作中方法较简单、粗暴，行事较武断，对委员不够尊重。究其原因：其一，委员们的教育背景和综合素质不同，他们对阶段性的治理形势把握不准，缺乏协商精神，在实际工作中常常按老思想、老方法行事，方案经表决无法通过的时候还会过度争执；其二，公议会的部分委员缺乏奉献精神，公益心不足，缺乏对社会改革和社会治理的创新意识，导致使命感不强，荣誉感不足；其三，委员结构比较单一，年轻人参与度不够，尤其是常务委员年龄偏大，对网格中其他群体的辐射和带动作用较弱。

（二）规定不够明确，居民贴合度不够

黄忠街道创设社会治理公民议事委员会的一个重要时代背景，是为了更好满足人民群众对美好生活的需求。因此，必须重视事前决策、事中监督、事后评价的工作流程，一旦缺少了群众的参与互动，就容易出现"干部拼命干，群众冷眼看"的情况。公议会成立早期，由于在管理运行上对政府依赖程度较高，内部领导班子未形成合力，工作缺乏主动性和自主性，影响了公议会的健康发展和功能发挥。加上缺乏常规议事的规定，工作中的冲突常常难以及时化解，导致相互拆台等不和谐情况时有发生，甚至出现了过分抱团的"山头主义"苗头。究其原因：其一，管理范围大但管理规定不明确。黄忠街道位于金牛区南部，属于中心城区且街道面积广，人口数量大且流动性强，街道下辖的3个社区间的差异较大。其二，辖区内社会力量动员不足，缺乏自我"造血"功能。辖区内机关企事业单位及社会组织较多，驻有10余家机关事业单位和30余家大中型企业及700余家小型商家店铺，但公议会的日常运行没有充分调动辖区资源，导致参与度和认可度不足。其三，社区居民的需求日益多元，但社区管理针对性和贴合度不高，不能满足群众需求。辖区内3个社区都是综合型居住社区，集商贸、小康住宅、中高端住宅和中高档餐饮娱乐于一体，配套功能较完善，这些都对公议会制度的进一步完善提出了更高要求。

（三）反馈不够及时，处理有效性不强

黄忠街道创设社会治理公民议事委员会的一个重要实践背景，是成都市城市建设管理正处于转型升级示范片区的关键阶段，为了避免出现"遇事不协商、关门作决策、好事难以办好"等情况，必须加快解决社会治理中的基层梗阻。2014年至2016年间，黄忠街道社会治理公民议事委员会所提出的议案缺乏监督机制、考评机制，议案建议难以得到落实，公议会的作用没有真正发挥，进而难以持续激发居民的参与热情。其中，针对3个社区发展的意见和建议，有的没有得到及时回复，有的回复理由无说服力，有的原则上同意却并未实施。由于反馈不及时、监督不力、考评无门，导致居民即便参与议事，所涉议案的处理时效也往往得不到保证，议案的反馈和处理缺乏"有效性"。究其原因：其一，公议会的创新之举使委员们备受关注，但由于公议会委员的思想认识不到位，同时缺乏相关培训和指导，导致一些委员存在盲目自大的心理，少数委员甚至出现攀比心理，事事争高低、时时争待遇。其二，公议会的相关制度规范是在边学边做中不断完善的，但由于缺乏完善的监督和考评机制，因此除了积极自查，群众监督难以真实展开，不利于真正落实为民议事、为民办事、为民落实的初心，也不利于解决群众的操心事、麻烦事、困难事。

二、公议会的创新做法

2021年4月，中共中央、国务院印发了《关于加强基层治理体系和治理能力现代化建设的意见》，强调要健全基层群众自治制度，"在基层公共事务和公益事业中广泛实行群众自我管理、自我服务、自我教育、自我监督，拓宽群众反映意见和建议的渠道。聚焦群众关心的民生实事和重要事项，定期

开展民主协商"。① 党的二十大报告明确指出："协商民主是实践全过程人民民主的重要形式。""健全各种制度化协商平台，推进协商民主广泛多层制度化发展。"② 这些论断表明，基层民主协商是保障居民合法权益、发挥组织功能优势、推动原子化社区向融合集体性社区转变的重要途径。黄忠街道深入探索公议会的实践，丰富了基层民主的实现形式，其主要做法包括探索"网格单元＋社会组织"的组织架构，形成主体共治格局；通过"三大产品＋三项制度"的制度设计，搭建议事互动平台；制订"清单管理＋放权赋能"的权责清单，提升居民参与热情。

（一）"网格单元＋社会组织"：形成主体共治格局

黄忠街道紧紧把握党建引领优势，通过"网格单元＋社会组织"，形成多方共治格局。推动传统的单一化管理主体向多元化治理主体转变，实现由原来的单位大包干、现在的党委政府大包大揽，向"在党委统一领导下，政府、社区（群众）、单位和社会组织共同参与治理"转变。明确相应的治理责任主体和参与主体，建立相应的网格管理员和信息服务员团队，形成在党委统一领导下，政府、社区（群众）、单位三方治理和社会组织补充服务的共同治理服务格局。

第一，坚持党委领导，明晰治理主体。黄忠街道在党委统一领导下，进一步明确公共区域、院落区域、辖区单位内不同治理主体的职责。其中，针对公共区域，以政府（街道）管理为主，其他主体为辅。网格管理员由街道城管执法人员担任，网格信息服务员由街道综合执法协管员（原城管、综治协管员）、群众代表担任。针对院内区域，街道以社区（群众）自治为主，其他力量为辅。网格管理员由社区"两委"成员担任，网格信息服务员由院落自治组织成员、街道流动人口协管员等担任。针对辖区单位，以单位自管为主，其他力量为辅。网格管理员由单位相关管理人员担任，网格信息服务员由单位后勤保障人员、街道税收协管员、食品药品监管员等担任。

第二，孵化和培育社会组织，壮大服务力量。黄忠街道以群众需求为导

---

① 中共中央 国务院关于加强基层治理体系和治理能力现代化建设的意见［EB/OL］.（2021－07－11）［2023－10－07］. http://www.gov.cn/zhengce/2021－07/11/content_5624201.htm.
② 习近平. 高举中国特色社会主义伟大旗帜 为全面建设社会主义现代化国家而团结奋斗［N］. 人民日报，2022－10－26（1）.

向，结合辖区现有资源，重点培育引进敬老、托幼、助残、帮困、文体、医疗、法律、培训八大类社会服务组织，推出无偿或低偿服务菜单供社区居民选择。为进一步壮大社区服务力量，黄忠街道还积极建立健全党员志愿服务队伍，分类推出公益服务岗位，探索所有在册登记党员和双报到党员主动认领公益性岗位的制度，并以所在社区党支部为单位开展和提供公益服务，将工作开展情况登记成册，并纳入党员日常管理和评价。

（二）"三大产品 + 三项制度"：搭建议事互动平台

黄忠街道通过打造"三大产品"和建立"三项制度"，积极搭建群众议事互动平台。积极拓展问题收集渠道，着力推广院落意见征集会，是辖区居民反映意见建议的重要途径。黄忠街道将院落意见征集会覆盖到全街道 31 个网格，使居民的诉求不出小区、不出网格就能得到表达，收到反馈。另外，街道还通过增强公议会联系社区其他群体的力度，加大民情民意的收集方式和力度；扩大服务面，影响和带动年轻居民参与，进一步提升居民参与度。

第一，全力打造议案、院落意见征集会、集中议事会是黄忠街道公议会的三大产品。公议会委员居住、生活在社区，他们可以通过电子信箱、委员进社区/业委会/物管、进家入户、定点值班、居民无记名、联名提案听取建议、召开院落意见征集会等方式广泛收集社情民意。首先，公议会对收集到的民意进行分类处理，然后将符合条件的形成议案，最后提交办事处处理。同时，公议会还依托信息科技手段，打造上下联动的社会治理信息网络指挥平台，建立信息采集、上报、处置、反馈、评价的网上办事流程，推动社会治理服务的智能化。2015 年，公议会通过召开院落意见征集会收集到的意见建议，占全年收集民情条数的 70% 以上。

第二，黄忠街道以公议会为纽带和桥梁，积极构建公议会和党代表、人大代表、政协委员（以下简称"两代表一委员"）以及社区网格员三位一体的民主协商共同治理格局，重点探索推行三项制度。一是公议会委员与"两代表一委员"对接联络制度。制订对接联络方案，打造公议会委员与"两代表一委员"结对联络小组，双方定期联络、沟通交流。每月开展集中议事活动，公议会提前 3 天征求"两代表一委员"意见建议，"两代表一委员"视议题内容自愿参加集中议事活动。二是公议会委员与"两代表一委员"共同组织"每月接待日"。每月 28 日，公议会委员与"两代表一委员"走进社区院落,与辖区群众面对面交流、一对一沟通,了解社情民意,听取意见建议。三是公议会委员、社区网格员民意互通机制。公议会委员、社区网格员分别深入院落楼栋,了解群众诉求,收集意见建议,双方通过电话、"坝坝会"、座谈会等形式,互通情况、互相交流,全面掌握社情民意,及时回应群众诉求。

(三)"清单管理+放权赋能":提升居民参与热情

为了进一步推动政府放权,赋能基层自治和基层协商,提升居民参与度,黄忠街道自2015年起开始将城市建设管理等7大类21项事权以清单方式授权给公议会进行管理和监督,有助于推进发展基层民主,保障人民当家作主。7大类21项事权清单涉及城市管理、社会管理、公共服务、基层党建、作风建设、民生事项、城市建设7个方面,包含市政工程项目、辖区卫生环境建设、院落安全秩序、党员民主评议、老旧院落改造等事项。

第一,公议会制定的首批7大类21项事权清单,可以更好地推进微腐败治理。事权清单对居民生活环境营造、社区服务提升、民主生活参与、党务工作的监督和评议有了明确的规定和权重比例要求,社区治理更加有规可循。2017年,街道将基层党风政风、扶贫济困、政府投资项目建设等23项具体权力事项再次授权公议会进行监督。2018年5月,公议会换届完成,权力清单也由原来的7大项21小项修订为7大项26小项,升级为2.0版本。2019年3月,会议会通过对"社区提案"制度进一步讨论优化,升级为3.0版本。

第二,在政府放权方面,黄忠街道进一步加强了政府和居民的联系,政民对接机制、诉求闭环机制更加健全。其中,政民对接机制形成了班子成员参加集中议事会、街道设联络员制度,诉求闭环机制要求意见建议议案列入街道决策议题、明确责任、限期1个月内办理回复。在管理手段上,以督促推动整改落实。例如,在环境整治方面,一是对动态问题现场督促整改,发现清扫保洁不到位、垃圾清理不及时等问题立即通知环卫公司并现场督促整改完成;二是对静态问题限时整改,对于垃圾桶破损等部件问题,第一时间通知街道办事处进行维修更换,并跟踪整改进度,确保整改到位。

三、公议会的显著成效

金牛区搭建了议事平台,想居民所想,促结构调整;化解了居民矛盾,急居民所需，促环境整改；加强了干部纪律，思居民所虑，强作风建设；推动了城市管理，应居民所求，促文明建设。整体上，金牛区的城市建设管理水平、干部纪律作风建设、公共服务质量、社会治安状况都有了显著提升，在化解基层矛盾、反映民生诉求、参与社会治理等方面形成了相应的调整机制。自黄忠街道公议会成立运行以来，所有提案和意见建议均得到及时解决或积极回应，社会治理成效进一步彰显，城市建设管理水平明显提升，社会治安状况持续改善，公共服务质量显著提高。截至2014年，公议会共提交并办理议案30件，涉及城市建设、城市管理类议案24件；搜集意见建议256条，涉及城市建设、城市管理类124条；开展环卫、绿化和公园考评50余次。2015年，黄忠街道公议会已进入正式运行阶段，共开展集中议事活动2次、办理提案4件、提出有效建议2条、开展民意测评4次、开展培训2次，开展参观考察活动4次。截至2018年1月，公议会收集议案和意见建议374件、民意测评4次、环卫考评36次、绿化考评36次、公园管理考评29次、机关作风监督50次。针对公议会参与社会治理能力欠缺、委员整体素质亟待提升、群众参与度有待提高等现实问题，公议会通过阶段性的总结，以座谈会方式及时调整议事会的机制设置，进一步增强了议事的独立性和监督的公信力，提高了工作的实效性。

（一）搭建议事平台：想居民所想，促结构调整

黄忠街道通过调整居民议事会的结构，打造居民主体的互动平台，让基层群众真正有了议事协商、当家作主的便捷平台。黄忠街道公议会是街道、社区、院落群众、辖区单位等多方参与辖区治理的互动平台，是充分发挥群众主体作用、保障群众依法直接行使民主权利的社区社会组织。公议会在运行过程中始终坚持社会治理的"四化"（治理思维的法治化、治理主体的多元化、治理手段的现代化、治理方式的民主化）原则，充分发挥群众主体作用，保障群众依法行使民主权利，社区民意有了表达、沟通的平台。公议会以"提出问题—提解决方案—参与实施"为主要方向建立"三级+"平台，提升居民的参与度和公议会的信用度。其中，金沙公园北社区成立了公共事务提案委员会，阳光金沙小区提案小组和金沙国际提案小组搭建了"街道、社区、院落+网络"的提案平台。街道引进第三方社会组织成都市金牛区社会组织促进会授权运营，在集中议事时派出1名以上领导班子成员带领相关科

室参与会议。

（二）化解居民矛盾：急居民所需，促环境整改

黄忠街道借助公议会有效化解了居民在院落改造、环境优化方面遇到的突出问题，确保党委政府的决策顺应群众期盼。公议会将街道事项决策权交予辖区居民，遵循依法依规、程序规范、街道有能力实施的原则，由街道负责落实居民议决事项，并接受群众监督。在基层治理服务机制方面，公议会改变了以往关门决策的做法，真正实现了收集民意、尊重民意、广纳民智。公议会通过"坝坝会"等方式，建立了居民反映问题、评议问题、化解问题的平台和渠道。居民可以自己提出问题、自己评判问题、自己解决问题。实践表明，公议会使得城市建设管理水平得到提升、社会治安状况持续改善、公共服务质量较大提高、干部纪律作风建设不断加强、居民矛盾得以有效化解。例如，针对金沙别致小区通道下沉，造成围墙开裂影响小区安全，开发商因质保过期，拖而不办的问题，小区通过召开"坝坝会"商量采取法律程序，最终由开发商承担并负责整改。又如，公议会就辖区公厕偏少的情况，提交了《黄忠辖区内的企事业单位免费对外开放卫生间》提案，6家单位挂牌免费对外开放了单位内部卫生间。针对辖区公交线路设置不够合理的情况，公议会提交了《黄忠辖区公交车调整运行线路》提案，帮助街道与成都公交集团公司进行协调，新增1123社区巴士线路。针对黄忠西街与黄忠路口存在大面积积水问题，公议会提交了相关提案，成功推动相关单位解决了局部积水问题。

（三）加强干部纪律：思居民所虑，强作风建设

公议会全面介入黄忠街道干部作风建设和基层"微腐败"治理，参与街道班子述责述廉评议、社区"两委"和机关科室年度目标考评，对执法队、派出所、司法所等单位的工作进行评议，并将考评结果作为街道考核评定的重要依据，不断加强干部纪律作风建设。在公议会全方位、全程式监督下，辖区党员干部工作作风不断优化，服务群众意识和能力有效提升。公议会通过健全完善例会制度和考评制度，加强干部队伍培训，提升委员们的服务意识和"公益心"。公议会坚持每月召开工作例会，并邀请街道办事处分管领导和科室负责人全程参与，会上通报当月公议会环境卫生检查考核情况，梳理

存在的重难点问题，分析存在问题的原因，并提出意见建议供街道办事处决策。公议会通过不断提升委员的洞察力，增强委员们的执行力，使得公共服务质量有所提高。公议会所有提案和意见建议均得到及时解决或积极回应，大大改善了城市交通环境和群众居住条件，社会治理成效初显。例如，公议会提交的《关于黄忠街道公议会2016年的工作思路》议案中主张开展委员访谈和公议会委员培训，通过与现有委员进行深度沟通、交流，及时调整和明确公议会定位及发展方向，帮助委员们梳理现有工作制度、工作流程，总结工作成效，进一步增强领导班子凝聚力。同时，针对性开展相关培训，从意见征集、议案拟写、院落意见征集会召开、开放式空间会议技术运用等方面展开培训，促进公议会熟练运用现代议事技术提高工作效率。通过作风建设、专题培训，大大提高了公议会委员们的责任感、公益心和集体意识。

四、公议会的经验启示

治国安邦重在基层。2021年4月，中共中央、国务院印发了《关于加强基层治理体系和治理能力现代化建设的意见》，强调要健全基层群众自治制度，加快基层治理研究基地和智库建设，加强中国特色社会主义基层治理理论研究。[①] 制度赋权之所以能够保障民主协商权利，其逻辑在于价值观的认知引领、平台的赋能作用、主体的参与互动、相关要素的整合发力。其经验主要体现在以下几个方面：通过细化流程，激发居民参与，有助于培育多方合作的治理共同体，进一步提升服务质量；通过动静结合的方式，完善监督机制，督促整改落实，有助于推动辖区内资源的整合，推动区域共同体的运行；通过刚柔并济的手段保障区域共同体的持久建设，从干部培训和制度规范入手塑造以公共利益为核心的价值观，在党建引领下谱写公民议事、协商自治的新篇章。

（一）多方合作：培育共同体，保障居民权利

基层群众自治制度作为我国的一项基本政治制度，经过长期发展，已成为当代中国最直接、最广泛、最生动的基层民主实践，是推进基层治理创新

---

① 中共中央 国务院关于加强基层治理体系和治理能力现代化建设的意见[N]. 人民日报，2021-07-12（1）.

的制度载体。公议会通过调动多方力量，建立了以三大社区为单位的区域共同体来提升服务质量，通过流程细化和扩大公议会意见征集范围，进一步拓宽提案来源渠道，提升居民参与热情。通过搭建由街道、社区、院落三级群众参与辖区治理的议事（决策）互动平台，充分发挥人民群众的主体作用，保障群众依法行使民主权利。

第一，充分发挥议事会这一协商平台的作用，通过细化公议会流程，以线上线下相结合的方式，保证群众协商议事的有效性。公议会委员须向社区党委（含支部）、社区居委会、小区业委会、小区物管等相关人员收集意见。在院落设置公议会意见征集箱，由所在网格委员于每月最后一周开箱取件并做好记录、及时上报。单位委员收集的意见、建议，则直接提交到公议会常委会办公室，由秘书长进行处理。除此之外，公议会还设对外电子邮箱，由秘书长负责每周登录收集意见建议。对于从电话中收集到的意见建议，由值班委员做好登记。对于居民反映的意见建议，公议会委员始终耐心倾听并做好记录并及时上报，不解答超出自身权限的提案或作出承诺，以规定细化流程培育共同体平台。

第二，以社会组织为协商议事的重要主体，以社会组织的服务培训和项目活动为支撑，进一步培育共同体意识。在黄忠街道社会组织孵化中心的全面指导和培育孵化下，整个街道已经有2支以上登记注册的社区服务类社会组织，5支以上备案管理类社区社会组织。在此基础上，公议会组织社区社会组织开展常规性的培训活动，为社区社会组织的发展提供服务支持。其中，以社区"两委"成员和社区骨干为主要对象开展上门专题培训，且每个社区不少于4次。在日常运作过程中还会以项目化的方式保障议案落地，通过培育社会基金，开展社区公益创投项目活动等提升社会组织服务水平。同时把社区特殊群体（老年人、儿童、残疾人、低保群体等）作为主要服务对象，大力开展邻里互助、社区融合、医疗、法律、文化服务、培训等专业社会工作服务。

（二）动静结合：运行共同体，督促整改落实

为进一步保障居民参与，公议会整合多方资源，采取"动静"结合的方式推进区域共同体得以运行。"动"，即在民主推选上坚持广泛宣传，让社会力量参与其中，以入院宣传为主要手段，了解居民实际所需，并发动居民参

与公议会委员的选举，实现群策群议，人民当家作主；"静"，即关注监督落实，以监督机制、考评机制的不断完善进一步督促问题解决，防止"微腐败"发生，监督"微权力"运行。

一方面，在民主推选方面，利用社会力量形成广泛影响力。以张贴海报、散发宣传彩页、召开院落"坝坝会"、定点宣传答疑、街头快闪宣传、社区"领袖"走访等多种形式，进行深入细致的宣传，动员辖区群众踊跃报名。在成立初期，公议会通过发动社会力量，极大地激发了群众参与辖区治理的积极性，完成了60余次个体访谈，26场院落会和6次街头互动。公议会通过全覆盖入院宣传，让广大的社区志愿服务队伍全程参与，同时由专家和居民代表根据发表演讲、现场答辩共同打分，选举产生3个社区的分网格。

另一方面，在监督与考评机制方面，通过完善相关制度设计推动"微权力"运行，预防和整治基层"微腐败"问题。为进一步推进全面从严治党向基层延伸，规范街道机关、社区权力运行，黄忠街道结合当地实际，从监督权限、监督方式、衔接机制、激励机制、保障措施五大方面制定了相应的规则，以制度和机制设计回应金牛区基层"微权力"运行、"微腐败"治理的工作要求。社区采用"坝坝会"、座谈会等方式广泛收集社情民意，公议会积极参与党风廉政、"微权力"运行、"微腐败"治理等工作，通过机关社区作风测评推动公议会全面参与辖区环卫、绿化作业考评，保障辖区交通安全和公共环境。

（三）刚柔并济：保障共同体，提升服务质量

创新基层社会治理，充分激活社会细胞，必须将"最先一公里"和"最后一公里"相衔接。公议会通过建立"公议会委员+两代表一委员"机制，成立双方结对联络小组，还通过"公议会委员+社区网格员"、电话交流、"坝坝会"、座谈会等形式，全面掌握社情民意，及时回应群众诉求。公议会通过柔性培育和刚性规定保障区域共同体相关制度的落地，进一步提升服务质量，达成了"公议会下院落，居民座谈掏心窝；说一说心里话，化解矛盾都快乐；议一议身边事，不利团结事不做；多总结再探索，不断改进结硕果"的共识。

一方面，在"柔性"的思想建设上，公议会推动干部培训和指导工作，增强公议会成员的"公益心"和"问题库"意识。公议会通过不断总结、归

纳和创新，从网格中收集各方意见，不断发挥主体作用和监督作用，委员们全面参与环卫和绿化考评等工作，真正实现"人民城市人民管"。公议会以干部培训的方式进一步提高成员的认识，通过开展有关社会改革和社会治理创新的培训活动，组织公议会成员参观学习成都市社会治理创新成果，并抓好领导班子建设，指导其改善内部管理，提升开展项目化运营和管理的能力。在实际工作中，公议会始终坚持以打造"问题库"为先，精准定位问题，每次检查均实地采集数据，通过拍摄问题照片，注明点位位置、问题类别并汇编成册，留档备查，建立问题库。例如，公议会每月编写检查考核通报，分送环卫公司和街道办事处，以便环卫公司及时找准问题所在和街道办事处及时了解环卫作业状况。

另一方面，在"刚性"的建章立制上，公议会通过厘清权责，保障议事会的服务功能，实现议事提质增效。组织成立后，公议会通过开展一系列的建章立制、基础业务培训、能力提升的支持性培育工作，建立了含《章程》《集中议事制度》《日常民意收集制度》在内的运营制度体系。其中，《章程》分为总则、委员权利以及义务和条件、公民议事会职能与职责、公民议事会议事规则和程序、公民议事会日常民意收集规则与程序、公民议事会机构设置与组织结构、附则七大板块，从制度上对议案、院落意见征集会、集中议事会三大产品提出了明确的要求。"公议会委员与'两代表一委员'联系制度"强调发挥黄忠街道社会治理公议会作为辖区居民群众参与辖区治理的议事互动平台的作用，推动公议会和居民联系的常态化发展。

第三节　创新社区提案机制，构建多方共治平台

习近平总书记强调："要坚持以人民为中心，摸准居民群众各种需求，及时为社区居民提供精准化精细化服务"①，"要及时感知社区居民的操心事、烦心事、揪心事，一件一件加以解决。"② 金牛区是成都市中心城区面积最大、人口最多、经济总量最大的区域，流动人口多，老旧小区也多。长期以来，由于缺乏规范的居民议事协商机制和完善的民主监督机制，绝大多数老旧小区在社区公共服务和社区治理方面问题突出，直接影响居民群众的生活质量和社区的治理秩序。因此，亟须围绕社区环境优化、服务提升等公共事务完善民主协商议事机制。2019年3月，金牛区获批"全国社区治理和服务创新实验区"。金牛区以实验区建设为契机探索"自下而上提提案、上下互通议提案、多方参与促提案、协商机制结提案"的社区提案机制，完善了社区提案流程，搭建起党建引领组织协调的四级组织提案平台，通过来源、审议、形成、落实、评估五个步骤解决小区（院落）—社区—街道—区所面临的治理难题。这一创新举措拓宽了基层群众自治渠道，激活了社区提案主体力量，完善了社区提案机制，搭建了多方共治平台。通过"五步实验法"的闭环设计和"金牛3321工作法"的探索实践，金牛区打造出了集发挥民智、表达民意、落实民需的多方共治平台，以党建引领多方共治的"指南针"，不断完善四级组织平台和保障机制的"水磨功"、社会组织和多方主体贡献提案的"智慧星"以及以问题和清单导向提高服务水平的"绣花针"，共同推动基层民主协商真正落到实处。

---

① 稳扎稳打勇于担当敢于创新善作善成　推动京津冀协同发展取得新的更大进展［N］．人民日报，2019－01－19（1）．

② 中共中央党史和文献研究院，中央"不忘初心、牢记使命"主题教育领导小组办公室．习近平关于"不忘初心、牢记使命"论述摘编［M］．北京：中央文献出版社，2019：142．

一、社区提案的产生背景

社区是我国社会治理的基础单元,需要健全的民主协商机制和畅通的民意表达渠道予以支撑。随着城市社区居民诉求不断多样化、复杂化和碎片化,居民表达自我发展诉求的意愿越来越强烈,这对如何进一步完善居民参与社区治理机制拓宽民意表达渠道提出了更高要求。《关于印发〈成都市城乡社区治理总体规划(2018—2035年)〉的通知》(成社治领〔2019〕4号)中明确指出"将社区建设成为共建共享平台",突出强调社区作为生活共同体要承担链接各方、助推共建、推动共治的重要作用,在"一核三治、共建共享的"治理机制下,以党建引领推动构建以自治为基础、以法治为保障、以德治为先导的平台。虽然金牛区先后成功探索创设了院落自治模式和建立黄忠街道公议会制度,但在其城市化进程中仍然面临一些现实问题。

(一)协商主体缺位,主体意识待加强

党的十八大以来,主体多方、方式多样、客体能动逐渐成为社区治理的基本特征。主体多方要求社会治理的主体不仅仅是党委政府,还包括社会组织、企事业单位、社区组织、社区居民等。基层民主协商从提出到落地,自始至终都要求充分发挥社区治理中居民自治的力量,激发党组织引领下各主体协商议事的热情。金牛区在社区治理过程中依然存在社区居民"主人翁"意识薄弱、主体参与度低等问题,居民协商意识相对淡薄。由于社区中的自组织和"草根"团体缺乏有效的参与途径和有力的资金、人才支撑,社区组织也面临参与无门、协商无力、落实不当等困境。政府管控与社区自治间的制度性"断裂"使得社区居委会承担了过多的行政事务和具体工作,群众急难愁盼无法及时得到解决。同时,社区居民在公共事务上长期依赖政府和基层自治组织,习惯了"万事找社区"的惯性思维,缺乏自主意识。

(二)协商平台阻塞,议事渠道不畅通

在以区、街道、社区、院落的四级社区提案公共议事平台推进基层民主协商之前,金牛区主要是由楼栋小组长负责收集、汇总和解决社区居民

急难愁盼。居民是社区中的个体，也是组织的组成部分，对于完善基层民主协商环境具有重要作用。但由于缺乏有效的协商平台，居民的主体作用难以发挥。一方面，辖区内老旧小区多，金牛区面临的社区改造难题十分复杂，由于意见反馈渠道不够畅通居民不能直接反映个人意见。另一方面，传统自上而下条块分割的项目制供给和"以钱养事"模式导致社区各组织平台割裂化问题突出，老旧小区居民的诉求难以落实。因此，亟须搭建上下协商、组织协调的议事平台和畅通的民意表达渠道。

（三）协商机制缺乏，激励保障不充分

2019年以前，金牛区各级组织和平台之间缺乏完备的议事方法和细则，地方试点经验总结提炼不够到位。由于缺乏保障机制，各级组织平台权责不够清晰，导致社区治理精细化程度较低。一方面，由于缺乏专业的人才支撑，基层民主协商的动力不足，主体之间缺乏及时有效的沟通，上下级组织间意见无法达成共识，导致问题无人议、无人办、无人管的现象时有发生。另一方面，由于缺乏组织协商机制和资金保障机制，导致金牛区的四级组织议事平台协商力度不够，资金保障力度不强，社区自组织的发展水平较低。因此，亟须健全完善切实有效的议事规范、完备清晰的议事流程、坚实有力的保障机制。

（四）协商规范不全，社区服务难落地

习近平总书记强调："社区是党委和政府联系群众、服务群众的神经末梢。"① 规范的协商制度可以引导群众针对明确具体的社区问题进行分类协商和精准解决。一直以来，金牛区都缺乏完备的民主协商制度和规范，协商什么、谁来协商、怎么协商等都没有明确的规定，协商主体、协商客体、协商程序、协商细则也都没有明确下来，常常导致基层民主协商出现内容模糊、权责分离、程序失范等问题。在实践中，缺乏规范会使基层治理难题愈演愈烈，最终导致事情无人议、权责不明确、政府无公信，等等。为了进一步优化社区服务供给、保障老旧小区改造升级、创建新兴社区特色

---

① 黄玥，等．小小社区，为何牵动总书记的心［EB/OL］．(2020-07-24)[2023-10-07]．http://www.xinhuanet.com/politics/2020-07/24/c_1126278673.htm.

党建品牌,就必须立足金牛区建设需要,着力解决社区协商流程不够畅通、协商规范不够明确等问题。

二、社区提案的创新做法

习近平总书记明确强调:"党的工作最坚实的力量支撑在基层,经济社会发展和民生最突出的矛盾和问题也在基层,必须把抓基层打基础作为长远之计和固本之策,丝毫不能放松。"① 随着金牛区现代化进程的加快推进,经济社会发生深刻变化,人民对幸福生活的向往更加强烈。城市的快速发展助推了利益主体多元发展,居民诉求表达更加多样。2019年3月25日,金牛区以创建民政部"全国社区治理和服务创新实验区"为契机,在全国范围内率先提出建立"党建引领下的社区提案工作机制",全面构建共商共治共享的基层民主协商新场景。在坚持"党建引领、依法有序、多元多层、试点推进"四个原则的指导下,金牛区把握正确的前进方向,指导社区提案工作,加强基层民主协商。截至2021年3月,金牛区已经探索出较为成熟、特色鲜明的"五步实验法"和"金牛3321工作法",建立了金牛区社区提案机制的分级试点,积累了丰富的社区提案经验。

(一)"指南针":党建引领搭平台,扩展社区"朋友圈"

习近平总书记指出:"基层党组织是贯彻落实党中央决策部署的'最后一公里'",② "只有把基层党组织建设强、把基层政权巩固好,中国特色社会主义的根基才能稳固。"③ 金牛区以"四个坚持"塑造党建引领下基层治理"一核多方"的格局,开启党建引领社区提案的创建之路。通过党建搭台,创新"四级提案工作平台",充分发挥社区提案在社区治理中的积极作用,使得"自下而上提议案"有响应,"上下互通议提案"能实现。通过搭建社区提案平台,进一步整合社区提案资源、提炼社区提案典型,解决基层民主协商中渠道不畅、组织不通、资源不足、平台不够等问题。

---

① 中共中央文献研究室. 习近平关于社会主义社会建设论述摘编[M]. 北京:中央文献出版社,2017:131.
② 中共中央党史和文献研究院. 十九大以来重要文献选编:中[M]. 北京:中央文献出版社,2021:599.
③ 习近平. 在基层代表座谈会上的讲话[M]. 北京:人民出版社,2020:7.

一是健全组织架构。成立以区委区政府主要领导为组长的"全国社区治理和服务创新实验区"创建工作领导小组。截至2021年3月，金牛区已经搭建1个区级社区提案工作联席会、13个街道级社区提案公共事务议事委员会、40个社区级社区提案公共议事专委会、63个小区（院落）级社区提案公共议事小组四级组织平台。

二是搭建智慧平台。根据"网络提案、线上受理、共商共治、即时通知"基本原则，金牛区建立全国首个集反馈、分拣、处理、公示、监督于一体的信息化分拣平台——金牛社区提案智慧平台。以信息技术赋能基层民主协商，推动服务功能和流程优化，将社区提案的征集、公示等工作直接呈现在信息化平台上，通过增设"办理流程即时通知、电子签名和办理时效监督提醒"三大功能，实现"回复留痕、协商有音、追溯可循"。

三是细化工作方法。金牛区以"金牛3321工作法"推动组织协调，社区提案可操作性、可持续性大大加强。搭建社区提案公共事务平台、"互联网+"社区提案平台、培育社区基金（会）3类提案征集平台；创新基层社区提案分拣和信息公开机制、骨干常态化教育机制、社区提案院落评选机制3项提案推进机制；建立社区提案四级社会组织体系、社工专业力量融入社区提案2类社会组织体系；创新1个协商融合机制，广泛收集社区提案，寻找、寻求、寻到群众意愿的最大公约数，推进街道协商、社区协商、院落协商、街巷协商、社会组织协商的有效衔接和深度融合。

（二）"水磨功"：创新"五步实验法"，夯实制度"保障网"

通过社区提案程序化、流程化建设，金牛区以"五步实验法"构建社区提案闭合环节，形成完整的社区提案过程。坚持提炼社区提案经验，将优秀的成果转化为制度优势，以"协商机制结议案"思路为指导，从文件指导、制度建设、机制保障入手，进一步织密基层民主协商的制度保障网，不断推动社区提案的可持续化建设。

一是坚持"五步走"，构建社区提案完整流程。把握"党建融入提案全程、创新社区提案主体、丰富社区提案内容、优化社区提案流程、创新协商民主机制"的"五步实验法"构建闭合环节，探索基层社会公共事务的治理路径，保障人民的知情权、参与权、表达权和监督权。聚焦社区居民的操心事、揪心事、烦心事，动员社区居民、驻社区单位广泛参与社区提案，构建并完善集社区提案来源、审议、形成、落实、评估于一体的闭合运行链条。

二是以文件作指导，完善社区提案配套措施。制订《金牛区创建"全国社区治理和服务创新实验区"实施方案》《社区协商鼓励清单》配套文件，明确各级党组织在平台搭建、提案形成和监督落实等环节的统筹引领作用，实现党组织引领社区提案全过程。截至2021年3月，已有531名党员全程参与并引导公共议题协商。

三是以制度作保障，精细化解决社区提案难题。通过"两项制度""三联制度"和"四定制度"全面收集社区治理中的堵点难点，提炼形成社区提案。在茶店子街道，一条社区提案经过街道、金牛区建交局、成都公交集团联动，最终成功开通社区巴士，解决了居民出行难的问题。在九里堤北路社区，南堰河入锦江口处水声扰民的社区提案，联动街道、社区、区河道管理处、市水利设计院，最终改造入河口，解决了噪声扰民问题。

四是以基金作支撑解决社区提案的资金短缺问题。除了政府财政扶持，金牛区还积极培育社会自组织，撬动社会资源。截至2021年3月，金牛区有88个社区建立了社区微基金，筹建金牛区社区发展基金，筹款250余万元用于社区提案活动，构建起了以财政资金、社会资金、自筹资金等为支撑的资金保障机制。

（三）"智慧星"：组织协调育人才，整合辖区"资源线"

习近平总书记强调："要突出抓基层、强基础、固基本的工作导向，推动各类资源向基层下沉，为基层干事创业创造更好条件。"[1] 金牛区紧抓实验区建设契机，逐步推动"政府单向决策、居民被动接受"向"政府居民双向互动、共同决策"转变。在实际工作中，金牛区积极开展以"小区—社区—街道—区"为单位的四级试点工作，不仅实现了政府和居民之间的双向互动，更是以"智慧化""多元化""社会化"为抓手，积极培育社会组织。金牛区利用四级组织平台调动辖区资源，推动社区提案和各级组织单位之间的协商共治，促进居民自我服务管理，实现政府治理与社会自我调节、居民自治的良性互动，解决社会组织发育不全的困境，推动"多方参与促提案"的实施。

---

[1] 坚持把解决好"三农"问题作为全党工作重中之重 促进农业高质高效乡村宜居宜业农民富裕富足[N]. 人民日报，2020-12-30（1）.

一是培育社会组织，激发社会活力。截至 2021 年 3 月，金牛区建成了 13 个街道级社会组织孵化中心，培育了 400 余个本地社会组织；完善了 90 个社区级社会组织服务中心，为社区社会组织参与社区治理搭建平台；建设了 400 余个小区（院落）自组织互助平台，帮助居民实现自我教育、自我管理、自我服务、自我监督。

二是扩大提案来源，汇聚居民智慧。截至 2021 年 3 月，金牛区已经整合了 1557 家社会组织、503 名持证社会工作者、200 余名老党员等社区提案资源，确保社区居民的"金点子"、辖区单位的"好建议"能及时有效征集。金牛区通过衔接 1557 家社会组织、503 名持证社会工作者、1100 余名（其中 200 余名老党员）、"两代表一委员"等社区提案资源，有效征集居民的"金点子"、辖区单位的好建议，开展了形式灵活多样的"小微协商"，搭建了居民"有事来协商"的工作平台。

三是探索专家智库，培育社区骨干。金牛区通过建立专家智库，邀请专家开展调查研究和业务培训，以便更好推动社区提案工作提质增效，同时将在职或卸任政协委员纳入社区协商专家库，推动政协委员参与社区协商；邀请复旦大学、北京师范大学中国公益研究院等 10 余家高校及社会组织专家授课，组织人员前往南京等地学习先进经验做法，培养社区提案工作骨干队伍。

四是推动校社合作，精心打造品牌。在推进精细化社区提案工作中，引导成都理工大学、成都市花照中学、成都市沙河源小学等与成都市金牛区社会工作协会、新桥社区等开展合作，提出"大中小学生参与社区劳动并建立社区劳动护照"等精品提案。地瓜社区联动成都市洞子口职业高级中学和成都市沙河源小学，以"大手拉小手"的形式动员学生改造废弃公园，搭建劳动教育基地，带动学生参与社区治理。

（四）"绣花针"：问题导向列清单，织就社区"服务网"

金牛区首创的党建引领下的社区提案机制，是立足院落自治组织的积极探索，是加强党组织领导、整合社区资源、强化居民主体意识、破除基层政府"留痕形式主义"、避免公众"参与者困境"的创新手段。以创建实验区为契机，金牛区不断吸引居民和单位参与社区提案，通过民主协商机制，逐渐形成"社区提案在身边"的治理形态，提升城市温度、市民感受、社会认同，满足居民的获得感、幸福感、安全感。

一是细化分类清单。围绕居民实际需求，设置整治、建设、公共安全、社区服务、自治共治5类民生需求清单，并将其转化为相应的社区提案。设立"社区提案日"，组织各试点街道、试点社区集中收集有效的社区提案，匹配建立"社区内单位组织"和"组织化个体提议"2类诉求分拣机制。

二是精准开展试点。截至2021年3月，金牛区首批试点的5个街道、40个社区、25个小区（院落）联动实施社区提案70余次，并同步上线提案智慧平台，其中涵盖整治、建设等五大类别。除此之外，还举办区级、街道级、社区级提案大赛，开展优秀提案评选，加大宣传推广力度，聚力营造人人心中用提案、件件提案有回应、事事回应遂民心的良好氛围。

三是精细解决难题。通过"两委员一代表"定期联系社区制度，社区发现机制"两项制度"，街道（社区）党组织联系党代表、党代表联系党员、党员联系群众制度"三联制度"，以及党代表定点联系、定期走访、定时接待、定约践诺的"四定制度"，金牛区全面收集社区治理中的堵点难点，提炼形成社区提案。

三、社区提案的显著成效

党的十九大提出，在新时代新的历史方位下，要坚持"有事好商量，众人的事情由众人商量①"，发挥社会主义协商民主重要作用。党的二十大强调，"完善社会治理体系。健全共建共治共享的社会治理制度，提升社会治理效能。②"基层协商民主是全体公民政治参与的重要渠道，是社会主义协商民主最广泛的实践和主要表现形式。金牛区通过持续探索基层民主自治，推进基层民主协商机制的完善，以社区提案机制，促成政府、社会组织、企业、科研院所等多方联动，采取经验总结、实践研究、精品塑造、全域实施等措施，推动"党建引领"与"多方共治"有机融合，构建自下而上的协商机制；关注群众所关心的公共议题并进行分类，推动"政府主导"与"基层自治"良

---

① 习近平：决胜全面建成小康社会 夺取新时代中国特色社会主义伟大胜利：在中国共产党第十九次全国代表大会上的报告［EB/OL］.（2017-10-27）［2023-10-07］. https://www.gov.cn/zhuanti/2017-10/27/content_5234876.htm.

② 习近平：高举中国特色社会主义伟大旗帜 为全面建设社会主义现代化国家而团结奋斗：在中国共产党第二十次全国代表大会上的报告［EB/OL］.（2022-10-25）［2023-10-07］. https://www.gov.cn/xinwen/2022-10/25/content_5721685.htm.

性互动。通过"行政资源"与"社会力量"的相互补充，构建了多方参与的治理格局；通过"配套政策"与"工作队伍"的协同联动，培育了善治善为的基层骨干。金牛区在实践中不断深化社区提案试点工作，提炼出相关经验，并及时进行总结、归纳、宣传，逐步健全集社区提案来源、审议、形成、落实、评估于一体的闭合运行链条，加快建设解决居民问题、提升治理水平的民心工程。

（一）自下而上的协商机制："党建引领"与"多方共治"有机融合

社区提案平台化，以党建引领构建多方共治的协商机制，进一步拓宽居民表达渠道。金牛区始终发挥基层党组织的领导核心作用，把坚持党的领导贯穿议题选择、参与范围、方案选定、程序设计和协商过程的各个方面，使基层民主协商始终沿着正确轨道发展。截至2021年，金牛区已经搭建了1个区级社区提案工作联席会、13个街道级社区提案公共事务议事委员会、90个社区级社区提案议事委员会、153个小区（院落）级社区提案公共议事小组四级协商议事平台，开发了"金牛社区提案"微信小程序。同时，根据各级党组织在统筹指导平台搭建、提案形成和监督落实等环节的工作内容建立清单，在社区提案形成过程中牵头、引导、审核、把关，实现党组织引领社区提案全过程。荷花池街道"推进小区公共事务公开透明建立信义物业关系"、阳光金沙小区"小区邻里活动空间营造"等案例被市政协作为典型案例进行宣传。

（二）急难愁盼的公共议题："政府主导"与"基层自治"良性互动

社区提案常规化，以政府主导和基层自治解决公共议题，进一步增强居民参与意识。金牛区坚持问题导向，关注居民关心的公共议题，以政府为主导，推动基层自治形成良性互动。以"基本清单""负面清单"作指导，推动基层开展协商议事活动，进一步明确社区提案类型，统筹推进职能部门、街道编制社区协商清单。针对群众亟待解决的问题，金牛区明确议事类型、明晰清单情况、及时处理问题，最终实现群众满意的目标。截至2021年，金牛区已经形成了6种类型的社区提案，其中引导实施公共安全类6件，建设类45件，社区服务议题45件，整治类32件，自治共治类议题56件，其他类型议题7件，累计191件。按照居民提出、党员参与、组织审议、会议协商的流程形成社区提案，建立"社区内单位组织"和"组织化个体提议"2类诉求分拣机制，形成集社区提案来源、审议、形成、落实、评估于一体的闭合运行链条。组织各试点街道、试点社区集中收集有效、优秀、有亮点的社区提案，共评选出30个区级优秀社区提案。

（三）多方参与的治理格局："行政资源"与"社会力量"相互补充

社区提案落地化，通过整合行政资源和社会多方力量，进一步激发居民自治热情。习近平总书记指出："社区的党组织和党员干部天天同居民群众打交道，要多想想如何让群众生活和办事更方便一些，如何让群众表达诉求的渠道更畅通一些，如何让群众感觉更平安、更幸福一些。"[①] 金牛区的社区提案聚焦老旧社区整治问题，区街两级投入800余万元支持实验区建设，90个社区微基金通过开展"99公益日"等公益活动，累计筹款300余万元，其中200余万元用于社区提案的落实。围绕老旧片区有机更新、老旧小区改造，金牛区引导社区居民积极探索实施小区维修、绿化改造、街边整治等项目，"小区绿化""噪声扰民""增设公共卫生间""出行难"等群众共性诉求有了具体解决方案。在"北门里·爱情巷"爱情主题街区打造过程中，社区提案工作机制带动工人村6号院居民及辖区商家、企业参与片区形态设计、业态调整、景观打造、文化植入，七夕夜首次开街这里就成为网红打卡的新地标。

（四）善治善为的基层骨干："配套政策"与"工作队伍"协同联动

社区提案智慧化，通过联动配套政策和人才建设，进一步壮大居民慧治队伍基层治理要增强韧性，就必须牢牢抓住"人"这个要素，以完备的配套政策鼓励居民积极参与基层民主协商，吸收专业的人才入驻基层民主自治队伍。首先，重视党员的先锋示范作用，动员千余名党员骨干收集社区居民的操心事、揪心事、烦心事并形成社区提案。建立健全"两项制度"（"两代表一委员"定期联系社区制度、社区发现机制）、"三联制度"（街道、社区党组织联系党代表，党代表联系党员，党员联系群众制度）、"四定制度"（党代表定点联系、定期走访、定时接待、定约践诺），全面收集社区治理中的堵点

---

① 中共中央文献研究室. 习近平关于社会主义社会建设论述摘编［M］. 北京：中央文献出版社，2017：128.

难点，提炼形成了一批高质量的社区提案。其次，增加专业培训和指导，不断提升协商议事骨干能力素质。围绕社区提案、社区基金、基层协商、社区治理等内容，邀请有关院校专家学者持续开展民主协商赋能提升培训班10期，显著提升了社区工作者和社区居民的参与能力。最后，推动社区提案工作规范化发展，将社区提案工作机制列入区级层面督查、检查、考核事项和创新工作下放事项，每半年开展一次专项督导检查，定期组织业务培训指导。在2021届社区"两委"换届选举中，金牛区90个社区均建立了社区提案议事会。

四、社区提案的经验启示

金牛区自正式被民政部批复为"全国社区治理和服务创新实验区"以来，围绕"探索党建引领的社区提案工作机制"这个主题，以党建为核心、自治为基础、法治为保证、德治为支撑，深入开展包括社区基金在内的"十大行动"，有序组织社区主体开展民主协商活动，广泛收集社区公共议题，推动实现"社区参与有序化、社区议题合理化、社区协商规范化、社区共识最大化"，在阶段性总结中不断补齐短板、展现优势，聚力形成人人心中有提案、件件提案有回应、事事回应聚民心的氛围。其主要经验体现在以下几个方面：一是始终坚持政治引领，以"党建+"引领基层民主协商前进，将党组织作为引领基层民主协商前进的核心要素；二是坚持以自治为着力点，调动基层群众的自主性，关注群众需求的回应度，以"人本+"推进基层民主协商发展，以问题和清单为导向进一步完善社区提案的流程和机制；三是坚持共治协商，围绕"平台+"，以四级组织平台盘活基层民主协商资源，充分培育社区社会组织；四是坚持智治支持，围绕"智慧+"，通过专业培训、智慧平台、学生提案来进一步提升基层民主协商效率。

（一）政治引领："党建+"引领基层民主协商前进

金牛区坚持以党建为引领，围绕"党建引领的社区提案机制"探索"五步实验法"和"金牛3321工作法"，通过加强四级党组织之间的组织沟通、党建联席、资源整合，不断为党建工作赋能。在调动党员参与、畅通组织沟通、宣传提案成果等方面，以正确的方向和价值观不断推动基层民主协商在社区落地。探索建立党建引领的社区提案工作机制，充分发挥各级党组织在社区提案中的领导核心作用,发挥党员先锋作用,引领多方积极参与,切实解决人民群众最关心、最直接、最现实的利益问题。一是调动党员参与,四级党组织中的党员率先垂范。细化楼栋党小组和网格化管理中的党员身份,调动党员参与社区提案建设工作,以党建引领为抓手,以"两项制度""三联制度""四定制度"为支撑,推动完善多方联动的社区协商民主机制,动员党员骨干们收集社区居民的操心事、揪心事、烦心事,提炼形成社区提案。二是完善"五步实验法",明确社区提案流程。以成立小区(院落)级社区提案公共议事小组为出发点,开展"金点子"比赛、座谈会、主题沙龙、友好邻里节等活动,征集社区居民委员会、社区社会组织、辖区单位、业委会等提案建议。根据各级党组织在统筹指导平台搭建、提案形成和监督落实等环节的工作内容建立清单,在社区提案形成过程中牵头、引导、审核、把关,实现党组织引领社区提案全过程。三是培育特色党建品牌,吸引基层主体参与议事。按照"收集公共议题提案—组织开展自我管理和服务工作—通过线上互联网信息平台、线下社区提案网络平台向上一级管理组织反映提案—及时跟踪处理情况—及时反馈处理结果"的程序进行处理,进一步细化议事流程,如荷花池街道打造了"推进小区公共事务公开透明建立信义物业关系"、阳光金沙小区"小区邻里活动空间营造"、凤凰山街道凤翔社区"军地党建、双拥共建"等特色党建品牌。

(二)自治着力:"人本+"推进基层民主协商发展

金牛区立足于居民自治完善社区提案机制,能充分发挥居民提案积极性、社会组织推动力和各级政府的保障作用。居民发现问题并及时提出,工作人员根据问题涉及的层级组织,按照"自主协商解决"与"层级上报解决"两个步骤,给予正向反馈,使居民获得更多的认同感、满足感,居民也就更愿意在日常生活中参与民主协商、民主监督,发挥好主人翁作用。一是关注居民实际需求,增加提案的多元性。以四级组织平台为基础,不断吸收先进党员、社会组织群体、学生团队的提案智慧,借助社区提案机制使"金点子""好建议"得到积极采纳。通过打造服务群众全闭环,把老百姓真正所需、所盼、所望的问题通过社区提案小程序收集上来,分发下去,解决妥当,让群众的"获得感"更加充实、更有保障、更可持续,以此切实解决居民生活中的实际问题。二是激活居民自主活力,增强提案的有效性。培育小区(院落)

自组织，充分激发群众自治的活力，撬动社会组织资源，全面建立财政资金、社区发展保障资金、社区基金、自筹资金的社区提案资金保障机制。依托现有的区级、街道、社区、小区（院落）四级社区社会组织互助平台的资源，引导各级各类社会组织参与提案，推进"百千万"工程、"微队伍"培育和"微项目"营造工作，充分发动社会组织参与社区提案相关工作。三是关注居民满意水平，提高提案的完结率。通过细化工作清单形成"基本清单""负面清单"，提高区级、街道、社区、小区（院落）四级社区提案办结率。通过开展"微幸福"示范院落评选活动和社区提案大赛，不断自查问题、提升自主解决问题的能力，利用金牛智慧平台及时公示公开相关资讯，不断修正工作中的不足，实现"以评促建"目标。

（三）共治协商："平台+"盘活基层民主协商资源

金牛区坚持以共治为目标，通过调动各级组织资源，深化完善党建引领的四级社区提案机制，以"平台+"破除平台之间的组织壁垒，解决信息阻塞、机制欠缺问题，并依靠社区力量和社会力量解决问题。一是关注四级组织平台。以党组织为基础，推动区级、街道、社区、小区（院落）四级党组织间以平等、高效的方式进行协商，将社区提案工作机制列入区级层面督查、检查、考核事项和创新工作下放事项，每半年开展一次专项督导检查，协助议事平台搭建和信息平台使用的培训指导，有助于不断总结社区试点经验，传递发展基层民主的智慧成果。二是畅通协商议事平台。金牛区在日常管理中注重以常规化的标准为基础，细化提案分拣机制，让民主协商有清单、有方法、有流程、有细则：内容边界清晰的社区提案，由区级社区提案工作联席会、街道级社区提案公共事务议事委员会负责分拣，归口派发；内容边界不清晰的社区提案，建立区、街道两级分拣派发机制。三是持续建设宣传平台，积极开展社区提案大赛。通过分级分类组织形式多样的社区提案比赛，筛选出较为成熟的优秀案例，形成不同层面的治理经验。各级组织积极推动优秀提案评选，以赛事促宣传，传递金牛智慧，进一步调动社区居民参与热情。同时，通过宣传典型案例，进一步培育居民协商议事的民主意识。

（四）智治支持："智慧+"提升基层民主协商效率

金牛区坚持以智治为手段，采用先进的信息技术推动社区提案，不断提高基层民主协商效率。"互联网+城市社区治理"是城市社区治理现代化的重要支撑。金牛区坚持"智慧+"发展方向，可以更好地提高基层民主协商办事效率、宣传广度、专业水平。一是强技术，利用智慧平台汇总社区提案并组织系列活动。金牛区不断加强网络信息技术的应用，指导推广应用社区提案小程序——金牛社区提案智慧平台，以"有效办结、提案利民、简捷易行"的原则，推动实现居民社区提案"件件有回复、件件有协商、件件有落实、件件可追溯"。同时，将数字治理和智慧社区结合起来，推广应用型的智慧平台，提升金牛区民主协商工作的先进性和创新性水平。二是重培训，加强骨干队伍培育，提升基层民主协商的专业化水平。金牛区围绕社区提案、社区基金、基层协商、社区治理等方面，邀请有关院校专家学者持续开展民主协商赋能提升培训班，通过加强专业培训、专家指导、高校合作等方式，不断培育专业的社区骨干，提升协商议事骨干能力素质。三是重培养，吸引青少年队伍参与社区提案。金牛区各试点单位以小区（院落）为重点，充分发挥中小学生优势，创新探索中小学生参与社区提案工作机制，引导青少年关心并参与社区公共事务。如沙河源街道汇泽社区以"邻聚汇"、环保家园、小小议事园提升社区治理水平，有效增进了邻里交流，改善了社区生态环境，吸引许多小朋友和学生参与，通过小手拉大手推进"小小议事园"的建设。

第四节　密织社区网格体系，构建精准服务格局

党的二十大强调："畅通和规范群众诉求表达、利益协调、权益保障通道。"[①] 国家长治久安离不开基层稳定发展，基层治理高质量发展需要基层社会治理创新试点的经验。针对新型城镇化进程中城市规划布局凌乱、城乡二元结构突出、基础设施建设滞后等诸多问题，金牛区探索建立以网格化服务管理为核心、社区院落自治化为基础、基层警务机制等改革为重点的基层治理联动格局，以社会治理、城市管理、公共服务"一张网"全覆盖的方式，推动社会治理创新从局部化、碎片化、浅表化逐步走向全局化、系统化和深层化。实验区创建期间，为应对渠道不畅、方式粗放、服务被动、机制缺乏的现实困境，金牛区以网格化细分、清单化梳理、精准化服务、信息化整合的创新之举，搭建了自治平台、提升了网格服务、回归了社区初心、化解了源头矛盾、革新了治理理念、丰富了治理手段、完善了治理机制、更新了治理格局。目前，金牛区形成了较为典型和完备的网格化治理体系，提升了金牛民生服务水平、传递了金牛区的基层智慧。

一、社区网格化的改革背景

随着经济体制改革的深入推进和社会结构的加速转变，城市建设面积和人口不断增加，而与之相配套的公共服务设施布局尚未优化，难以满足居民日益增长的物质文化需求。与此同时，金牛区的基层治理也面临很多现实问题，包括居民信息反馈渠道不畅、社区管理粗放简单、社会服务管理被动，这些问题使得居民参与度低、归属感弱、自主性差、满意度低，极大影响了

---

① 习近平. 高举中国特色社会主义伟大旗帜　为全面建设社会主义现代化国家而团结奋斗[N]. 人民日报，2022-10-26（1）.

社会治理效率。

（一）渠道不畅，"最后一公里"难打通

2014年以前，由于金牛区城市社区建设的历史"欠账"问题比较严重，民意反馈的渠道有限，导致基层的声音反馈不上去，惠民事项难办难落地，基层治理改革往往成为政府的独角戏，这影响了金牛区政府和社区自治组织的公信力和可靠性。其他地区的成功治理经验表明，社区治理只有同坚持党的领导、加强城市建设、区域经济发展、增进民众福祉结合起来，才能动员一切可以动员的社会力量，才能得到群众的拥护，才能具有旺盛的生命力和持续的影响力。因此，切实打通社区治理的"最后一公里"，保障民意反馈渠道的畅通是十分必要的。为响应2014年开展的院落自治探索，金牛区将畅通民意反馈渠道作为社区网格化治理创新的重要基石。

（二）方式粗放，社区居民归属感弱

社区网格化建设初期，网格的管理方式较为粗放，没有具体的管理方法和条例，往往仅凭经验拍板办事，不利于社区网格的长久发展。随着时间的推移，金牛区的老旧小区越来越多，城市面貌也逐渐变差，流动人口集中、规划布局凌乱等问题越来越突出。与此同时，社区过度行政化使得基层治理工作者在工作中面临许多"盲区"和"真空"地带。由于社区管理缺乏统一的流程和方法，服务区域如何划分、服务岗位怎样设置、专职人员如何配备等问题都需要得到妥善解决。另外，城市社区简单粗放的管理方式极大地影响了社区成员的归属感，不利于社区治理的创新发展。

（三）服务被动，社区过度依赖政府

过去一段时期，金牛区面临社区治理资源衔接不力、居民行动力不足、社区活动开展可持续性不强等问题，影响了居民对社区的满意度。群众对社区服务不满意、认同度不高、对社区事务参与积极性不高，最主要的一个原因就是社区行政化过于严重。由于行政力量挤压了自治空间，社区联系服务群众、发动群众、引导居民开展自治的功能没有得到有效发挥，甚至很多群众都把社区当作是政府的派出机构。同时，由于社区在处理行政事务上没有足够的资源和权限，往往无法快速回应居民所需，这又进一步降低了居民对社区的认同感和归属感。有需求的时候第一时间想到的是找政府而不是找社区，这在一定程度上造成了社区治理悬浮和空转。

（四）机制缺乏，社区服务满意度低

社区既是各种利益关系的交汇点和社会矛盾的集聚点，也是加强社会建设的着力点和党夯实执政根基的支撑点。作为基层治理的"最后一公里"，社区的长久发展必须以完备的机制作为保障。金牛区在社区治理过程中缺乏成熟完备的长效机制，存在合力不强、后劲不足的问题。社区的服务能力和居民的服务需求不匹配，制约了各类治理资源效能的充分发挥，导致居民对社区服务的满意度较低。因此，如何构建高效的社区服务网络，成为金牛区社区治理和服务创新的重要内容。

二、社区网格化的创新做法

党的二十大强调："完善网格化管理、精细化服务、信息化支撑的基层治理平台，健全城乡社区治理体系，及时把矛盾纠纷化解在基层、化解在萌芽状态。"[①] 2015 年以来，为了顺应民众期盼，加快转型发展，系统解决城市转型、社会转轨的历史"欠账"问题，有效打通联系服务群众的"最后一公里"，切实加强"和谐幸福首善区"建设，金牛区委区政府在社会治理领域大力推行社区网格化服务管理，以"四个结合"调动多方力量，在党建引领社区自治的氛围中激发基层活力，围绕网格化细分、清单化梳理、精准化服务、信息化整合进行改革创新，不断推动资源倾斜、权力下放、力量下沉，将网格建设成居民自治的载体、社会参与的纽带、公共服务的触角，实现社区管理和服务的深化拓展、精准释放和全面覆盖。

（一）网格化细分，筑牢基层工作阵地

金牛区抓住区域化党建的发展趋势，将社区基层党组织纳入网格，把驻区单位党组织负责人、优秀流动党员代表、非公企业出资人等吸纳进社区党

---

① 习近平：高举中国特色社会主义伟大旗帜 为全面建设社会主义现代化国家而团结奋斗：在中国共产党第二十次全国代表大会上的报告［EB/OL］.（2022－10－25）［2023－10－07］. https://www.gov.cn/xinwen/2022－10/25/content_5721685.htm.

组织，充分发挥党组织在网格化服务管理中的作用，形成党员联动、阵地联建、信息联通的高效状态，实现创新社会治理与夯实党的执政基础的统一。金牛区大力推进党组织向院落、楼栋延伸，构建以社区党组织—网格党支部—院落（楼栋）党小组为主，志趣型、物业型等功能型党支部为补充的社区党组织体系，建强基层战斗堡垒。按照"任务相当、方便服务、界定清晰、无缝覆盖"的原则，金牛区将全区108个社区划分为998个网格，每个网格平均535户。将社区原有各类机构整合调整为"两委一站"（党的委员会、居民委员会、社区服务站），将社区原有"两委"成员、社区大学生以及招聘的各类人员纳入社区专职工作者（网格服务管理员）统筹调配使用，社区专职工作者由791人增至1438人，基层力量得到有效充实。同时，投入资金9200余万元，全面开展社区组织活动场所"提档升级"和标准化建设。利用3年时间，金牛区解决了52个社区用房租赁、借用和面积不达标等问题，统一了社区用房功能分区及标识标牌，筑牢了基层工作阵地，确保社区网格化服务管理工作有机构、有人员、有阵地。

（二）清单化梳理，推动社区减负增效

金牛区通过厘清政社边界，全面清理面向社区的各类创建达标、检查评比项目，实现还权归位和减负增效的目标。除中央和国家有关部门明确要求开展的项目外，其他一律取消，明确社区依法履职事项18项，可购买服务事项44项，负面工作事项13项，并将社区协助政府工作事项由原来的123项精简为63项，有效推动社区"还权、赋能、归位"。与此同时，建立社区工作准入制，除了法律、法规有明确规定的，政府职能部门及街道不得在社区设立对应机构或下达任务。确实需要社区协助开展的工作，必须经相关部门、街道、社区协商审核并签订协议，按照"费随事转、事随责走、责随权变"的原则实施。为扭转行政性明显、依赖性强、权责不清的局面，金牛区制订了"四个清单"，即社区自治工作事项清单、社区依法协助政府工作事项清单、社区购买服务事项清单和社区负面工作事项清单，对社区应该开展和不得开展的工作事项作了明确规定。这些举措有力推动了社区减负增效，让社区有更多的精力服务群众。

（三）精准化服务，加强社区网格管理

为了加强社区网格管理，金牛区出台了《关于创新社会治理 全面实行社区网格化服务管理的实施意见》及相关配套文件，为提供精准的社区服务奠定了制度基础。一是制定工作协调联动办法、绩效考核管理办法，完善入户走访、工作例会、限时办结等配套制度。二是对原有办事流程优化再造，建立"网格巡查、主动问需，窗口整合、一门受理，上下联动、协同办理"的网格化运行机制。三是明确网格员"A"岗日常巡查、信息收集和"B"岗专项业务工作职责，建立"出门一把抓、回来再分家"的工作模式，宣传上情、掌握下情、处理民情，实现"人在格中走，事在网里办，天天下院落，情况全掌握"。四是网格员考核、培训和提升工作与推进改善民生具体工作相结合，围绕"北改""棚改""四改六治理"等重要工作，金牛区发挥社区网格在自我管理、自我监督等方面的作用，针对城乡环境综合治理、文明城市建设等工作，引导群众共建共享，在改善城市面貌和生活环境的同时，提高居民群众对社区网格工作的参与度。

（四）信息化整合，搭建互动互助平台

从 2012 年起，金牛区就开始探索推行社区网格化管理工作和智能网格化试点工作，为居民提供"零距离"服务，以信息化手段为支撑，搭建"互动式"信息平台，以闭环管理提升服务效能。首先，以"街巷定界、规模适度、方便管理、界定清晰、无缝覆盖、动态调整"为基本原则，以居民自治为基础，围绕提升服务群众能力和创新服务群众方法，通过加强和改进社区服务，积极整合一窗式服务、社区治理两个要素，及时掌握和协调处理社区群众各层次利益诉求，使各项工作更"接地气"、更高效完成，逐步实现社区治理全覆盖、稳定全天候、服务全方位。其次，搭建"区监管中心—街道服务中心—社区服务站—网格员手机终端"网格服务管理信息化"四级网络"，积极推进"天网"、老旧院落视频整合以及流动人口、民政、房管等信息系统共享。建立以"人、地、事、物、组织"为核心的"云"基础数据库，实现信息采集录入、问题分流督办、结果跟踪反馈、目标考核问效"一站式网上运行""全链条可溯可控"。最后，搭建"互动式"服务平台，拓展信息网络为民服务功能。打造"网上政务大厅""区长信箱""网络问政""生活服务""政务微博大厅"等板块，实现"服务群众一个系统、回应诉求一套人员、事情办理一站分流"。

三、社区网格化的显著成效

经过多年的探索与实践,金牛区通过全面推行网格化服务管理,有效汇聚了各方力量共同参与社区建设和治理,基本达到群众得实惠、社会增和谐、发展上水平的预期目标。社区网格员普遍深入管理各自的"责任田",入基层、听民声、聚民意,真正推动社区工作重心下移、服务下沉,将工作和服务的触角延伸到网格,避免工作"盲区"和"真空",实现了社区服务管理全覆盖,一定程度上也缓解了社区过度行政化的情况。总体上,社区网格逐渐成为居民自我教育管理的"主舞台"、密切党群干群关系的"连心桥"、疏导情绪化解矛盾的"减压阀"、居民基层自治工作的"代言人","小网格"真正演绎了"大民生"。社区服务也从被动坐等向主动问需转变,广大居民群众对社区生活的归属感、社区事务的参与度、社区服务的满意度显著提升。

(一)"主舞台":坚持以民为本,搭建了自治平台

社区网格化体系建设为基层治理搭建起以民为本的"主舞台",各方治理力量得以有效整合。通过全面推行网格化服务管理,充分凸显人民群众在社会治理中的核心地位,驻区单位党组织负责人、优秀流动党员代表、非公企业出资人等社会贤达也能够在网格化服务管理中充分发挥作用,实现了专群结合、群防群治,社区居民从治理的"旁观者"变为"真主人"。例如,营门口路社区利用网格化体系,不仅一周内就解决了持续三年的管道严重堵塞、污水倒流聚集的问题,而且在实践基础上总结出网格员的常规工作流程,给其他社区提供了重要参考。一是网格员将每天收集到的信息经过整理、汇总后,统一发布在社区事项发布栏,网格员按A、B岗职责分工自行分拣办理,由网格员按时限要求督查。二是给每个网格员配备一个资料盒放到社区服务中心前台窗口,窗口将受理的限时件资料放入相应网格员的资料盒里,网格员回社区第一时间查看并处理。三是建立社区网格化服务管理工作群组,在群内公示社区基本情况、网格划分、责任分工和每个网格的基本情况,随时发布社区事项。

(二)"连心桥":引入信息技术,优化了网格服务

金牛区引入信息技术对网格化服管理进行优化,有力推动了社区公共服

务的精准供给。依托信息化管理平台,金牛区通过社区信息共享和资源共用,实现了操作系统规范化,信息查询准确化,数据处理智能化,上下联系快速化,能够随时为居民提供精细化的管理和服务。同时,借助公众号、小程序搜集相关问题,将网格工作与改善民生具体工作相结合,充分发挥社区网格在自我管理、自我监督等方面的作用。截至2016年5月底,全区网格员共采集社情民意、公共卫生以及孤老、残障人员等各类信息38万余条;建立了一对一、多对一联系制度,帮助居民代办计生、救助、社保以及廉租房申请等服务事项15819件,按时办结率全部达到100%,群众满意率达到97.6%,一大批事关群众利益的"小事"得到妥善解决,赢得了群众的衷心拥护和赞誉。以金泉街道为例,该街道以"全覆盖、全参与、全天候、零距离、立即办"为标准设置了9个网格,一级、二级网格员58名,形成条块结合的社区网格化管理模式。在讨论社区用房功能分区及"邻里之家"建设方案时,除了通过召开党员大会、居民议事会等方式听取意见,金牛区还以网格员线上线下双收集方式,广泛征求了居民的意见和建议,进一步优化了服务。

(三)"代言人":调处社区矛盾,回归社区初心

推进社区减负增效使得社区居委会从繁重的行政性事务工作中解脱出来,逐步从政府的"发言人"转变为居民的"代言人",社区工作者也有更多精力投入网格,访民情、解民忧。通过推行小区、院落自治,搭建居民议事会等民主参与平台,金牛区完善了基层协商民主的平台和机制,居民的知情权、参与权、表达权和监督权得到落实和保障,居民参与社区自治事务的积极性明显增强。例如,驷马桥街道为了让网格员能随时掌握社情民意,每周召开网格工作例会。网格员们在会上互通信息、交流经验,相互学习,并及时将矛盾纠纷、群众诉求、安全隐患等问题反馈给网格员,努力做到一岗多责、一专多能。网格员向居民发放《网格服务管理联系卡》,在所有院落张贴《网格服务管理公示牌》,使"主动送服务上门"成为实实在在的便民举措。与此同时,该街道整合社区人力资源,发动居民骨干积极参与,以院落为基础,搭建了78个二级网格,组建了152人的二级网格员队伍,形成了以社区党委为核心,"网管员——级网格员—二级网格员"为主线、社区居民积极参与的社区网格化管理模式。"人在网中走,事在网中办",街道社区事务进网入格,实现全面覆盖、分片包干、精细管理。网格员职责明确,社区内院落服务管

理、自治组织发展、换届选举的监督指导、物业公司的引进、居民矛盾的调处等工作也做得越来越顺利。

（四）"减压阀"：引入社会组织，化解了源头矛盾

在基层社会治理中，社会组织是政府和群众之间的"连心桥"和"缓冲带"。金牛区积极培育社会组织，通过平等沟通、协商协调、教育引导等办法让社会组织参与社会治理，将社区网格化工作和发展社会组织相结合，发挥网格化体系的"减压阀"作用，增强了社会弹性、促进了社会融合。2015年，金牛区各类社会组织在社区开展居家养老、助残服务、心理康复、社区矫正、公益慈善、社区融合等各类项目312个，享受社会组织提供专业服务的失能老人、残疾人、刑释人员、外来务工人员等各类群体达到16.2万人次。在第三方机构开展的效果评估中，群众对社会组织服务的平均满意度达到93%。网格化服务管理整合了职能部门的管理和服务资源，提升了基层组织服务能力和意识，群众对社区工作的满意度显著提高，参与社区建设的积极性高涨，邻里关系、干群关系得到改善，从源头上有效预防矛盾发生，基层不稳定、不和谐因素大为减少，实现了政府管理、社会调节、居民自治的良性互动，促进了社会和谐。例如，西安路街道在摸清社区服务对象、服务户数、服务面积以及物业管理状况的基础上，将600~900户居民划为一个网格，将街道社区划分为52个网格，实现了街道管理服务的全方位覆盖。以"双覆盖双加强"为工作重点，即提升基层党组织和基层自组织全覆盖，加强院落党组织、党员作用和院落阵地作用发挥，为居民营造更好的居住环境与和谐的生活氛围，优化社区公共服务水平和增强居民自我服务能力。

四、社区网格化的经验启示

金牛区以"一核多方、共治共享"为主题，以保障改善民生为根本，以优化治理体系为重点，以制度机制创新为关键，以综合信息平台为支撑，以基层组织建设为载体，以"居民本位""订单服务""良性互动"推动社区网格化服务管理工作纵深发展，使得网格化工作从局部、碎片、浅表的实验走向全局、系统和深层的探索，有助于形成服务完善、管理民主、充满活力、和谐幸福的社会生活共同体。

（一）居民本位，结构优化应诉求

传统社会管理模式的突出特点是"管控为主"，整个社会运转都由政府主导推动，在公共服务的供给内容与供给方式上往往也由政府单方面决定甚至强制实施，群众只能被动接受。然而创新社会治理必须体现和贯彻民本导向与现代服务型政府理念，主动回应和满足群众最关心、最直接、最现实的利益诉求，切实做到扣民生之本、解民生之急、排民生之忧，这样才能促进基层社会的和谐与稳定，树立党和政府全心全意为人民服务的良好形象。金牛区在创新社区治理过程中，首先是全力推动治理理念由"管控为主"向"居民本位"转变，落实"人民至上"理念，满足居民诉求，聚焦实际民生问题，以民本为导向完善社区治理结构。在巩固强化社区党组织领导核心地位的基础上，金牛区充分调动各方面力量，发挥多方主体在社区治理中的协同协作、互联互补、相辅相成的作用，大力推动简政放权，实现居民自治。通过积极推进政府职能转变，金牛区社区自治组织的主体作用进一步凸显，社区社会组织的服务角色更加鲜明，政府公共服务机构、业主委员会、物业服务企业的指导和监督更加有效，驻区单位在社区治理中的责任进一步增强，总体上形成了共驻共建、共同参与的社区治理格局。

（二）订单服务，精细灵活促服务

在传统城市社区治理模式影响下，行政单向支配治理过程，影响了基层治理的精细化发展。加之城市化的快速推进，现有社区规模普遍增大，基层管理服务呈现出力量薄弱、粗放机械、存在死角等问题。因此，创新社会治理必须借助先进的网络信息平台，使群众的诉求能够及时、准确地得到回应，做到一口受理、一网协同、实时监控、限时办理，确保群众反映的问题件件有回音、事事有落实。金牛区对标社区治理中的实际问题，积极构建行政机制、市场机制和志愿机制有效衔接的社区服务体系，促进社区公共服务、便民利民服务、志愿互助服务共同发展。与此同时，以"订单式""清单式"为工作指南，运用网络化信息平台为群众提供个性化、立体化的社区服务，实现"精确定位、精选定人、精准定责、精细管理"，推动治理方式由"简单粗放"向"精细灵活"转变，减少工作的机械性和盲目性，进一步提高社区服务水平。金牛区通过构建与社区服务体系相协调的工作机制，以发展社区服务提高社区治理绩效,从源头上、根本上实现基层治理现代化的政策目标。

(三) 良性互动,机制完善促善治

网格建设已经日益成为推动居民自治的重要载体、促进社会参与的有力纽带、延伸公共服务的敏锐触角。金牛区坚持党领群治,推动"良性互动"的机制建设,从传统的"政府主导"向"社会治理"转变。由于传统社会管理体制下存在职责不明、机制不全、考核不清等问题,导致基层干部在工作过程中出现出被动应付、放任自流,简单化、表面化的倾向。因此,健全与完善社会治理的运行机制是创新社会治理体系的重中之重。金牛区以整合性思维倡导党建引领下的良性互动,通过重新整合机构人员、划定职能边界、设计体制机制等举措,确保了改革的系统性、整体性和协同性,让党群—政社互动的基层治理体制焕发新机。一是健全基层党组织领导下充满活力的基层群众自治机制,开展多领域、多层次、多渠道的基层民主协商,完善民情恳谈、社区听证、社区论坛、社区评议等对话机制。二是通过强化市场主体和事业单位的治理职责,进一步畅通社会参与渠道,优化社会组织发展环境,逐步提升社会自我治理能力。三是通过完善维护群众权益机制,形成科学有效的利益协调机制、诉求表达机制、矛盾调处机制、权益保障机制,促进社会治理良性运行。四是结合社区治理体制改革,同步实施基层警务机制改革、区街财税体制改革、院落自治改革、基层民主协商改革等配套改革。

第四章 社会协同：凝聚城市社区的多方力量

构建科学合理有效的社会治理结构，是推进国家治理体系和治理能力现代化的重要方面和必然要求。党的十九届四中全会通过的《中共中央关于坚持和完善中国特色社会主义制度 推进国家治理体系和治理能力现代化若干重大问题的决定》指出，必须加强和创新社会治理，完善党委领导、政府负责、民主协商、社会协同、公众参与、法治保障、科技支撑的社会治理体系，建设人人有责、人人尽责、人人享有的社会治理共同体。社会治理共同体是党领导下的多方治理主体，是广大人民群众参与的共同体。2022年10月16日，党的二十大报告提出了"以中国式现代化推进中华民族伟大复兴"。社会治理共同体作为实现中国式现代化的承载体，担负着激发人民创造活力、助力共同富裕的历史使命，建设社会治理共同体、推进社会治理现代化也成为推进中国式现代化的内在要求。

近年来，随着城市化进程的逐步加快，金牛区面临诸多精细化治理难题。从这一基本现实出发，金牛区积极探索、畅通和规范社会力量参与社区治理，在平等协商、互惠共赢的互动协作过程中，促进社区的和谐与可持续发展。一是重视孵化培育和扶持社会组织。建立社会组织四级平台联动体系，提升社会组织专业化程度，拓展社会组织参与社区治理路径，为引导多方主体参与社区建设提供优质的发展平台。二是坚持贯彻新发展理念。始终把创新摆在首要位置，以资源共享、合作共赢为主要方式，建设社区治理创享中心，为辖区内的社区治理创享家打造良好发展空间，共同促进社区发展和社区治理。三是引入社会企业参与社区治理。发挥社会企业整合社区资源、激活社会资源的优势功能，激发社会企业的社会责任感，以企带社、以社促企、互利共赢，探索社会企业与社区融合发展的有效路径。四是开发社会工作服务阵地多种功能。创新社区治理人才队伍培育机制，发动社会力量参与公益慈善，深度探索创新"五社联动"路径，提升社区社会工作服务效能。

第一节　分级培力，
助推社会组织孵化

一、社会组织孵化模式的生成逻辑

社会组织作为我国社会治理的重要参与者和实践者，是坚持和完善共建共治共享社会治理制度的重要力量和载体。党的十八大以来，通过积极改革创新，我国社会组织领域发生了历史性变革，各级党委、政府坚持加强党的领导，成功探索出了一条有中国特色的社会组织发展之路。纵观近 10 年的实践历程，我国社会组织的发展主要呈现出以下几个特点。一是党建引领指明社会组织发展道路。2015 年 9 月，中共中央办公厅印发了《关于加强社会组织党的建设工作的意见（试行）》的通知，指出要"健全社会组织党建工作管理体制和工作机制""推进社会组织党的组织和党的工作有效覆盖"[1]，从总体上对加强社会组织党建工作进行了部署。二是法治护航助推社会组织行稳致远。2014 年 10 月，党的十八届四中全会通过了《中共中央关于全面推进依法治国若干重大问题的决定》，首次提出"加强社会组织立法"[2]。在此基础上，《社会团体登记管理条例》《国务院办公厅关于进一步规范行业协会商会收费的通知》等的出台进一步明确了社会组织的功能地位和权利义务。三是改革创新释放社会组织发展活力。2013 年 11 月，党的十八届三中全会通过的《中共中央关于全面深化改革若干重大问题的决定》设专条强调"激发社

---

[1] 中共中央办公厅印发《关于加强社会组织党的建设工作的意见（试行）》[EB/OL]. (2015 – 09 – 28) [2023 – 10 – 07]. http://www.gov.cn/xinwen/2015 – 09/28/content_2939936.htm.

[2] 中共中央关于全面推进依法治国若干重大问题的决定 [EB/OL]. (2014 – 10 – 28) [2023 – 10 – 07]. https://www.bjnews.com.cn/news/2014/10/28/339131.html.

会组织活力"①。社区社会组织依托扎根社区、贴近群众的优势迎来了新的发展机遇。四是新发展理念引领社会组织高质量发展。党的十八大以来，我国社会组织由高速增长阶段转向高质量发展阶段。通过打造孵化基地、公益创投等形式，我国加快培育发展相关类型的社会组织，同时以开展等级评估、政府购买服务、整治"僵尸型"社会组织等形式，一手抓培育扶持，一手抓严格监管，不断优化存量、把控增量、提升质量，推动社会组织从"多不多""快不快"向"稳不稳""好不好"转型。

社会组织的孵化培育，旨在通过入壳孵化模式，以提供硬件设施和软件服务为基础，对处在成长过程中的社会组织进行系统培育和扶持，促进持续健康发展。2006年，上海市浦东新区非营利组织发展中心（恩派，NPI）将企业孵化器的概念引入公益领域，成立了我国第一家社会组织孵化基地。此后，北京、深圳、四川、江苏、太原等地根据当地经济社会发展状况，也陆续开展了社会组织孵化器试点运作，孵化、培育、支持社会组织发展的重要性日益凸显。②通过梳理，根据孵化模式的主体及孵化主体承担的职能进行划分，我国近年来社会组织孵化培育的主要模式包括政府主办－政府运营模式、民间主办－民间运营模式与政府主办－民间运营模式三大类型。这三种孵化模式在价值标准上具有共性，都是为了孵化培育初创社会组织，使它们更有能力承接政府转移的公共服务职能。从专业性、独立性与资源获取能力方面来看，后两种模式在专业性与独立性方面更强，政府主办－政府运营模式虽然有较强的资源获取能力，但渠道更为单一，无法充分调动社会各界的力量；民间主办－民间运营模式虽然能够广泛争取各种渠道的资源，但因其自身发展能力较弱也具有一定的局限性。③综合来看，政府主办－民间运营模式集结了另外两种模式的优势，同时避开了各自的缺陷，是一种兼具较强资源获取能力和较强专业性的有效模式。

---

① 中共中央关于全面深化改革若干重大问题的决定［EB/OL］.（2013－11－15）［2023－10－07］. https://www.gov.cn/zhengce/2013－11/15/content_5407874.htm.
② 徐丹. 社会组织培育机制与发展路径研究：基于武汉市武昌区社会组织孵化基地发展现状的分析［J］. 长江论坛，2017（4）：48－53.
③ 解文. 社会组织孵化模式研究：以上海浦东非营利组织发展中心（NPI）为例［D］. 上海：华东师范大学，2014.

"十四五"时期,为加快培育建设有中国特色社会主义的社会组织,助力我国经济社会实现高质量发展,孵化培育社会组织需要立足新发展阶段,完整、准确、全面贯彻新发展理念,为构建新发展格局服务。随着我国进入工业化、城镇化较快发展的阶段,城市地区特别是大城市的空间形态、生产方式、社会结构、人口分布发生深刻变化,各种矛盾问题错综复杂,各种利益诉求难以满足,各种风险隐患交织叠加。面对这一现实,超大城市中的社会组织孵化培育模式迫切需要有新的尝试与创新,尤其是要引导社区社会组织在促进居民参与、提供社区服务、丰富社区文化、化解基层矛盾等方面发挥积极作用。作为四川省成都市主城区中人口最多、商贸最繁荣、经济发展最活跃的中心城区,金牛区近年来一直致力于打造创新社会治理的典范。面对社会组织总量偏低且种类单一、缺乏规范指引和监管支撑、专业人才队伍建设亟须增强、发展项目与社区需求不匹配的问题,区民政局与区级各部门协同支持,金牛区建立了社会组织四级平台联动体系,为引导多方主体参与社区建设提供了优质的发展平台。基于四级平台体系所形成的孵化培育模式,在充分发挥政府主导与民间运营两者优势的基础上,金牛区更加重视专业枢纽型社会组织或社区社会组织的引领作用,利用覆盖全区范围的社会组织平台体系的桥梁纽带作用,在孵化培育社会组织的专业化程度、强化社会组织监督管理、拓展社会组织参与社会治理等方面有更进一步的提升。

二、社会组织孵化模式的深度探索

金牛区地处交通要塞和商贸集散地,外来人口流动频繁,社区治理面临诸多复杂难题。为此,金牛区深入贯彻党的十九大报告提出的"打造共建共治共享的社会治理格局"①,以大力培育社区社会组织、深入推进城乡社区治理、建设高品质和谐宜居生活社区为总体发展目标,着眼于社会组织孵化培育工作,充分发挥社会组织协同服务功能,提高社会组织参与社区治理的能力,形成了"125"孵化模式。"1"是指坚持以党建为核心;"2"是指紧紧抓住专业社会组织、社区社会组织2支队伍;"5"是指5个工作着力点,包

---

① 习近平:决胜全面建成小康社会 夺取新时代中国特色社会主义伟大胜利:在中国共产党第十九次全国代表大会上的报告[EB/OL].(2017-10-27)[2023-10-07]. http://www.gov.cn/zhuanti/2017-10/27/content_5234876.htm.

括四级服务体系建设、社区治理能力培训、社区社会组织联评、特色治理品牌打造、联动多维媒体宣传。通过在区级成立社会组织发展平台、街道建立社会组织支持平台、社区建立社会组织服务平台、院落建立社会组织互助平台，金牛区深入推进社会组织改革与发展，实现了辖区内社会组织从有到优、从优到强的转变，为推动社区治理的精细化、长久化、可持续发展和构建现代化的社区治理体系作出了有益探索。

（一）完善党建工作领导体制，指引社会组织发展方向

为全面贯彻落实习近平总书记提出的"城市治理的'最后一公里'就在社区"①重要指示精神，有效应对社区治理中管理粗放、信息不畅通、服务滞后等突出问题，2018年，金牛区委组织部出台了《关于深入推进党建引领社区治理"十大筑基工程"的实施意见》，积极探索党建引领社区治理与社会综合治理的"双线融合"模式，尤其强调在社会组织层面构建"党的组织覆盖＋党的工作覆盖＋党的活动覆盖"三大体系，这既促进了社会组织持续发展，又进一步夯实了党在社会组织中的执政根基。通过建立区域化党建的领导体制，金牛区按照"条块结合、资源共享、优势互补、平等协商、共驻共建"的原则，吸纳驻基层单位党组织负责人、居民党员代表、流动党员代表等组建区域党委。通过向基层社区派驻专职社区党建指导员，金牛区积极配合街道党工委加强对社区、"两新"组织党建工作的指导，帮助解决工作中遇到的问题，充分发挥"服务员"作用，提高社区党组织服务群众的水平，发挥"协理员"作用，充实社区党建工作力量。同时，金牛区建立社区党员志愿者服务队伍，开展社区志愿服务活动，带领社会组织和社区社会组织开展社区营造和社区服务。

（二）规范四级平台建设管理，促进社会组织有序发展

为全面构建符合国家中心城市特点和规律的城市社区治理体系，发挥社会组织在构建多方共治的城市社区治理机制中的重要作用，结合"百千万"工程、"微幸福"示范院落创建行动，2018年7月19日，金牛区民政局印发

---

① 习近平在上海考察［EB/OL］.（2018－11－08）［2023－10－07］. http://china.cnr.cn/news/20181108/t20181108_524408599.shtml.

了《金牛区城乡社区治理"百千万"工程——社区社会组织培育发展行动方案》，由区民政局牵头，联合成都市大同社会工作服务中心，建设运营区级社会组织优化平台，同时对全区各街道、社区社会组织培育发展行动和社会组织四级平台体系建设进行指导，最终形成区级社会组织发展、街道社会组织支持、社区社会组织服务、院落社会组织互助的四级平台体系。截至2021年11月，金牛区社会组织四级平台服务体系全面建成，共建立社会组织服务平台602个，其中区级发展平台1个、街道级支持平台13个、社区级服务平台90个、院落级互助平台498个。

具体来讲，区级社会组织发展平台充分发挥支持型社会组织的带动作用，为辖区范围内的社会组织四级平台提供从基础到上层的系统专业服务（包括社会组织政策咨询、社会组织从业人员、社区骨干能力建设、社会组织等级评估、社会组织党建等服务项目），培育一批能承接社区治理工作的社会组织和专业人才队伍，帮助业务主管单位、街道孵化平台、社区服务平台、院落互助平台，激发社会化发展治理活力。开展社会工作专业服务需要以党建为引领，街道级社会组织支持平台宣传相关政策，建立社会组织信息库，搭建社会组织信息平台，加强辖区内社会组织工作人员素质建设，推动街道社会组织孵化平台建设，促进社会组织良性运转。社区级社会组织服务平台主动为辖区内承接政府购买服务的社会组织、社区社会组织提供专业服务，建立完善辖区单位、社会组织、社区社会组织、社区自组织、居民之间的沟通、协调机制，并指导院落级社会组织平台建设运营工作。通过建立各自治组织、自组织、居民之间的信息交流平台，院落级社会组织协助进院落服务的社会组织与院落居民沟通、交流，提升服务效果与促进院落和谐。在此基础之上，为促进四级平台均衡发展，使其发挥更明显的作用，金牛区还建立社会组织四级平台联席会议制度，强化各级平台职能分工，做好枢纽平台资源整合、咨询、支持、信息动态管理等工作，为全区社会组织发展提供全方位的服务。

（三）制定社区治理机会清单，提供社会组织发展市场

为进一步加快社区治理模式创新，营造有利于全区发展的良好环境，有效破除政府与社会组织、社会企业和市场之间供需对接不畅、信息碎片化等瓶颈问题，让社会组织、社会企业与市场能够全面、准确、及时地掌握发展机遇，金牛区将"机会清单"这一概念引入社区治理，旨在为参与社区治理

的各类主体搭建一个"供需对接"的开放平台。金牛区利用清单明确服务对象与项目内容，帮助各类社会组织依托自身服务优势，找到与其服务领域相匹配的服务项目，从而激发社会组织发展的活力和信心，推动社会组织的孵化培育、能力提升与作用发挥，解决当前社区服务供给不精准、品质不高的问题，更好满足居民的多元需求，增进民生福祉。2020年11月23日，金牛区以"共享发展机遇·打造活力金牛"为主题，以培育一批热心社区事务、具备专业服务能力和文化创意的社会组织为目标，聚焦党建引领、居民服务、社区营造、组织培育、文化营城等8个应用场景，在金牛区社区治理创享中心发布了第一批社区治理供需清单。清单共分为八大类160条，项目总金额8000余万元。"机会清单"包括综合发展类15个，党建引领类17个，居民服务类33个，社区总体营造类15个，社会组织发展类14个，文化营城类26个，院落治理类27个，能力提升类13个。

（四）实施牵手计划培育项目，打造本土社会组织品牌

社会组织是参与社区治理的依托力量和重要载体。金牛区深入贯彻落实民政部印发的《关于大力培育发展社区社会组织的意见》等政策文件，按照《金牛区城乡社区治理"百千万"工程——社区社会组织培育发展行动方案》的要求，引导全区内部治理结构不完善、专业能力不足、筹资和项目承接能力欠缺、外部支持力量弱的社会组织实施"大手拉小手"培育项目。该项目将社会工作的"助人自助"理念与增能理论相结合，依托金牛区区级优化平台，建立牵手联动机制，重点支持金牛区8家社会组织，基本覆盖区内40家社会组织，同步开展社会工作骨干人才能力提升工作。通过构建社会组织支持网络体系，金牛区打造资源对接、服务对接、人才对接机制，聚焦社会组织内部治理建设，监督其优化、完善内部治理结构，打造社会组织品牌。同时，金牛区有针对性地开展专业、实务等方面的培训、沙龙等，提升社会组织的服务意识和服务能力。这一项目对推动社会治理重心向基层下移、充分发挥社会组织力量、实现社会组织可持续发展、加强社会管理创新、提升社会自治能力、促进基层治理体系和治理能力现代化具有十分重要的意义。

（五）开放共享服务项目信息，加强社会组织监督管理

加大信息公开力度是有效监管社会组织的现实基础，也是改善其服务供

给专业性、针对性、有效性的重要途径。金牛区民政局 2017 年 9 月在街道、社区内开展相关调查的数据显示，95% 的社区会在项目实施过程中进行监管，54% 的社区以"两委"监管为主。在项目结项验收过程中，96% 的社区都对服务项目进行验收，但验收主体仍然以社区"两委"或监管小组为主，少部分会通过居民满意度调查、召开居民代表会议或居民议事会等方式进行验收，仅有 5% 的社区委托第三方机构对项目进行验收，整体验收的专业化程度有待提高。为此，金牛区主动探索建立政府向社会组织购买服务的信息平台和区级社会组织（注册类社会组织、备案类社区社会组织、社区自组织、在区内服务的外来社会组织）信息库，推动政府购买社会组织服务的政策、信息、项目集成发布。通过建立全区社会组织项目信息库，同时在平台公开社会组织的机构信息和社会服务项目的实时情况，金牛区有效实现了社会服务供需双方信息对称和供需对接。此外，金牛区还运用平面媒体和新媒体加强社会组织实时宣传民生服务项目，公开社会组织诚信建设和接受评估监督的情况，建立社会组织优胜劣汰机制。

结合服务项目信息数据，金牛区每月会对社区社会组织开展联评，内容包括自身建设、服务居民、服务政府、工作绩效、工作创新。通过联评，社区社会组织间形成了"比、学、赶、帮、超"的热潮，有助于提高社区社会组织的管理能力、服务水平，更扎实、更有效地服务社区居民。金牛区民政局还联合成都责仁社会组织发展促进中心，结合信息库中社会组织服务项目的相关数据，定期对社会组织开展实地督导工作，并围绕项目实施、宣传推广、项目管理、项目财务、社会效益 5 个方面的情况对社区服务项目进行标准化评估，综合运用政策引导、制度约束、群众监督、信用制度等多种方式促进社会组织健康成长。金牛区通过了解社会组织在运营过程中的项目实施情况和资源链接及经费使用情况，协商帮助解决社会组织在项目开展和日常运营中出现的问题及困难。

三、社会组织孵化模式的效能呈现

近年来，社会组织的孵化培育已经成为社会治理创新的重要手段之一，全国各地依据"重点培育，优先发展"的思路，不断加大对社会组织的扶持力度。地方政府对社会组织的孵化培育主要分为两种：一种是通过建立分级负责、属地管辖的综合培育平台对社会组织进行间接的能力帮扶；另一种是通过服务购买、公益创投等形式对社会组织进行直接的经济资助。金牛区创新探索的社会组织四级联动孵化平台充分发挥了政社互动作用，综合两种方式的优势，对不同层级的社会组织进行针对性的培育管理，同时打通区级、街道级、社区级、院落级社会组织平台之间的壁垒，在社会组织发展过程中形成需求梳理、资源对接、项目发布、过程监管、效果评估的"一条龙"管理服务平台，为社会组织、社区社会组织健康成长和更好服务社区治理提供了有力支撑。

（一）发挥四级平台桥梁纽带作用，资源项目有效对接

金牛区建设的区级社会组织发展、街道社会组织支持、社区社会组织服务、院落社会组织互助的四级平台体系，既发挥了区级社会组织发展平台对各层级平台的统筹领导作用，为全区社会组织的政策咨询、人才培养、服务项目提供系统化服务，又发挥了每一层级孵化培育平台的功能，同时兼顾到每个培育对象的个性化需求，实现了纵向与横向同步发展。一方面，它实现了社会组织相关数据在全区范围内的顺畅流通，有助于各个社区更快寻求到能够满足服务需求的专业社会组织。例如，沙河源街道友联社区通过街道级社会组织信息平台联合成都市金牛区源之心社会工作服务中心、社区物业、社区志愿者等，于2021年7—8月开展了友联社区"携手邻里·创美家园"院落美化系列活动，提升了居民对院落环境的服务能力与意识，改善了院落生态环境。另一方面，它实现了社会组织服务功能与社区服务需求的精准匹配，有助于萌芽期和初创期的社会组织更好发挥自身价值。例如，在四级平台体系的帮助下，成都市金牛区百事可托社会工作服务中心联合营门口街道银桂社区，以及与第三方医疗机构进行合作，开展"桂香人人心·手手不分离"老人认知障碍趣味小课堂，邀请合作伙伴——中国首个脑健康普惠数字化服务平台脑悦康，通过小游戏带领老人快速融入学习氛围，并以居民日常生活场景为基点，普及知识点并进行细致讲解，为社区老人带去了温暖关怀。

（二）规范社区社会组织运营管理，优势特色逐步彰显

社会组织的可持续发展要以规范的组织领导体系为前提。在金牛区民政局的领导下，街道、社区以基层党建为核心，充分发挥党组织战斗堡垒作用和党员先锋模范作用，健全社会组织党建工作领导体制、强化社会组织内部

管理，规范组织开展活动，带动社区社会组织和社区骨干积极参与社区治理，增强社区社会组织的凝聚力，提升社区社会组织服务水平，满足社区居民的多样需求。近年来，成都市大同社会工作服务中心、成都社会组织党建研究学会等社会组织多次开展社会组织主题党建活动、党建能力提升沙龙等，增强了为民服务意识，取得了较好的成绩。以成都社会组织党建研究学会为例，作为全国首家以社会组织党建研究为重点开展项目的社会组织，在2016—2018年，该组织共完成调研报告52篇，近40万字；积极打造基层社会治理特色智库，涵盖来自中央党校、北京大学、中国社会科学院等知名院校和机构的特邀研究员15人；依托红星国际8号楼，以社会组织党建为主线，打造集社会组织发展和风采展示、情景体验、宣传教育、交流学习、资源链接等功能于一体的社会组织交流展示中心，取得初步成效。

（三）打造品牌社会组织项目，服务能力有效增强

金牛区积极实施"牵手计划"培育项目，尊重社会组织的自我定位、擅长点及发展期待，保证队伍建设的发展性、有效性。金牛区通过给予社会组织更多的运营思路、行动刺激和政策支持，确保各社会组织内部治理结构、思路、意识多元发展，行动、能力得到有效支持。该计划以增强社会组织的内生动力为目标，强化了社会组织的项目意识和专业能力，保障了社会组织的可持续发展。一方面，它充分发挥优秀社会组织的示范带动作用，较好地帮助了社会组织规范项目运作机制、加强人才队伍建设。金牛区"聚力为盟，携手共行"社会组织同伴支持项目就是在社会组织专家智库的支持下，联合高校、引入品牌社会组织机构带领本地社会组织，或本地社会组织以老带新，以开展四项"提能培力"系列活动为依托，为新生社会组织提供定向支持。另一方面，它激发了社会组织的内生动力，显著提升了社会组织的服务能力。在区级优化平台的深度指导下，全区形成了品牌推广的文化氛围，各社会组织结合金牛区创建全国社区治理服务创新实验区中的"社区提案"工作、"百千万"工程、"微幸福"示范院落创建行动，发起了社区居民自治组织民生微项目，在服务社区居民方面更加精准有效。2021年金牛区社区居民自治组织民生微项目的中期评估结果显示，"1+1+N"院落议事工作法民主协商微项目、"康养府河"社区助老服务项目等33个微项目在居民议事、社区养老、社区营造等方面发挥了作用。

（四）拓展社会组织参与社区治理，治理主体更加多元

金牛区通过孵化培育社会组织和社区社会组织，广泛调动社会力量参与社会建设与社区治理，丰富社会治理主体，完善社会治理体系，构建"共建、共治、共享"的社会治理格局，是新时代推进社会治理现代化的客观要求。金牛区充分发挥社区社会组织扎根社区、贴近群众的优势，引导社区社会组织坚持基层党组织领导，协助基层群众性自治组织推动社区居民有序参与基层群众自治实践，依法开展自我管理、自我服务、自我教育、自我监督等活动。这一过程有效引导了社区居民在参与社区社会组织活动过程中有序表达利益诉求，有助于养成协商意识、掌握协商方法、提高协商能力，通过协商解决涉及社区公共利益的重大事项、关乎居民切身利益的实际问题和矛盾纠纷。2021年10月28日，金牛区驷马桥街道办事处联合成都市和谐社区发展促进会，召集成都市金牛区社会组织促进会、成都市博爱社会工作服务中心等7家街道社会组织，探讨与交流街道级社区民主协商的方式，各社会组织结合自身工作经验出谋划策，进一步加强了金牛区驷马桥街道部分社会组织对协商民主的认识，梳理了街道级社区提案的民主协商事项，助推提升了驷马桥街道基层治理能力。

四、社会组织孵化模式的经验启示

在加强和创新社会治理、打造共建共治共享治理格局的进程中，社会组织具有的非营利性、志愿性和自治性等特征，以及在利益整合、资源配置、服务供给等方面的效能优势，使其成为一支快速崛起的新兴社会力量。近年来，金牛区立足新发展阶段、贯彻新发展理念，以创建"全国社区治理和服务创新实验区"为契机，着眼于强化社会组织助力社会治理创新的作用，确立以党建为核心，以人本需求为导向，以院落治理为重点，紧紧抓住社会组织、社区社会组织两支队伍，开展四级培育服务体系建设、能力培训、社区社会组织联评、品牌打造和媒体宣传5个着力点的工作，形成了"一个核心、两支队伍、五个工作着力点"的"125"孵化服务模式。在实施过程中，金牛区建立了系统化、规范化的社会组织孵化培育体系，撬动多方主体参与力量，发挥专业型、枢纽型社会组织的示范引领作用，为社会组织自身发展、社会治理体制的完善提供了宝贵的经验。

（一）发挥政社互动机制作用是社会组织规范化发展的前提

在常见的三种社会组织孵化模式中，政府主导－民间运营模式是最具优势、效能发挥最佳的一种方式。政府可以借助赋权增能路径，培育并激励社会组织参与公共服务供给。从社会组织的功能优势来看，"社会组织之所以能够嵌入社会治理结构，在于它能够吸纳社会精英、引入社会资源、聚集治理资本，有效应对政府面临的治理难题"。[1]金牛区建立的社会组织四级平台体系在充分发挥政府权威性、社会组织广泛动员性的基础上，通过分级培育社会力量，搭建政府与社会组织沟通的桥梁，规范社会组织平台建设标准和服务内容，给予了不同类型社会组织更多发展机遇，推动了全区社会组织服务工作有序开展。只有建立政府与社会组织之间互动交流、功能互补的合作关系，才能进一步明晰政府职责、发挥社会组织独立性，形成政府与社会组织共同提供公共服务的强大合力，促进公共服务制度体系更加完善，构建政府保障基本、社会多方参与、全民共建共享的公共服务供给格局。[2]

（二）加强分级培育体系建设是社会组织标准化运营的关键

社会组织的孵化培育是一个极其复杂的过程，对于许多处在萌芽期、初创期的社会组织来说，它们更是面临自身建设不规范、资源链接不到位、社会工作者专业能力欠缺等发展困境，难以在公益市场中形成竞争优势。因此，在孵化培育管理社会组织过程中，我们既要把握社会组织的共性问题，又要关注个别社会组织出现的困难，同时依托社会组织联合会和四级平台体系，以运作机制为突破口，以需求为导向，撬动社会资源多方参与，共同为社会组织和公益事业发展提供智力支持和决策指导。金牛区建立社会组织分级孵化培育平台体系实现了"组织建设、平台建设、项目建设、人才建设"四位一体，满足了社会组织多样化和个性化的需求。在区级社会组织发展平台的统筹协调下，金牛区加大对街道级、社区级、院落级平台的扶持力度，通过为各层级社会组织平台培育一批资质较好的社会组织专业人才队伍，更好地

---

[1] 曹爱军，方晓彤. 社会治理与社会组织成长制度构建［J］. 甘肃社会科学，2019（2）：94－100.

[2] 范黎波，刘佳. 形成政府与社会组织共同提供公共服务的合力［N］. 光明日报，2022－01－25（11）.

为社区社会组织承接政府购买服务提供保障。

(三)构建专业孵化管理平台是社会组织专业化发展的保障

社会组织在社会治理创新中发挥着重要作用,但是总量少且类型分布不均、组织结构不平衡、专业服务能力较弱等因素制约着社会组织的健康发展。因此,建立专业的孵化培育管理平台就显得尤为重要。金牛区联合成都市大同社会工作服务中心,发挥专业社工机构的优势,有计划地对处于萌芽期、初创期、发展期、成熟期等不同发展阶段的社会组织进行针对性的培训指导,通过规范社会组织运作,提升社会组织在链接资源、获取项目、开展活动、提供服务等方面的专业能力,增强社会工作人员的专业能力,壮大社会组织队伍。社会组织只有依托专业孵化管理平台,建立社会组织成长全过程的支持系统,明晰自身的优势、劣势,找准自身发展定位,才能更好地将组织内部多元化的价值取向凝练成统一的价值观和行为准则,激发社会组织发展的内生动力。

(四)优秀社会组织引领示范是社会组织高质量发展的要求

优秀社会组织在自身建设、项目运营、专业服务等方面具有一定的优势。金牛区通过实施"牵手计划"培育项目,将全区本地社会组织进行分类管理,依托区级优化平台,建立初创期社会组织联合会,建立和完善金牛区本地社会组织信息库,详细掌握了辖区内本地社会组织的发展状况、人才储备、重点服务领域和专业优势。金牛区在此基础上为社会组织提供定向支持与服务,充分发挥了优秀社会组织的品牌示范引领作用,进一步提升了全区社会组织综合能力和发展水平,有效实现了社会组织发展由数量规模型向质量效能型的深度转变。在这一过程中,优秀社会组织能够帮助其他社会组织发掘自身优势,找准自身定位,不断强化内部治理,逐步走向规范化、专业化、品牌化的发展道路,提升社会组织建设水平和能力,推动品牌社会组织在构建共建共治共享的社会治理格局中发挥更大作用。

第二节　集成运营，打造综合发展平台

一、新发展理念下社区治理联创空间的诞生

党的十八届五中全会通过的《中共中央关于制定国民经济和社会发展第十三个五年规划的建议》中提出："充分认识破解发展难题，厚植发展优势，必须牢固树立创新、协调、绿色、开放、共享的发展理念。"① 这一论述深刻揭示了实现更高质量、更有效率、更加公平、更可持续、更为安全的发展之路是关系我国发展全局的一场深刻变革。随后，在党的十九大报告概括提出的习近平新时代中国特色社会主义思想"八个明确"和"十四个坚持"中，坚持新发展理念位居第四个坚持。它不仅是推动我国经济高质量发展的理论创新，更是推进国家治理体系和治理能力现代化的方向指引。在此基础上，党的十九届四中全会审议通过的《中共中央关于坚持和完善中国特色社会主义制度 推进国家治理体系和治理能力现代化若干重大问题的决定》提出了"构建基层社会治理新格局"② 的目标要求。"新格局"意味着要适应新发展阶段、贯彻新发展理念，满足人民向往美好生活的新需求；"构建"意味着基层社会治理新格局不会自发形成，需要坚持党建引领，实现政府、社会与民众之间的协同配合和主动作为，也就是要凝聚多方主体力量，建设人人有责、人人尽责、人人享有的社会治理共同体。因此，为了实现高效能治理目标，真正激活并释放基层活力，在提升治理水平的同时推动城市社

---

① 中共中央关于制定国民经济和社会发展第十三个五年规划的建议 [EB/OL]. (2015 - 11 - 03)[2023 - 10 - 07]. http://news.cnr.cn/native/gd/20151103/t20151103_520379989.shtml.

② 中共中央关于坚持和完善中国特色社会主义制度 推进国家治理体系和治理能力现代化若干重大问题的决定 [EB/OL]. (2019 - 11 - 05)[2023 - 10 - 07]. https://www.gov.cn/xiuwen/2019 - 11/05/content_5449023.htm.

区高质量发展，金牛区深入贯彻落实新发展理念，始终把治理创新摆在首要位置，以合作共享为主要方式，以促进社区发展和社区治理为最终目标，建立了社区治理联创空间，并在"创新"与"共享"中间各取一个字，将其命名为"金牛区社区治理创享中心"，意在体现创新、创造与共享理念的结合。

金牛区社区治理创享中心（原社区治理创新实验基地，以下简称"创享中心"）位于九里堤街道星科北街 11 号，建筑面积约 1200 平方米，周边约 500 平方米绿地环抱，毗邻锦江府河段，与市青少年活动中心隔河相望。该项目建设业主为区民政局，2018 年 11 月项目动工，区农投公司作为代理业主负责工程建设。2019 年 5 月 27 日正式投入试运行，由成都市同行社会工作服务中心负责日常的运营、维护与管理。从创享中心的整体设计来看，这是一座集共享办公、服务超市及休闲娱乐功能于一体的三层现代建筑，在合理有效利用资源的同时，展现了现代化城市的风貌。一是设计风格独特，兼具绿色生态环保理念。通过将业内领先的设计风格与锦江绿道自然融合，创享中心以锦江公园九里堤景区优质生态环境为依托，以设计格调别致、功能设置多元的空间资源为载体，成为一个空间可共享、绿色可感知、建筑可评鉴、绿道可漫步的服务场景、生态场景和共治场景，充分体现了建筑形态与生态环境的融合之美。二是坚持贯彻"创新+共享"理念，汇聚多方参与力量提升服务供给水平。创享中心室内外分别设有不同功能的共享空间，聚合线上平台、线下空间和联创网络，为区级相关部门、街道、社区、社会组织、社会企业、社区群众提供专门服务。同时，创享中心保留了九里堤街道便民服务中心、综治中心，继续为辖区群众提供政务服务和便民服务。

社区治理联创空间的打造旨在构建互助共生的社区治理创新共同体，推动多方主体参与社区治理，回应社区治理中存在的政治凝聚力不强、资源配置不合理、自治能力不足、服务水平低下、社区意识淡薄等发展难题。金牛区准确把握新发展阶段，深入贯彻新发展理念，加快构建新发展格局，按照"政府引导、社会运营、专业服务、社区联动"的模式，创新打造了金牛区社区治理创享中心，将新发展理念贯穿引导、培育、管理社会组织等多方力量的全过程和各方面，将多种功能、多种资源汇聚到一起，为多方力量提供覆盖全面的有效服务，从而促进社区发展和社区治理的持续创新。

二、社区治理创享中心的功能模式

金牛区社区治理创享中心以"联创·发展·共享"为理念,以"专注社治创新,助力社区发展"为使命,以"公益+市场"模式运行,通过政府部门、企业、社会组织联动,整合各类社会资源,聚焦服务于社区党委、社区居委、社会组织、社会企业、社会创业者、社区公益"领袖"六类社区治理创新创业者(社治创享家),致力于打造全国首家集孵化培育、公益创投、组团服务、能力建设、资源支持、理论研究等功能于一体的社区治理创新创业空间,形成集一中心(社区治理支持中心)、两平台(社区治理创新孵化平台、社区治理资源对接平台)、一空间(社区居民的互动共享空间)于一体的综合发展平台。该中心一楼为社治联创基地,主要是为社治创享家们提供优质的共享办公空间,室外创享广场设有社区舞台和5个集装箱,主要用于生活配套、共享或互动设施、公益市集等场景;二楼为社治服务超市,主要提供创业辅导、主题培训、资源平台、学习网络构建等软性服务;三楼为楼顶花园,主要用于组织户外研讨及休闲娱乐。此外,中心还开设包括社区营造主题在内的10条现场教学示范路线,用于接待社区参访交流学习活动等。这一糅合领先理念和别致设计、集实践和研究于一身的区级社区治理平台,正在为社区治理创新源源不断地输出智慧和灵感。

(一)成立社治联创基地,开放资源共享空间

资源共享是创享中心设立的初衷,也是中心打造联创空间、凝聚社会力量的主要方式。创享中心坚持党建引领和"公益+市场"服务模式,通过引进成都市同行社会工作服务中心整体运营,为社治创享家们提供一个舒适的办公环境,实现资源共享、价值共创、主体共赢。社治联创基地位于中心一楼,设有基层党建促进中心、社治图书馆、喜马拉雅电子图书室、创享咖啡区、共享信息墙、创享展区和创享沙龙等功能区,充分体现了空间资源有效利用和服务资源共建共享的优势功能。一方面是场地资源的共享。中心内开设了拥有近40个工位的服务超市,设置了50个共享办公"闪座",为入驻的社会组织、社会企业等打造集办公、社交、活动等功能于一体的新型工作场所,包含联合办公、会议、培训、演讲、图书发布、路演、咖啡简餐、睡吧闲吧等完整功能。其中,基层党建促进中心供入驻者组织开展主题党建活动,

有助于全域推动社会组织、社会企业党建工作；一楼外侧的社治堂用于组织主题沙龙、项目评估、小型路演及会议活动等。另一方面是信息资源的共享。联创基地内的各功能区为社治创享家们丰富精神文化生活创造了条件，共享信息墙打造了最便利的供需对接平台，创享展区以最直观的方式向大家展示每一份社会治理创新成果，通过开拓设计思维，创享沙龙深度探索社区发展和社区治理路径。此外，创享中心还为入驻者提供技术辅导、影响力投资、纵深孵化、财务及人事托管、能力建设、路演发布等全面支持，并将创业辅导、资源平台、学习网络构建等软性服务囊括其中，构建社治创享家支持性资源集散地，致力于打造中国最具活力的社会创新空间。

（二）全业务链组团服务，助力社会组织发展

社区治理的创新离不开社会组织的协同参与，积极培育和发展各种类型的社会组织，需要主动为他们提供专业的、全方位的支持。创享中心汇聚政府部门、专家学者、基金会、专业服务提供方和支持型组织等多方资源合力，搭建社区治理创新孵化平台和社区治理资源对接平台，设置管理支持、资源支持、专业支持三大工坊，助力社会组织发展壮大。中心二楼提供社治开放大学、创享服务超市、社治研究院、社治全媒体、社治云支持等系列服务，打造最实用的"线上+线下""场内+场外"互联互通支持系统。通过支持型、枢纽型平台机构组团式联合办公，创享中心为社会组织提供社区治理智库支持、能力建设、孵化培育、伙伴同行、文化传播、资源拓展、评估管理、法律服务、项目研发、行业规范、信息平台11项专门服务。截至2021年9月，创享中心共有14家枢纽型平台机构入驻，近30家社会服务机构开展各类服务，27个省、自治区、直辖市级社区治理支持类项目落地，开展从社会组织孵化培育到社会工作人才成长等多个领域150余场专业活动，直接服务达8500人次。

社治开放大学下设城市社区学院、社区美学学院、社会组织学院和社会工作学院等。整合中国社会工作教育协会、法国社会治理专家团队、成都城市社区学院、区委党校、美学专家、社区规划师、社治专家智库等资源，针对服务对象需求特点，探索设计了"社治TED""创享成长营""社治云支持"三大子产品。"社治TED"重在传播社区治理创意；"创享成长营"为探索期、初创期和发展期的社会创新创业机构、团队和个人提供成体系的能力

建设课程，通过专题讲座、主题沙龙、案例解析、实务工作坊、实训项目、参观访问、对外交流等形式助力"创享家"成长；"社治云支持"突破物理空间的限制，通过一对一督导支持、多对一陪伴式发展、多对多业务链整合，为创享家提供完整的解决方案和配套的专业化服务，以实现全方位、立体化的全业务链服务模式。与此同时，创享服务超市聚合中国社会工作教育协会实训基地、省社工项目评估中心、社会企业认证中心、市关爱援助中心、区"百千万"工程支持平台、区社区营造支持中心等支持平台，为社会组织提供最专业的服务和指导。

（三）政校合作互联互通，凝聚多方主体合力

一是注重培养社区治理人才。创享中心创新打造社区治理开放大学（简称"开放大学"），依托高校、科研院所资源，在开放大学下设"社区院落骨干培育基地"、城市社区学院、社区美学学院、社会企业学院、社会组织学院和社会工作学院，为金牛区"全国社区治理和服务创新实验区"创建工作搭建区级综合性支持平台，培养社区治理各类人才。创享中心通过专家讲授、互动沙龙等方式，开展系列主题培训，提升社区提案主体能力，培养一批"想干事、能干事、干成事"的社区提案骨干队伍，引导居民有序参与社区公共事务，努力构建高品质和谐宜居生活社区。2020年10月，由金牛区民政局主办、金牛区创享社会服务中心承办的"提升骨干能力·助推社区治理——金牛区2020年院落骨干能力提升培训班"在创享中心举行，营门口街道、九里堤街道、五块石街道基层党组织党员代表、院落居民骨干及社区工作人员50余人参加培训。培训除了为社区骨干们讲授社区治理基础理论知识，还具体剖析了社区治理中的难题，并提出相应的解决策略。二是加强引进专家学者的指导。通过政校合作，创享中心联合成都信息工程大学，联动四川大学、西南财经大学、西华大学、西南民族大学等多家院校专家学者，共同建立社区治理研究院。研究院秉承"政策引导，资源整合，协同创新"的宗旨，围绕推进社区治理的总体目标，前瞻性实施相关领域课题研究，在政策创制、理论研究等方面挖掘本土经验，在工作联动、信息共享等方面加强政学协作，协同推进政府部门、企业、社会组织等在社会治理领域的机制创新、模式创新、科技创新和服务创新，在课题研究、主题论坛、专业评估等方面先行探索，力争将研究院建设成社会治理理论研究、工作研判、实践探索的有益智

库，为推动金牛区社区治理工作走在全市、全省、全国前列提供理论实践指导。

(四) 规划主题示范路线，推广社治创新经验

金牛区依托创享中心场地资源，承接来自全国各地的政府部门、企业、社会组织、学校学生、居民群众等组织开展的社区发展和社区治理交流活动。参访交流团队可根据自身需要，在"金牛区社区治理创享中心"微信公众平台预约现场教学示范路线，通过现场参观、实地调研、能力建设培训等方式，学习金牛区示范社区的典型做法和核心经验，增强对城市社区治理的理解。结合金牛区示范社区典型案例的特点，创享中心具体规划了10条现场教学示范路线，分别对应社区营造、社会组织孵化培育、院落自治、社区基金、志愿服务、参与式环境治理、院落党建、特色街区、社区综合体、社会企业培育10个主题。每一条示范路线都设有基础套餐和进阶套餐可供选择，进阶套餐不仅有现场教学参观环节，还增加了与主题相关的能力建设课程。例如，在社区营造示范路线中，参访交流团队如果选择现场教学进阶套餐，可在青羊北路社区、金色阳光小区、九里堤北路社区、枣子巷社区、汇泽社区、曹家巷社区中任选3个点位和3节课程，学习"社区营造视角下的社区社会组织培育方法""社区营造视角下的社区居民动员方法""如何有效发挥社区自组织作用""社区营造优秀案例分析"等课程。此举丰富了创享中心的多种功能，促进了创享中心的可持续运营和管理，对于推广金牛区示范社区治理经验、加强与其他社区的交流学习具有重要作用。

三、孕育社区治理创新共同体的联创空间

随着我国新型城镇化进程的不断推进，城市社区对高质量公共空间的需求越来越大，对激发社区内部的社会互动和新关联的呼声越来越高。这意味着我们需要利用有限的实物资源，创造最大的效能与价值，打造多功能集成的公共空间，将多方主体力量汇聚到一起，共同为社区治理贡献力量。金牛区社区治理创享中心作为全国首家集孵化培育、公益创投、组团服务、能力建设、资源支持、理论研究等功能于一体的社区治理创新创业空间，秉持新发展理念，着眼于汇聚人力资源和信息资源，大力构建社区治理支持平台。创享中心通过搭建社治联创基地、社治服务超市及休闲娱乐空间等举措，吸

引了众多社会组织、企业等社治创享家的入驻，提供了优质的办公空间与专业的能力培训服务，逐渐成为社区治理创新共同体的公共空间，成为公益理念的发源地、公益动力的补给站、公益组织的大本营、公益人才的大家庭，成为社治创享家创新、合作、成长的"生态园"。

（一）构建支持型资源集散地，产生了多元功能集聚效应

创享中心以折叠空间合理运用为目标，融入创新、共享、绿色等理念，创新打造了集共享办公、服务超市及休闲娱乐功能于一体的三层现代建筑，整合了生态环境资源、社会力量资源、社会治理信息资源等多种资源，为金牛区创新社区治理、开展社区公益行动、帮扶困难群体、发展社区自组织、推进社区集体行动以及社会服务创业者等相关团队提供开放空间和共享办公服务支持。在成都市同行社会工作服务中心的运营管理下，中心不仅是党建引领社区治理的坚强阵地，也是社会组织孵化培育管理的重要平台，还是全区社区治理创新经验的成果展示中心。它体现了现代城市在共享经济理念的引导下对共享空间和资源集聚的追求，较好地实现了在城市空间资源匮乏的情况下，更加高效合理地运用空间、减少资源浪费，从而提高服务社会力量的效率和质量。基层党建促进中心大力实施"思想引领、服务提优、全域提质、先锋示范、社区治理"五大工程，不仅成功打造了党组织服务新平台、党员教育新阵地、党建成果展示新窗口、党建项目研发新中心，还集结了专家学者力量为社区党委、社区骨干力量等开展项目培训活动，助推了社工示范项目服务的专业化。截至2020年7月，中心开展主题培训和支持性服务157场，开展主题宣讲、创意集市、学术论坛等活动109场，服务各类社治创享家4000余人次。

（二）优化专业多样服务供给，满足了社会组织发展需求

社会组织因其具有贴近群众、深入社区的优势，能够及时回应群众需求、化解社会矛盾，维护社会和谐稳定，并在政府与群众的互动中起到很好的中介和组织作用，成为社区治理创新不可忽视的一大主体。但从金牛区社会组织发展情况来看，仍然存在规模不够、结构不优的问题，社会组织服务水平不能满足多元化社会服务需求，还有待提升。为此，创享中心通过建立社治联创空间、社治服务超市，为社会组织这一庞大的群体提供一定程度上的支

援。中心不仅为入驻的社会组织提供开放空间和共享办公服务支持,还通过引进一批专业型、支持型和枢纽型的社会组织,为初创期的社会组织提供辅导、培训、交流的机会。同时,中心引进社会组织、社会工作项目领域的专家人才,对品牌社会组织进行专业评估,搭建社会组织的信息交流平台,更大范围内整合多方主体和多种资源。另外,中心还通过完善专业孵化、规范引领、人才输送、公共服务、项目发展、供需对接六大机制,促进社会组织茁壮成长。在创享中心的支持下,成都市金牛区博爱家园社工服务中心、成都市金牛区社会组织促进会、成都市金牛区欢行公益发展中心等10家品牌社会组织通过了2022年金牛区社会组织评估,有效推动了社会组织发展由数量规模型向质量效能型深度转变,促进了社会组织健康有序发展,提升了社会组织建设水平和服务能力。

(三)聚焦多方主体联创共享,提升了社区协同治理能力

协同治理是当代公共管理职能社会化的结果。传统公共管理以政府为中心,社会和市场处于边缘地带。与传统的政府公共事务治理主体不同,协同治理强调除了政府,市场、社会组织以及社会服务者也应当成为社会治理的主体。[①] 具体来说,它要求"政府、社会组织、公众等基于互动协商、权责对等的原则,以解决社会问题、回应治理需求为共同目标,自觉形成相互关联、相互促进的稳定关系,逐步形成基层社会治理共同体"[②]。在实践中,构建基层社会治理共同体要明确各个主体的功能与职责,激活基层社会各要素,促进各要素整合,以实现基层社会治理体制机制最优化,从而实现从单纯的由政府负责向"人人有责、人人尽责"转变,从单纯的多方主体共治向更有凝聚力的"社会治理共同体"提升。自金牛区社区治理创享中心成立以来,中心汇聚了政府部门、企业、社会组织、基金会等多方资源合力,发挥了专业社会工作机构的服务优势,通过民主协商、协调互动、协同行动等举措,对涉及社治创享家共同利益的公共事务进行有效管理,大大增强了创享家社群的凝聚力。在"百千万·微幸福"项目工程以及"社区合伙人""蜂巢联创"

---

① 李莉,章君凤. 社区协同治理中的社会工作人才、机构与方法介入[J]. 学习与实践,2012(10):90-94.
② 郁建兴. 社会治理共同体及其建设路径[J]. 公共管理评论,2019,1(3):59-65.

等系列活动中，各主体发挥自身优势，主动融入这个大家庭，共同为区内社工站运营建设、老旧小区改造、民生微项目等领域遇到的困难建言献策，激发了治理主体参与社会治理的活力，充分展现了多方主体协同共治的力量。

（四）探索"公益+市场"新模式，创新了城市社区治理理念

随着我国经济社会的转型，城市治理秩序和社会内生机制变得更为复杂。过去以行政为主的激励模式在社会动员方面的作用正逐渐减弱，完全依赖政府政策支持和资金投入的效果不够明显，亟待构建新的城市社区治理理念，形成新的城市社区治理秩序。[①] 金牛区社区治理创享中心坚持贯彻新发展理念，无论是中心的外观设计及整体结构，还是运营理念与服务供给模式，都蕴含了创新、协调、绿色、开放、共享的理念。一方面，创享中心由金牛区委社治委与区民政局牵头，成都市同行社会工作服务中心负责全程运营，发挥了社会组织在提供社区治理支持中的主体性作用。创享中心通过提供开放共享空间，孵化培育更多公益社会组织，帮助更多社会企业、社区骨干、社区志愿者等群体获得更好的发展。其本身就是在传递公益理念和促进公益创业，为资源有限的社会主体提供完整的解决方案和配套的专业化服务，实现创享中心、社会组织、社会企业等多方主体的共赢。另一方面，创享中心借用商业化操作和市场化运作手段来提高自身的效率，为社治"创享家"提供了更便利的服务。创享中心不仅充分整合市场资源力量，由它们来指导老旧小区改造、社区营造等项目，发挥了市场主体的专业优势，还探索了可持续运营机制。中心运营一年之后，根据实际运营情况，对划为市场运行的场地采取有偿方式收取租金，提高空间利用效率。

四、社区治理创享中心的经验集成

金牛区社区治理创享中心的设立初衷是通过创建共享办公空间、集聚多方社会力量、整合各类社会资源，以服务社区党委、社区居委、社会组织、社会企业、社会创业者、社区公益"领袖"等为主要目标，通过提升这些群体自身能力，以高效推动金牛区社区治理。金牛区通过搭建这样一个社区治

[①] 张勤，宋青励. 以新发展理念引领社区治理创新[J]. 中国行政管理，2021（8）：149–151.

理联创空间,最大限度发挥社会主体的积极性、自主性,展现公益理念与市场化资源相结合的优势,为社区治理创新集结了强大合力。创享中心在金牛区的成功实践,展现了构筑社区治理共同体对于推动社区可持续发展的重要性,而形成这一共同体的前提则是打造集资源共享、能力建设、孵化培育、资源拓展、评估管理、法律服务于一体的联创空间,让每一位关心和守护社区治理的工作者享受更加便利的服务。

(一) 合理配置公共空间,打造资源共享支持系统

城市公共空间是城市民众社会交往、政治参与和共建美好生活的重要平台,其价值的有效发挥要遵从城市公共空间的生产逻辑。金牛区社区治理创享中心善于把握城市建设与社区发展需求的特征,选择区位优势较好的地段,以领先的理念、别致的设计格调打造社区治理联创空间,充分体现了建筑形态与生态环境的融合之美。创享中心包含联合办公、会议、培训、演讲、图书发布、路演、咖啡简餐、睡吧闲吧等完整功能的共享办公空间,创新打造的社区治理开放大学、社区治理服务超市等也都是根据实际发展需要为社治"创享家"量身打造的。除此之外,成都市同行社会工作服务中心还为社会服务机构提供场地预约、入驻培训管理等服务,确保相关团队和机构享有平等的参与机会和学习机会。从近年来的发展实践来看,创享中心将新发展理念与构建社区治理共同体的目标相结合,为社区治理人才提供了服务保障,在政府政策支持与公益社会组织的合力作用下展现出了强大动力,因而在合理配置资源、有效利用城市公共空间方面打造了成功典范。

(二) 聚焦专业集成服务,优化社会组织发展环境

在政府、企业、社会组织、公民等多方共治主体中,社会组织是社会共治的核心主体。由于本身所具有的社会性、民间性和相对独立性,社会组织往往能够吸纳来自社会的公益资源,更好满足多样化、专业化的社会需求。但是,由于受到传统观念以及旧管理体制的影响,社会组织的发展自主权受到限制,不能较好地发挥其主要功能。[①] 因此,要激发社会组织的内生动力就需要优化社会组织发展环境,引导社会组织完善内部治理结构,解决社会组

---

① 白平则. 如何认识我国的社会组织 [J]. 政治学研究, 2011 (2): 3 - 10.

织在项目运作等方面存在的问题，同时，积极培育社区服务性、公益性、互助性社会组织，引导各类社会组织参与社区治理和服务。金牛区在创新构建社会组织孵化培育四级平台的同时，充分利用社区治理创享中心这一空间，依托社治联创基地提供的资源平台、专业导师辅导等，汇聚政府、企业、基金会等多方资源合力，设置管理支持、资源支持、专业支持三大工坊，为提升社区治理人才能力及社会组织自身建设水平提供保障。同时，金牛区还注重发挥中心凝聚社会资源力量的作用，指导社区社会组织围绕民主协商、场景营建、绿色生态、全龄友好等主题参与支持社区发展，推动打造共建共治共享的社会治理新格局。

（三）树立开放共治理念，促进多方主体协同发力

构建科学合理有效的社会治理结构是推进国家治理体系和治理能力现代化的重要方面和必然要求，是一个开启现代化新征程的国家必须认真思考的现实问题。随着改革发展的不断推进，构建共建共治共享的社会治理格局成为新时代摆在我们面前的一个重大课题。就城市社区治理而言，无论是政府、公众还是社会企业，都是社会治理的重要主体，都具有价值共享的基础和期待。[①] 然而，如果城市社区治理单纯依靠某一个主体来应对社区治理中遇到的难题，不仅无法集结多方主体的智慧，还会因为各个主体需求的不同导致他们的不信任甚至不满。因此，城市社区治理要树立共治思维，重视多方治理主体的合作共治，为他们搭建交流互动、分享信息资源的平台，以此发挥出各类主体广泛协作的优势。金牛区社区治理创享中心在设立之初就以创造与共享为宗旨，聚合政府部门、专家学者、基金会、专业服务提供方和支持型社会组织，整合线上平台、线下空间、专业服务和联创网络，培养社区治理各类人才，通过专家讲授、互动沙龙等方式，开展系列主题培训，这不仅培养了一批"想干事、能干事、干成事"的社区骨干队伍，而且促成了许多品牌社会组织的孵化培育，为众多致力于服务社区治理的社会企业健康发展保驾护航。正是因为创享中心始终秉持共治理念，并通过打造联创空间将这些主体聚合在一起，才能够激发一切有利于社区发展的积极因素，形成强大的

---

① 夏锦文．共建共治共享的社会治理格局：理论构建与实践探索［J］．江苏社会科学，2018（3）：53－62．

发展合力。

（四）形成智库合作联盟，推动社区治理提质增效

从国家发展层面来看，智库在国家治理体系和治理能力现代化建设中发挥着重要作用。凡涉及重大问题，决策层都会积极征询各方智库意见，而各类智库也会通过不同的渠道积极参与，包括参与重大决策的前期研究和讨论、参与重大文件起草与政策执行的阶段性评估、通过智库宣讲贯彻落实相关理论精神等。[①] 在城市社会发展过程中，尤其是城市社区治理层面，可以适当借鉴这种模式，将一定范围内的专家学者团结起来，形成智库合作联盟，精准把握现实中的具体问题，提升社区治理绩效。创享中心推出社区治理开放大学，通过政校合作，联合成都信息工程大学，联动四川大学、西南财经大学、西华大学、西南民族大学等多家院校专家学者，共同建立社区治理研究院。社区治理研究院，秉承"政策引导、资源整合、协同创新"的宗旨，围绕推进社区治理的总体目标，前瞻性开展相关领域课题研究，协同推进政府部门、企事业单位、社会组织等在社会治理领域的机制创新、模式创新、科技创新和服务创新，通过开展课题研究、主题论坛、专业评估，智库/专家学者在深入交流过程中为社区治理难题贡献智慧，为金牛区实施"百千万"工程、社区营造及相关微项目等提供智力支撑。社区治理开放大学与社区治理研究院对金牛区社区发展情况进行长期跟踪观察，由此产生的有关成果也能为金牛区顶层设计提供参考。

---

① 张翼. 国家治理现代化进程中的智库作用［N］. 光明日报，2019-10-28（16）.

第三节　社企融合，构建共赢发展模式

一、社会企业带动社区发展的内在逻辑

党的十九大报告提出，要打造共建共治共享的社会治理格局。加强社会治理制度建设，完善党委领导、政府负责、社会协同、公众参与、法治保障的社会治理体制。① 其中，社会协同与公众参与意味着不能完全由政府大包大揽社会成员的服务与管理，而要由社会不同治理主体通力合作，共同应对社会公共服务需求和供给短缺之间的矛盾、社会问题多样化与社会治理现代化程度较低之间的矛盾。在我国社会主义市场经济快速发展的过程中，有许多企业在创造利润的同时，开始寻求自身的社会价值，它们不断创新经营方式与企业模式，确立新的发展目标，将自身发展定位转向以服务社会为使命。由此，越来越多的社会企业活跃在创新公共服务和社会治理领域，并与基层政府、社会组织或其他企业建立合作关系，谋求共同发展。社会企业之所以能够成为助推公共服务与社会治理的新引擎，一方面是由其自身性质、发展现状决定的，另一方面则是破解公共服务与社会治理困境的迫切需求。首先，社会企业作为同时具备社会属性和经济属性的组织，主要是指那些重在解决社会问题、增进公众福利，而非追求自身利润最大化的企业。因而，在创新基层社会治理、改进公共服务供给、推动经济持续发展、促进社会融合等方面社会企业相较企业和社会组织更具优势，是推动经济发展和社会进步的一支重要力量。② 其次，近年来，全国各地都在积极引导、孵化、培育社会企

---

① 习近平．决胜全面建成小康社会 夺取新时代中国特色社会主义伟大胜利［EB/OL］. (2017 - 10 - 27) ［2023 - 10 - 07］. http://news.cnr.cn/native/gd/20171027/t20171027_ 524003098.shtml. 2017.

② 潘小娟．社会企业初探［J］．中国行政管理，2011 (7)：20 - 23.

业,其数量增长较快、作用发挥越明显。但由于受到政策规范、社会环境、经济水平、文化背景以及自身能力的影响,我国社会企业面临着资金短缺、人才匮乏、商业模式陈旧、竞争力低下等诸多瓶颈。[①] 最后,由于资源整合能力有限,社区缺乏专业服务优势,无法满足居民群众多样化、多层次的生活需求,导致居民参与社区治理的积极性和凝聚力不够高。因此,社区需要引进市场主体,增强自我造血功能与可持续发展能力,为创新社会治理、健全公共服务体系提供既可实现社会目标又可持续发展的机会。

近年来,四川省成都市在市级和区级层面相继出台了鼓励社会企业发展的政策措施,为社会企业与社区融合发展的实践提供了保障。2022年4月26日,中国共产党成都市第十四次代表大会报告提出要发展品牌型社会企业。此前,成都市委、市政府在2017年出台的《关于深入推进城乡社区发展治理建设高品质和谐宜居生活社区的意见》中明确提出:"鼓励社区探索创办服务居民的社会企业。"2018年4月9日,成都市人民政府办公厅出台了《关于培育社会企业促进社区发展治理的意见》,将培育发展社会企业纳入全市党建引领城乡社区治理顶层设计,鼓励社会企业有效参与社会治理,帮助社区实现自我造血,使社会企业在服务社区治理方面发挥积极作用,成为有效提升城市治理能力和治理水平的重要力量。2019年9月,金牛区人民政府发布了《金牛区促进社会企业发展的若干政策(试行)》,提出要鼓励社会企业优先参与社区活动场地运营和承接社区治理项目。在这一政策背景下,金牛区九里堤街道九里堤北路社区以"食育生态引领,创新社区经济"为主题,凭借社区丰富的历史文化资源和教育资源,以及社区食育教室与社区花园两个食育空间,依托全国首家社区食育中心——妮妮环球国际儿童食育中心,撬动多方资源进入社区,探索社会企业与社区融合发展的有效路径,建立社区绿色健康产业经济互助的模式,联动社区、学校、自组织、居民、社区商家等人力、物力资源,助推社区经济产业发展。这些举措促进了社区与社会企业在社区发展与治理上的内在联动,并通过机制创新、技术创新、组织创新、文化创新等途径,实现了社会企业与社区的全方位、深度化融合。

---

① 田雪莹,黄旭,张欢. 社会企业价值共创的特征和过程机制:基于携职旅社的案例研究[J]. 管理案例研究与评论,2022,15(4):387-401.

二、社会企业与社区融合发展机制的形成路径

九里堤北路社区成立于2001年12月，位于金牛区九里堤街道西北二环路外侧，具备"一校一城一园一中心"（电子科技大学九里校区、环交大智慧城、和睦园、成都市青少年活动中心）的区位优势，有着丰富的历史文化资源、教育资源以及商业资源。但在社区生态环境建设与健康培育方面，该社区仍然存在群众参与不足的问题，影响了社区整体环境的提升。于是，该社区以项目为抓手，以"食育"为切入点，于2020年引进了提供对应服务的社会企业——成都智慧源教育咨询社会企业有限公司，通过食育专业品牌"妮妮环球食育"落地社区空间，推动社区食育的可持续性发展。该公司于2018年被中国公道慈善项目交流展示会认证为"中国好社企"，是一家专注于食物教育的研发和服务机构，其宗旨是以食物为载体，帮助形成独立、健康、环保的饮食习惯与有品质的生活方式。正是因为该公司提供的专业服务与九里堤北路社区的需求相契合，二者才能形成融合发展的机制。社区可以依托社会企业整合社区已有资源与开发新生资源，社会企业也可借助社区资源禀赋开展运营，提升群众的参与度，实现参与群体的多元化，带动社区经济发展。

（一）开展食育文化活动，吸引社会企业与社区成员共同参与

九里堤北路社区引进辖区社会企业，建立成都知食社区营造促进中心，以促进社区环境可持续发展为目标，在妮妮环球国际儿童食育中心美食烹饪的教育功能、食育知识的学习功能的基础上，成立了集教育、学习、实践于一体的综合性食育教育基地。社区通过开展丰富多彩的食育活动，创设体验式环境，充分调动社区居民的各种感官，让大家对饮食文化有更多的认知和感受，深刻理解食材与食物之间的内在联系。同时，九里堤北路社区联动社区商家，培育食育种子，孕育食育土壤，聚焦食物从土壤到餐桌的过程，组织社区家庭成员走进自然、了解土壤、体验农耕文化，见证一粒种子的成长，并在种植培育过程中，了解食物的生长习性、培育条件、营养价值、使用方法等，培养独立劳动能力，养成勤俭节约的美德，形成科学的食育观念。社区通过打造新颖的体验式食育环境，开展丰富的食育文化系列活动，联动社区志愿者、社会企业、社会组织等多种力量，吸引了众多社区居民的参与，激发了居民参与社区环境治理的积极性。截至2022年4月，以网络平台为媒

介,基地招募到了以社区儿童、社会组织、医院、社会企业为代表的20组"认种"成员,经过探讨、协商制定了实践基地的认种公约,并将该地域空间取名为"食"趣菜园,组织、协调20组"认种"人员或单位对"食"趣菜园进行整理、播种、分苗、补种以及日常维护,共同促进社区空间场景的营造。

(二) 整合社区资源,成立社区商家食育联盟

社区资源是社区建设与社区发展的基础。社区资源是否丰富、是否被有效利用,是影响社区发展速度快慢的重要因素之一。整合社区本地资源意味着在整合过程中要符合本社区发展要求,因地制宜地挖掘并充分利用。九里堤北路社区一直有着丰富的文化、教育、体育以及美食商家等资源,但由于分布零散,这些资源的作用不能得到最大限度地发挥。因此,社区引入妮妮环球食育体验场馆,成立社区商家食育联盟,联动社区、学校、自组织、居民、社区商家等人力、物业资源在社区倡导可持续、零废弃的理念。最终,通过倡导,社区居民的消费观念发生转变,带动了社区联盟成员经济发展。例如,围绕食物浪费问题,社区以传统饮食文化中的勤俭节约为理念,以绿色文明消费为目的,重点解决社区内大批量包装类食物物资的浪费问题以及困难群体的食物不足问题。通过妮妮饮食文化发展公司以及社区内的食育师、烹饪营养师等整合社区商家的临期食品,在广大居民群众中开展沉浸式的环保教育,帮助居民正确认识临期食品。同时,由联盟商家组建成立的食物存储中心在辖区内部联资源、搭平台,对社区的商家、居民广泛宣传食物存储中心的概念,创建食品友好协调处理的环境。这不仅帮助了商家有效解决食品滞销问题,还缓解了社区内低收入群体的消费难题,实现了商家与社区居民的双赢。

(三) 以研发食育产品为载体,打造社区食育生态产业链

九里堤北路社区凝聚行业力量,立足于饮食问题研究,着眼于食育发展,致力于实践推广服务,扎根于对"妈妈工坊"的探索,结合社区内部的资源、特色需求,研发出适合社区的健康食育产品,形成基于食物本身的社区食物生态循环圈,通过培训、实训、理念及活动倡导,探索一种健康的生活模式,建立一种基于社区经济本身的绿色互助模式,从植物种植到食品深加工全过

程,形成一条从田间到餐桌的本地社区生态产业发展链条。一方面,相关企业及商家能够为社区的食育教育提供多样化选择,推广科学的饮食理念与健康的饮食方式,引导健康饮食习惯的养成。另一方面,以食育产品为发展载体,推广健康的食育产品,依托食育产品产生的经济价值可以反哺社区,带动社区食育的发展,促进食育教育的有效发展,实现食育教育的系统性、连续性和科学性的目标。同时,借助妮妮环球食育的影响力,不断地将外在的资源,如银杏基金会、北京险峰长天公益基金会、万科公益基金会等引入九里堤北路社区,借用场馆空间来撬动不同的资源,并将这些资源活化,进而反哺社区,促进食品行业产业升级,最终形成良好的社区经济可持续循环圈。截至2021年11月底,九里堤北路社区在辖区社会企业的带动下实现了2个社区食育产品的标准化研发,形成1份"社区食育生态产业链"的社区商业经济标准化模型报告。

（四）构建食育生态系统平台,形成社区信任经济模式

为解决社区经济发展过程中资金短缺、服务效能低下等难题,九里堤北路社区通过搭建社区共享平台,让商家与周边群众建立起良好的沟通渠道与稳固的联系。社区在社会企业的带动引领下,以百分百控股的方式孵化成都妮妮饮食文化发展公司,研发食育生态系统数字合作平台,并通过妮妮食育的认证,吸引信得过的商家、乡村生产合作社、团长入驻平台提供服务供给。成都知食社区营造促进中心在和社区持续开展社区营造项目、加强社区居民信任教育的过程中,培育了一批对社区充分认可的消费者。基于这种信任与合作的消费关系,社区成立居民消费者合作社,并以数字合作平台为载体,让他们在这个平台拥有消费和分享经济的机会,在居民与商家之间产生信任交互,形成收益的内循环。最终,平台又将部分资金捐赠给社区基金,持续支持社区的公益慈善和社区教育服务、活动,进一步探索资金注入与社区企业扶持的联动机制,充分展现了社会企业致力于解决社会问题、增进公众福祉的优势。这一平台依托社会组织支持与社区发展基础,为社会企业与入驻商家架起了沟通的桥梁,促进了社会企业与社区资源的双向流动。一方面平台满足了居民群众的消费需求,提升了居民对社区的信任感;另一方面平台构建了经济合作机会的初步模型,以食育破冰社区经济,探索了基于信任经济推动社区参与和信任的可能性。

三、走向社企互利共赢的"九里实践"

为促进社区内部全部资源的可持续利用,满足居民群众对高质量生活品质的需求,实现社区经济社会发展与社区系统良性循环,九里堤北路社区以党建为引领,以五社联动为指导,引进成都智慧源教育咨询社会企业有限公司,孵化妮妮饮食文化发展公司,推进"食育生态引领,创新社区经济"项目,建立社区和社会企业的联动机制,积极探索社区与社会企业优势互补、资源共享的发展新路径。通过充分整合社区内的本地资源,在社区党委的统筹领导下,九里堤北路社区组建商家联盟,切实发挥社区和联建单位的力量,激励社区居民、社区志愿者、辖区单位、专业服务机构共同参与社区服务,以企带社、以社促企、和谐发展、互利共赢,形成"社企共建"的新格局。九里堤北路社区的成功实践充分证明,社区始终是社会企业存在和发展的土壤,社会企业也是社区发展摆脱困境的新出路。一方面,社区的支持性平台为辖区社会企业的健康发展提供保障;另一方面,社会企业也能反哺社区,为社区提供多方资源与公益资金,使得社区与社会企业形成了强大合力。

(一)发挥了社会企业提升社区服务水平的专业优势

社会企业的特殊性使其能够同时运用社会和商业手段,提供高效、优质、专业和便捷的服务。同时,社会企业利用其低成本、高效率及创新性等优势,能提供社会急需的服务,较好地解决居委会专业化、精细化程度不够以及认知不足、管控力不够的问题,有效整合社区内外资源,满足居民群众日益增长的美好生活需要。从总体上看,社会企业能够发挥其价值优势、组织优势、技术优势等,与社区、政府、社会工作者等多方主体充分融合,利用互联网信息技术支撑,激活社会领域的发展活力,促进政府职能转变,最终提升社区服务的精准性与实效性。[①] 九里堤北路社区为改善社区环境,培养社区居民群众健康饮食习惯,满足他们以食生态和食文化为主的多样性食物需求,引进专注于教育咨询和食育经营的社会企业公司,并由其成功打造妮妮环球国际儿童食育中心。一方面,社会企业通过挖掘、整合社区居民人才资源,组

---

① 李静.福利多元主义视角下社会企业介入养老服务:理论、优势与路径[J].苏州大学学报(哲学社会科学版),2016,37(5):9-15.

织建立了巾帼创业志愿者、国际食育志愿者、大运志愿者 3 支不同类型的志愿者队伍，在开展健康美食教学、食育知识科普、志愿服务技巧培训、食育知识推广等培育活动过程中，形成了一批专业的队伍力量，增强了社区自我赋能的动力。另一方面，社会企业以食物为载体，设计了丰富多彩的食育公益活动，把食育的理念和知识融入其中，激发了更多居民群众参与绿植种植等活动，共同维护社区环境，增强了居民之间的互动与居民对社区的信任感。

（二）形成了社区促进社会企业可持续发展的良好态势

社会企业与社区有着天然的紧密关系与融合发展条件。社会企业带动社区发展不仅能够激发社区的内生动力，而且能够在实施社区服务项目过程中促进自身规模化、连锁化、品牌化发展，在整合链接资源过程中创新运营模式，持续提升自身的竞争力和生命力。虽然当前社会企业已在实践层面兴起，但由于社会认知度和关注度整体较低，大多主体对社会企业在基层治理中发挥作用的认识还不足，社会企业参与社区治理的路径有限，全社会支持社会企业发展的氛围还未形成，这导致社会企业公信力不足，市场竞争能力较弱。为了有效引导和支持社会企业参与社区公共服务和社会治理，九里堤北路社区主动回应成都市人民政府、金牛区人民政府出台的培育社会企业的相关政策，从老旧院落小区中商业氛围不浓厚与底商不丰富的现实出发，通过"食育生态引领，创新社区经济"这一试点项目，探索并推进社会企业带动社区可持续共生模式，在社区内部成功孵化了一家与食物营养健康相关的社区居民服务类社会企业。依托全国首家妮妮环球国际儿童食育中心，企业不再处于维持简单再生产的初级阶段，而是开展从食物种植到产品深加工等活动，进一步提高了产品和服务的附加值，拓宽了服务领域，提升了服务质量。同时，九里堤北路社区通过搭建食育生态系统平台，撬动社区外部多种力量广泛参与，进一步拓宽了社会企业的资金来源，帮助其建立可持续发展机制，增强了社会企业自我造血功能，实现了社区的可持续循环发展。

（三）推进了社会企业与社区在资源整合上的利益联动

资源的充分整合与主体利益的交换是社会企业与社区融合发展的主要途径，需要社会企业在充分挖掘社区资源禀赋的前提下，围绕社区治理、居民服务需要，开展社会企业项目经营，同时满足社会企业与社区双方利益。在实施"食育生态引领,创新社区经济"项目过程中,九里堤北路社区依托辖区社会企业孵化的成都妮妮饮食文化发展公司,通过投资开发与收益捐赠的方式,构建食育生态系统数字合作平台,吸引了大量的乡村合作社、城市商户、信任团长等群体的入驻,由这些商家助力平台的服务供给,引入了更多社会资源。同时,社区居民群众依托这一平台获得了消费与分享经济的机会,培养了新的居民消费合作社并建立起新的社区信任。社会企业打造的食育生态系统数字合作平台充分整合了社区、社区社会组织、社区商家、社区居民群众以及外部社会资源等多种力量。除此以外,平台获取的收益一部分作为社区食育专项基金,促进社区公益慈善与食育教育服务活动;另一部分用于社会企业的投资运营,促进社会企业可持续健康发展。整个过程既满足了社区居民群众对健康食品的消费需求,又通过引进与整合社会资源,带动了社区经济的发展,形成了"基础服务换信任、公共收益协商共治、增值业务互利共赢、部分利润反哺社区发展"的可持续运营模式,促进了社会企业与社区在利益互动过程中形成有机循环。①

(四) 密切了社会企业与社区各主体间的互惠合作关系

随着我国市场经济的发展和城市化进程的加速,征地、撤村并居、越来越频繁的人口流动以及高速成长变化的产业对原先封闭和稳定的城乡社区产生了较大的冲击。在这些冲击下,中国城乡社区邻里关系开始慢慢走向分裂,传统的邻里关系不断被消解,社区共同体色彩日益淡化,社区居民之间、社区与社会主体之间的关系不再那么紧密。然而,社会企业融入社区改变了这种现状,它们可以通过寻求社区居民与企业的利益契合点,根据居民需求设计丰富多样的主题活动,协同社区内社会组织等多个主体开展多样化协作,通过共享、交互和整合异质性资源,建立互动联结,创造多元价值。同时,社会企业还可以吸引辖区内有劳动能力和就业愿望的劳动者,壮大企业人才队伍,加强社区人才与社会企业人才之间的合作与交往。九里堤北路社区通过定期开展食育公益活动,建立"食育"种植实践基地,依托妮妮环球国际儿童食育中心,为社区创设了体验式环境,帮助社区居民在认识食物、丰富

---

① 杨旎,韩海燕. 共益型社会企业对老旧小区长效治理的驱动机制:角色重塑与资源重配[J]. 北京行政学院学报,2021 (3):34-41.

健康知识储备的过程中拥有实践认知和交往的机会。该项目吸引了众多年轻家庭的参与，提升了社区居民群众的参与度，实现了参与群体的多元化。借助"食育"的教育功能，社区居民群众可以紧密团结在一起，深刻理解人与土地、人与环境、人与生态之间的关系，持续探索经济合作的可能性。社会企业的融入拓宽了社区居民参与社区服务的路径，激发了居民参与社区活动的热情，增强了居民对社区与社会企业的信任感。

四、社会企业有效融入社区治理的思考与启示

《中共中央 国务院关于加强和完善城乡社区治理的意见》指出，要"积极引导驻社区机关企事业单位、其他社会力量和市场主体参与社区治理"[1]。作为社区增值服务提供商和资源整合者，社会企业成为参与社区治理的新生力量。培育和发展社会企业是践行以人民为中心的发展思想的惠民行动，是推进社区精细化治理的必然选择，是共建高品质和谐生活宜居地的重要载体，是构建社区治理新格局的重要举措。金牛区九里堤街道九里堤北路社区的实践探索是在充分把握社区发展困境、明晰社会企业专业优势基础上，有针对性地去构建社企融合机制，打造社区治理生态圈。未来，我国需要继续研究并制订能够支持社会企业促进社区发展的政策措施，推广社会企业带动社区发展的经验，孵化培育更多优质的社会企业，支持社区和社会企业的成长，鼓励和引导社会企业以居民需求为导向，寻求社区、社会企业、社会组织等多方主体加强协作的路径，帮助它们继续深耕社区这片广阔的土壤，更好地践行企业的社会责任，引领行业发展，更好地服务居民，为构建美好社区而努力。

（一）以居民需求为导向，构建社企利益共同体

社区服务关系民生、连着民心，不断强化社区为民、便民、安民的功能，是落实以人民为中心的发展思想、践行党的群众路线、推进基层治理现代化建设的必然要求。[2] 在社会企业参与社区建设、提供社区服务的过程中，满足

---

[1] 中共中央 国务院关于加强和完善城乡社区治理的意见［EB/OL］.（2017-06-12）［2023-10-07］. http://www.gov.cn/zhengce/2017-06/12/content_5201910.htm.

[2] 国务院办公厅关于印发"十四五"城乡社区服务体系建设规划的通知［EB/OL］.（2022-01-21）［2023-10-07］. http://www.gov.cn/zhengce/zhengceku/2022-01/21/content_5669663.htm.

社区居民群众的利益诉求和帮助居民群众享受到更好的公共服务是其与社区居委会、社区商家、社区自组织等多个不同主体的共同目标，是社企互动的桥梁和纽带。因此，社会企业深度融入社区，首先要考虑的就是居民需求，通过识别和开发居民需求，将居民需求与企业经营范围结合起来，有针对性地为社区提供专业化服务，解决关系居民群众切身利益的实际问题，促进居民自主参与活动，在满足居民需求的过程中达成对公共利益的共识并激励居民持续参与。[①] 这种以社区居民需求为导向的社企融合机制实现了精准服务，提升了服务效能。在九里堤北路社区实施"食育生态引领，创新社区经济"项目过程中，成都智慧源教育咨询社会企业有限公司正是基于社区居民对食物的多样化需求，以及社区经济发展难题，与成都知食社区营造促进中心一同整合社区丰富的历史文化资源、教育资源以及人才资源等，并通过系列活动培育社区自组织成员，最终让社区居民成为服务社区的志愿者。社会企业与社区志愿者队伍协同发力，广泛传播食育观念，不断满足辖区内不同主体的食育需求；同时，在开展活动中拓展企业发展资源，使企业自身发展需求得到了满足，实现社会企业与社区发展的互利共赢。

（二）激发企业社会责任，完善社企互动发展机制

党的十九届四中全会审议通过的《中共中央关于坚持和完善中国特色社会主义制度 推进国家治理体系和治理能力现代化若干重大问题的决定》明确提出，要建设人人有责、人人尽责、人人享有的社会治理共同体。[②] 在社会主义市场经济条件下，社会企业逐渐成为现代社会治理体系的重要组成部分。践行企业社会责任意味着它们要以协助解决社会问题、改善社会治理、服务困难和特殊群体或社区利益为宗旨，以创新商业模式、市场化运作模式为主要手段，将运营所得的盈利部分投入自身业务、所在社区或公益事业，从而实现社会持续稳定的目标。在推进社区发展、增强社区自我造血功能的过程中，社会企业可以通过产权制度创新、企业文化建设等多种方式，充分发挥

---

① 杨莉. 以需求把居民带回来：促进居民参与社区治理的路径探析［J］. 社会科学战线，2018（9）：195－201.
② 中共中央关于坚持和完善中国特色社会主义制度 推进国家治理体系和治理能力现代化若干重大问题的决定［EB/OL］.（2019－11－05）［2023－10－07］. https://www.gov.cn/zhengce/2019－11/05/content_5449023.htm.

它们以社会责任为使命的天然优势,遵循按劳分配、管理自治、民主决策等原则,以技术赋能、市场赋能、公益赋能等方式,创造经济价值与社会价值,促进社区可持续发展。金牛区九里堤街道九里堤北路社区通过引进实力雄厚的大型社会企业,发挥它们在培育食育观念与营造良好社区环境方面的优势,运用专业成熟的商业运营机制,与社区社会组织运行机制形成良性互动,聚焦社区居民的刚需,在社区内开展食育文化活动,建立社会慈善资源联动机制,实现社区内部全部资源的可持续利用。随着企业市场化运作机制与社区治理体系的融合发展,社区工作者、社区社会组织、社区商家、社区志愿者等主体联动,共同为社区可持续发展贡献力量。

(三)联结多种主体力量,谋求社企多元价值共创

在社会企业与社区融合发展初期,为了有效应对社区环境、适应经济发展水平以及提升企业自身能力,社会企业需要寻求同社区商家、社区协会、社区志愿者等各利益相关主体开展合作的机会,以创造价值,谋求发展。社会企业与其他主体合作的前提是需求与服务相匹配,其中,基础是主体契合,核心是资源整合,效果是实现价值共创。根据社会企业兼具公益性和经济性的特点,社企多元价值共创过程主要分为价值共识、价值共生、价值共享、价值共赢4个阶段。在这个过程中,社会企业作为价值共创的主导型主体,应该要加大与社区、社会组织、社区商家、社区居民等参与型主体的合作力度,同时推动共创主体间实现资源的有效协调和优化配置,进而为价值共创提供制度保障,实现主体间的利益共享和风险共担。[①] 九里堤北路社区通过引进辖区社会企业,依托全国首家社区食育中心,撬动多方资源进入社区,联合社区、学校、自组织、居民、社区商家等主体力量,建立可持续、零废弃的健康社区食育联盟,因地制宜地构建由内而外的社区食育生态产业链,最终探索出了绿色健康可持续的社区经济互助模式。在这一过程中,社会企业与各主体通过频繁交流互动而建立信任,构筑联结。随着协同合作程度的深入,他们之间交往频率增多,互动层次提高,联结的数量逐渐增加,联结的紧密程度也随之增强,这不仅有效促进社区团结,还能以社会企业带动社区

---

① 田雪莹,黄旭,张欢. 社会企业价值共创的特征和过程机制:基于携职旅社的案例研究[J]. 管理案例研究与评论,2022,15(4):387-401.

经济发展。

(四) 创新社企合作模式,培育社区资源整合载体

社会企业与社区关系的互动以资源融合为主要方式,不仅包括社区内部资源的整合与开发,还包括社会企业介入社区带来的社会资源。创新社企合作模式意味着要利用广泛的社会资源和社会资本,有效盘活、用好社区空间资源、人力资源等,为社会企业有效参与社区建设提供平台和机会。狭义的社区资源是指一个具体社区能够掌握、支配和动员的现实资源。广义的社区资源则是社区赖以存在和发展的一切资源,它既包括街居自有资源,也包括社区单位资源;既包括服务设施资源,也包括人力、科技和信息资源;既包括现有资源,也包括潜在资源;既包括非经营性资源,也包括经营性资源。[①] 社区资源种类多样且分布零散,仅仅依靠政府、社区"两委"、社区社会组织等主体难以实现各种资源的有效整合。因此,引入社会企业力量,发挥市场机制在整合、开发社区内的物质、人才、文化教育资源等方面的作用,提高资源利用效率,是适应社区建设要求的必要举措。社区可以将自身作为资源集成枢纽,通过引进和链接社会组织、社会企业,专门应对社区中的不同议题,同时将专业性事务还权于社会主体,让社会组织与社会企业通过项目赋能与资源链接,破解社区资源和人力匮乏的局面。九里堤北路社区正是通过开展系列培训活动发动居民群众结成志愿者队伍,以网络平台为媒介招募食育教育基地认种成员,并联合社区商家组建商家联盟,建立消费合作社,有针对性地整合利用社区人力资源与公共空间,引导社会企业探索资金注入与社区企业扶持联动机制,搭建社会资源进入、参与社区事务平台,营造社企共建共治共融的合作氛围。

---

① 李立纲,谷禾. 城市居民社区资源共享研究 [J]. 云南社会科学,2001 (5):13 – 17 + 21.

第四节　阵地牵引，
深化五社联动实践

一、构建基层治理共同体背景下的"五社联动"机制创新

党的十九大报告提出"打造共建共治共享的社会治理格局"，强调要"加强社区治理体系建设，推动社会治理重心向基层下移，发挥社会组织作用，实现政府治理和社会调节、居民自治良性互动"[①]。这一治理理念的转变为新时代基层治理指明了方向，对于构筑多元化、合作互动的治理网络提出了要求。2021年7月11日，中共中央、国务院印发的《关于加强基层治理体系和治理能力现代化建设的意见》进一步提出"坚持共建共治共享，建设人人有责、人人尽责、人人享有的基层治理共同体"，并明确要求"完善社会力量参与基层治理激励政策，创新社区与社会组织、社会工作者、社区志愿者、社会慈善资源的联动机制"[②]。实践证明，以社区为基层社会治理的基本单元，充分培育发展社会组织，发挥社会工作人才队伍的专业化作用，能够有效破解基层治理难题和补齐公共服务短板，而社区志愿者和社会慈善资源两股力量的融入，最终形成了推进基层治理现代化建设的整体合力。在新冠疫情防控期间，我国社区治理面临巨大挑战，而这种由单一主体向多方主体转变、主体要素与资源要素相结合的"五社联动"治理路径，成为创新基层社会治理的重要方向。在新形势下，充分调动并有效发挥这些主体及资源的作用，以社区为服务主阵地，联动群团组织、社会组织、社会工作者、社区志愿者和社会慈善资源等社会力量，引导市场力量，更好发挥政府作用，构建多方

---

① 习近平在中国共产党第十九次全国代表大会上的报告［EB/OL］. （2017-10-18）［2023-10-07］. https://china.huanqiu.com/article/9CaKrnKljBv.

② 中共中央 国务院关于加强基层治理体系和治理能力现代化建设的意见［EB/OL］. （2021-07-11）［2023-10-07］. http://www.gov.cn/zhengce/2021-07/11/content_5624201.htm.

参与格局,能够有效提升社区公共服务水平、化解基层社会矛盾,助力构建基层社会治理共同体,并最终实现基层社会的"善治"。

所谓"五社联动",主要是指通过联动社区、社会组织、社会工作者、社区志愿者、社会慈善资源,以提升基层治理能力、建设"共建共治共享"的社会治理共同体为目标,坚持党建引领,社区居委会(村委会)发挥组织作用,构建以社区为平台、以社会组织为载体、以社会工作者为支撑、以社区志愿者为辅助、以社会慈善资源为补充的现代基层治理行动框架。从当前我国发展实际来看,"五社联动"作为一种广泛联动社会力量参与基层治理的社区治理机制,已经在全国许多地区初显成效。各地以社区已有的优势资源要素为突破口,针对社区面临的问题和主要工作任务,探索出了不同的"五社联动"实践路径。总体来说,社区社会组织要素发展较为充分,但由于社区公益起步较晚、制度支持乏力、多方主体参与度和合作度较低,社会慈善资源的发展仍然存在短板。因此,各地还需要进一步打通渠道,盘活社区内部资源,引入更多的专业人才和社会组织提供有温度的公益服务和具有整体性的社区治理方案,同时充分挖掘和培育社区志愿者和社会慈善资源,不断融合"五社联动"的多元参与机制,最终提升社区服务和社会组织服务效能。

近年来,四川省成都市金牛区以良好的社区治理实践为基础,坚持"做强基层、完善配套、创新机制、优质服务"工作思路,积极落实《中共成都市委成都市人民政府关于实施幸福美好生活十大工程的意见》,针对社区发展缺乏活力、社区服务滞后等突出问题,通过探索"五社联动"机制创新,积极整合社区资源,培育发展社区专业人才队伍,发动社会力量参与公益慈善,不仅注重对"五社"要素的开发、培育和发展,更注重探索它们联结的方式方法,实现社区和居民的良性互动。其中,金牛区驷马桥街道为应对街道层面缺乏机制联动、社区开展项目"同质化"、社会组织参与公共事务意识不足、社会工作服务专业优势不明显、社区居民参与度较低等问题,实施"1+6+N"目标计划、"红色摇篮牵手计划",发挥社会工作的专业性,联动志愿服务,整合公益慈善资源,促进传统社区工作与专业社区社会工作融合服务,形成了"社会工作+志愿服务+公益慈善"联动发展的氛围,不断加强基层民生服务力量,提升民生服务水平,增强居民群众的幸福感、获得感,打造了人人参与、人人尽力、人人共享的新治理格局。

二、驷马桥街道"五社联动"机制的探索路径

金牛区驷马桥街道从 2021 年 6 月开始实施"五社联动"机制创新试点项目，依托街道"三级"社会组织支持平台，以及社区现有的空间资源和人力资源，实施"1+6+N"目标计划（1 个社会工作服务站、6 项牵手计划、N 个院落治理平台），建立街道级社工站作为"五社联动"的主阵地，发挥社工站在发展社会工作领域的"服务+培训"等多种功能，以"社区治理共同体"为理念，培育发展专业社会工作人才、创新"社区合伙人"机制、引进专家智库队伍和企业商家助力社区治理，从而撬动更多社会力量和社会资源，拓宽"五社联动"的发展路径，增强社区发展活力和积极性，提升社区治理效能。

（一）建立社会工作服务阵地，为"五社联动"搭建枢纽平台

金牛区驷马桥街道按照社工服务站建设标准，创建社工站示范基地，依托红花社区残疾人就业基地，在红花社区成立了驷马桥街道社工站，将其作为服务"五社联动"机制的主阵地，为创新社会工作服务搭建平台、链接资源、培育人才形成具有"服务+培训"多功能的社会工作服务阵地。该社工站由金牛区民政局、成都市金牛区慈善会和金牛区驷马桥街道办事处主办，由四川尚明公益发展研究中心和成都市郫都区崇宁社会工作服务中心承办，由驷马桥街道民生办负责牵头运营，作为中级社工的社会组织负责人具体管理。截至 2021 年 7 月，驷马桥街道全覆盖建立了 1 个社工站和 6 个社工室，全域化、精准化、专业化为辖区老人、儿童、残障人等特殊困难群体提供服务，并申请到 20 万元项目资金用于社工站日常运营及服务活动开展，同时为社工站匹配一名社工督导。另外，6 个社工室中有 3 个社工室匹配了共计 15 万元的运营管理费用，其余 3 个社工室也依托现有资源、资金开展助老、帮困、未成年人保护等活动。为丰富社工站智慧场景，省级项目组提供了电视、设备架以及氛围营造支持等。为更好地帮助到辖区困难人群，社工站协调成都银行、《成都商报》、金牛区就业服务管理局以及 20 余家企业的慈善资源，为辖区的居民持续地提供就业服务、金融知识讲座、个案帮扶服务、送温暖等。自街道社工站和社工室成立以来，累计已开展社区活动 361 次，关爱"一老一小"2811 人次，提供各类服务活动 14440 次，救助

服务153人次。

（二）创新社区人才激励机制，为"五社联动"提供智力支撑

由于驷马桥街道6个社区中就有5位新晋社区支部书记、主任或主任助手，社区"两委"班子成员工作经验不足，在面对各类示范创建、百佳创建等新任务新挑战时，无法充分调动社会资源和社会力量。同时，社区内专业社会工作者和持证社会工作者人数较少，专业力量支撑不够，后备力量不足。针对社区人才资源匮乏的现实问题，驷马桥街道以构建"社区治理共同体"为理念，以街道社工服务站为"人才摇篮"阵地，以居民的问题和需求为出发点，通过"阶梯式"赋能支持，积极探索创新"社区合伙人"模式，引智聚力，打造了一支数量充足、素质优良、结构合理的科学化、本土化、专业化的人才队伍，鼓励更多的企事业单位、社会组织、居民骨干发挥优势所长，参与社区治理。"社区合伙人"主要包括"公益合伙人""居民合伙人"和"商业合伙人"三大类别，由街道社工站在全社会范围内公开招募，并主动为它们提供党建支持服务、政务直通服务、沟通联系服务、平台搭建服务、品牌塑造服务等，通过参访学习、座谈交流、沙龙工作坊、工作指导等形式，联动社区志愿者群体开展志愿服务活动，提升"社区合伙人"参与社区治理的能力和水平。同时，建立包括街道级社区治理智库专家、社区规划师、社区"掌门人"人才队伍、院落级社区美育师、幸福小观察员等在内的"五类三级"人才支持网络队伍，形成各类公益型、服务型、互助型等多元化社区人才、院落人才队伍，建立人才激励机制，激发他们的参与积极性，发挥多方主体智力支持作用。

（三）引进商家聚合慈善资源，为"五社联动"打通链接路径

在驷马桥街道"三级"社会组织支持平台的帮助下，30余家社会组织已扎根社区开展社区营造、社会工作服务、社区治理等活动。但由于街道层面整体在机制联动、品牌创建、资源融合等方面存在短板，社会组织和专业社工未能有效动员和挖掘社区资源，撬动和聚合外部慈善资源，打通与社区共同体的链接路径，导致社区开展的服务项目"同质化"，难以满足居民的多元化、精细化服务需求。因此，驷马桥街道以民生服务项目为抓手，重点围绕突发公共事件、困难人群帮扶、商居、校社联盟互联互动、慈善友好环境营

造等服务，引导企业商家深度参与公益慈善活动，创新公益模式，发展社区基金，建立激励参与机制，创造公益慈善参与共享价值。在此基础上，驷马桥街道形成了"社会工作+社区志愿者+社会慈善资源"的联动模式，并通过开展"校企社"联动、邻里互助交流活动，打造"公益格子铺""微小匠""曹家象"等慈善品牌，加强社区慈善文化培育，以"公益+市场"形式，更好地满足群众需求，扩大慈善资源"朋友圈"，让院落（小区）邻里更加和谐幸福。2022年4月，驷马桥街道社工站联合武侯区天亿社区综合服务中心、共建单位成都市解放北路第一小学、成都亿星辰信息技术服务有限公司、成都云濛广告设计有限公司，共同实施了"'五社联动'资源地图商居联盟共建计划"微项目，以孩子们的视角展现驷马桥街道社区治理绩效，探索商居联盟联动多方主体共建共治共享格局。

（四）推进社区民生服务项目，促"五社联动"成果落地见效

驷马桥街道以回应社区需求、提高社区服务供给能力和水平为目标，大力推进社区民生服务项目。在此过程中，服务项目负责人、社区"两委"、社工或社区志愿者会在自己的社会网络中发布信息，延伸寻找、挖掘、链接社会慈善资源，从而满足居民群众多样化需求。因此，"五社"要素可以依托社区服务项目的运作实现全过程联动，形成合力并促进项目落地见效。驷马桥街道从各社区实际和居民需求出发，以社区居民身边的"小急难"问题为切入口，依托社区社工站（室），发挥社会工作专业人才优势，实施民生微项目。驷马桥街道重点围绕群众自治、民主协商、扶贫帮困、助残济病、未成年人保护、老年人关爱等方面，引导建立党建引领"社工+社区社会组织"的基层为民志愿者服务队伍，推动形成空巢独居老人、残疾人等困难人群互助组织，发动社会慈善力量，解决看护照料、精神关爱、权益维护等问题，提升服务对象的获得感、幸福感。在推进院落治理过程中，通过"以奖代补"的形式，驷马桥街道支持6个社区健全院落二级党支部、院落自治队伍，在10余名专业社工带领下，整合社会资源，探索民主协商实践路径，建立院落治理机制，推动院落自治发展。结合共建单位的优势资源和社区发展需要，驷马桥街道还形成了共享项目清单，其中"浪漫治理"共享项目依托社区美空间，探索青年人参与社区治理的实践路径。

三、驷马桥街道"五社联动"机制的功能效应

多方协同是由"管理"走向"治理"的重要形式，体现了一定的历史趋势和发展规律。"五社联动"作为具有中国特色的社区治理创新之举，充分调动了社区层面多方主体的积极性，激活了社会慈善力量与社区志愿者的内生动力，有效实现了优势互补，给社区居民带来了不同于以往的体验。在探索"五社联动"机制创新过程中，金牛区驷马桥街道通过实施"1+6+N"目标计划、"红色摇篮计划"、创新"社区合伙人"激励机制、引入专家智库等多种方式，培育发展社区治理人才，增强了社会治理参与主体的能力与活力，拓展了社会治理参与主体的范围与参与深度，提高了治理的精准化程度。在充分发展"五社"要素的基础上，金牛区拓宽"五社联动"路径与激发"五社联动"活力，促进社会工作服务基本民生和社区治理。

（一）撬动多方主体力量，完善了公益慈善循环机制

驷马桥街道依托街道级社工站主阵地的优势，以搭建服务平台、链接服务资源为主要方式，建立街道、社区、院落"三级"专业社会工作人才队伍。驷马桥街道创新"社区合伙人"激励机制，吸引社会慈善资源的融入，提升社会组织专业能力。通过实施街道级智力支持计划，驷马桥街道建立了街道社区治理专家队伍，保障"一社区一牵手专家"，共同助力社区治理提质增效，并由此得以撬动多方主体力量，能够为"五社"联动提供强大的人才支撑，实现机制联动、品牌创建、资源融合。在推动基层治理体系和治理能力现代化建设过程中，驷马桥街道党工委坚持党建引领，联动社区、社会组织、社工、社区志愿者、社会慈善资源，聚焦居民群众急难愁盼，推动纵向权威管理向多方主体协同合作转变，以协商议事平台、公益慈善价值理念、社区合伙人模式连接党组织、社会组织、社区自组织、社区居委会等多方主体，进而形成多方主体友好互动的横向联动网络、纵向协作网络。自街道"五社联动"机制创新试点项目实施以来，有近百家企事业单位参与，孵化培育社区志愿者队伍50余支，社会慈善资源更加多元化，社区志愿者更加年轻化、创新化、专业化，公益慈善循环机制正逐渐完善，推动了新时代社区治理创新发展。

（二）探索梯级培养模式，创新了社会工作人才培育机制

新冠疫情的暴发对建设韧性社区、补齐社区治理短板提出了新要求，社工的专业角色需要随着形势发展和服务需求的变化而不断拓展。习近平总书记在统筹推进新冠疫情防控和经济社会发展工作部署会议上强调，要发挥社会工作的专业优势，支持广大社工、义工和志愿者开展心理疏导、情绪支持、保障支持等服务。① 驷马桥街道重视社工人才队伍的发展壮大与规范管理，以街道党群服务中心为平台，嵌入"社工院校"，开辟"服务超市"，形成了"服务+培训"的多功能服务场景，建设了具有新发展理念的社会工作服务示范阵地。同时，驷马桥街道依托街道、社区、院落阵地，"分层+分类"研发社会工作专业知识课程，链接专家、师资力量，助力社会工作人才、志愿人才队伍成长。通过"理论+项目实践"，街道开发了10个社会工作示范服务项目，推动社会组织、志愿服务、公益慈善联动发展，最终形成了"三级院校"嵌入社会工作服务模式。街道通过实施"红色摇篮计划"，逐步完善社会工作者培训、引进、使用、评价及激励机制，形成了一套"阵地+基地+行动""五社联动"示范创新机制样本，以培育发展社会工作人才为纽带，实现了社区、社会组织、志愿服务、社会慈善资源的联动。这不仅成功培育了一批数量充足、素质优良、结构合理的科学化、本土化、专业化的社会工作人才队伍，还通过将他们引入专业社会组织，在示范培训、项目活动中加强能力建设，发挥了社会工作者服务社区治理的专业优势和骨干作用。

（三）整合成立社区基金，拓宽了社区发展集资路径

"五社联动"的社会治理行动框架，反映了社会文明的发展和社会治理理念的转变。通过社区与社工关系的演变、社工与志愿者的合作以及跨层次和跨界链接公益慈善的能力建设，与"三社联动"社会工作模式相比，"五社联动"包含的行动主体更多，同时纳入了独立的资源要素，运作的基础更广，

---

① 习近平出席统筹推进新冠肺炎疫情防控和经济社会发展工作部署会议并发表重要的讲话［EB/OL］.（2020-02-23）［2023-10-07］. https://www.gov.cn/xinwen/2020-02/23/content_5482453.htm.

因而联动更广、格局更大、站位更高。在实施"五社联动"机制创新项目过程中，驷马桥街道改变单一的"输血式"资源供给模式，大力发展社区基金，为社区发展注入新的动力。街道成功链接湖北金丰文化科技有限公司企业资源，与其建立了战略合作伙伴关系，利用企业首批注入的 20 万元捐赠资金成立了"平安驷马桥基金"，定向为驷马桥街道的疫情防控等公共安全应急能力提升和发展建设助力。街道还通过建立"幸福民生微项目"资金池，解决了社区治理中资金短缺、主体不足、参与不够等难题。在驷马桥街道的大力支持下，2021 年首批推出的 8 个幸福民生微项目清单撬动了社会资金 4 万元，全部用于开展新冠疫情防控工作，解决了防疫工作中的实际困难，探索形成了可持续的"五社联动"应急防控机制。通过实施"五社联动"，驷马桥街道吸纳了社区志愿者和社区慈善资源力量，拓宽了社区集资路径，减轻了财政资金压力，增强了社区自身活力。

（四）引智聚力融入社区，提升了社区治理总体效能

精准回应多元需求、促进社区持续发展、更好服务社区居民是"五社联动"的出发点和落脚点。驷马桥街道针对院落小区环境治理、公共安全、邻里纠纷等各种突出矛盾问题，深化"五社联动"实践，通过赋能社区工作者队伍、实施"红色摇篮计划"提升专业社会工作能力，将社区居民的多元需求转化为各类治理项目，由社区社会组织承接实施，并发挥社会工作者、社区志愿者的特长和优势，更好服务社区广大居民。通过建立社区治理专家队伍，街道引入了更多社会力量参与驷马桥街道的社区治理，帮助绝大部分处于起步阶段的院落小区解决社区治理难题，促进社区和谐。项目实施期间，10 余名高校专家、实务专家加入驷马桥街道专家支持信息库，助力驷马桥街道社区治理提质增效。在专家的支持下，曹家巷社区获得国家充分就业示范社区，马鞍社区获得成都市老年友好型示范社区，红花社区获得百佳示范社区，工人村星辉中路 6 号院获得百佳示范小区，高笋塘社区和树蓓街社区也正在积极探索社区发展方向。同时，专家们还广泛宣传驷马桥街道的实践案例，如通过"蓉益说"市级直播平台，传播高笋塘社区"五社联动"疫情防控案例，通过全国社会工作培训会，介绍红花社区的残疾人帮扶案例经验等。

四、驷马桥街道"五社联动"机制的经验启示

"五社联动"的最终目标是进一步优化社区治理结构，完善社区治理体系，提升社区服务水平。该机制聚集了基层政府、社区、社会组织、驻区单位、企业、社会工作者、志愿者、社区居民等多方力量，整合了社区内的政治、经济、社会、文化、人力等多种资源，夯实了基层治理的基石。结合四川省第二批城乡社区治理试点工作任务，驷马桥街道实施党建引领"五社联动"行动机制，依托街道社工站建立社会工作服务主阵地，制订街道、社区、院落"三梯队"人才培养支持计划。街道搭建专家服务支持平台，链接专家、师资力量，助力社区工作者、社会工作人才队伍成长。街道创新"社区合伙人"激励模式，探索"驷马特色"基层治理新模式，开启党组织全覆盖、专业力量全支撑、社会力量全助力的新局面。

（一）坚持党政领导社区统筹，在运作方式上实现联动

"五社联动"及其机制建设的有效推进离不开地方党委和政府的引领与保障。特别是基层党组织在"五社"要素联动过程中具有独特的政治优势、强大的组织动员能力和快速行动能力，是领导基层治理创新的坚强战斗堡垒。在"五社联动"及其机制建设的推进过程中，基层党组织发挥政治引领、总揽全局、协调各方的关键作用，确保社区能够充分统筹辖区资源，引导社会组织、社会工作者、社区志愿者和居民广泛参与社区服务。因此，在实际工作中，驷马桥街道要发挥社区党组织的领导作用及其对其他治理主体的引导与推动作用，使其汇聚到基层社区，形成"社区党组织领导、社会工作者参与、社会慈善资源资助、社会组织支持、社区志愿者助力"的主体结构，协同推进"五社联动"的落地实施。街道通过不断强化"五社联动"的联动力度，促进形成互联互动互促、优势共享互补的良好局面。驷马桥街道坚持健全完善"街道党工委—社区党组织—小区（院落）党支部—楼栋（党小组）"的联动组织体系，以社区治理支持平台为专业支撑，由街道党工委书记亲自挂帅，成立领导小组，发挥"红色绣花针"作用，整合社区、科室部门等多线资源，聚力专家智库，联合专业社会组织，以人民群众对美好幸福生活的向往为出发点，以协商议事为平台，以"五社联动"机制助力社区治理创新，破解院落（小区）治理、困难群体关爱等基层治理难题。

（二）整合社区服务阵地功能，在工作平台上实现联动

社区是国家治理的基本单元，是党和政府服务居民群众的神经末梢，是持续创新社会治理的基础平台。充分发挥社区在"五社联动"中的基础性平台作用，就是要鼓励和支持社区党组织和社区居委会科学引领社会组织、社会工作人才和社区志愿者发挥各自优势，强化社工站的"枢纽"平台功能，充分利用好社会慈善资源，积极参与社区治理与服务创新，以实现多方主体间的互联互补互促、共建共享共荣的格局。[①] 社区还要利用现有社区公共设施，整合各类社区专项服务设施，建立和完善覆盖全体居民、功能完善、便民利民的社区服务平台。驷马桥街道通过发挥社会工作服务站（室）等社区综合服务设施的作用，拓展了社会组织孵化职能，强化了社会工作服务功能。街道借助这一平台定期交流社区服务项目、社会组织建设、社工队伍建设等相关信息，邀请社会工作方面的专家学者、社区社会组织负责人、社会工作者、社区居民"领袖"或组织负责人，进行深入的信息交换，主动对接群众需求，进一步织密、织牢民生保障网。驷马桥街道正是以"城乡社区治理示范工程"创建为契机，依托社区党群服务中心、残疾人就业基地等空间场地，按照社工服务站建设标准搭建服务平台，链接服务资源，以社工服务站为"人才摇篮"基地，实施社区人才培养计划，以居民需求为导向、创新服务为动力、示范试点为引领，充分发挥社会工作的功能优势，打造形成机制健全、服务规范、群众满意的街道级基层示范社会工作服务站，促进社区治理提质升级。

（三）坚持外引内培赋能社区，在队伍建设上实现联动

社区治理和服务工作内容复杂、范围广泛，随着城镇化进程的加快，城镇居民小区数量激增，且小区的规模越来越大、人口越来越多，仅凭社区现有的工作人员数量和能力水平，很难为社区居民提供优质高效的服务。因此，社区治理除了要加强社区工作者队伍建设，还需要从社区内外部挖掘行业优秀人才，通过实施人才激励机制，完善人才服务保障体系，努力建设一支高

---

① 原珂，赵建玲. "五社联动"助力基层社会治理共同体建设[J]. 河南社会科学，2022，3（4）：75-82.

素质、职业化、充满生机活力的社区治理人才队伍，促进多方主体在"五社联动"行动框架下参与社区治理。2021年12月27日，国务院办公厅印发了《〈"十四五"城乡社区服务体系建设规划〉的通知》，指出要"组织实施社区人才队伍建设行动""加快培育发展社区社会工作专业人才、社区志愿者，加强社会组织人才建设"①。这要求我们在加强社区治理人才队伍建设过程中，要充分发挥社会工作专业人才、社区志愿者、社会组织等群体的优势，在队伍建设上实现联动。驷马桥街道立足社会发展需要，针对社区人才队伍数量匮乏、内生动力不足的问题，坚持党建引领，以培养"红色队伍"、发展社会工作队伍、加强和创新社会治理为基准，持续推动基层治理体系和治理能力现代化建设。通过建设"红色摇篮"人才队伍培育阵地，组建街道级智库专家支持队伍，建立街道级社区规划师队伍，搭建"社区掌门人"学习交流平台，创建社会工作人才储备激励机制，大力建立社区美育师队伍，实施院落二级党支部、自治组织、自组织提能计划等"三梯队"人才队伍培育与发展，街道优化了社区人才队伍的结构，提升了多方主体参与社区治理效能。

（四）广泛引入社会慈善资源，在公共服务上实现联动

《"十四五"公共服务规划》提出要"鼓励企事业单位提供公益慈善服务"②。在社区公共服务供给领域，企事业单位能够发挥其吸引社会资源的优势，根据自身的特点开展助老、帮困、助残、优抚、环保等多元化领域的公益慈善活动，从而与社区社会组织、社会工作者、社区志愿者形成良好的互动，提升公共服务供给的质量和效率。社区治理要打通企业与公益的双向合作之路，让有做公益意愿的企业能够有机会献爱心，能让公益活动获得更有力的支持，助力"五社联动"机制的落地运行。驷马桥街道依托党群服务中心、社工站（室）的阵地功能，以服务项目为抓手，联合辖区单位商家开展慈善活动，发展慈善基金，建立"公益联盟"，大力培育社区志愿者。街道通过"社会工作+社区志愿者+社会慈善资源"联动模式，创新提出"送你一

---

① 国务院办公厅关于印发"十四五"城乡社区服务体系建设规划的通知［EB/OL］.(2022-01-21)［2023-10-07］. https://www.gov.cn/zhengce/zhengceku/2022-01/21/content_5669663.htm.

② 关于印发《〈"十四五"公共服务规划〉的通知》［EB/OL］.(2022-01-10)［2023-10-07］. https://www.gov.cn/zhengce/zhengceku/2022-01/10/content_5667482.htm.

朵小红花"慈善积分激励机制，增设便民智慧服务平台，全域化、精准化、专业化地为居民提供社会工作专业服务，提升便民惠民服务品质。这一实践启发我们要充分引入社会慈善资源，通过"五社联动"优化集成，将"五社联动+"模式嵌入现有的民生保障工作，立足社区居民需求，把项目购买与志愿奉献相结合，推动社区基本公共服务的精准化、精细化，大力提升社区公共服务的质量和水平，更好地满足居民群众日益增长的美好生活需要。

第五章 建圈强链：
融通城市社区的服务机制

推进国家治理体系和治理能力现代化必然要求增强基层治理能力，社区是国家治理的基层单元和神经末梢，社区治理成效直接影响到国家治理的整体成效。城市社区治理是国家治理体系和治理能力现代化建设的重要环节，是提升社区治理温度、提高社区服务水平的重要场域。"十四五"期间，金牛区以提升城市社区服务温度为目标，着力推动生产型服务业专业化和价值链高端延伸、生活性服务业高品质和多样化升级，全面打响了成都的社区服务品牌。为了增强城市社区服务优势，金牛区精心塑造了"耍在金牛、食在金牛、美在金牛、赏在金牛、养在金牛"五张名片，坚持尽力而为、量力而行，深入群众、了解群众、融入群众，采取更多有效措施提升服务温度。以满足人民美好生活需要为主题，金牛区在社区志愿服务、普惠性社区养老机构建设、未成年人保护机制、居民社区教育等方面多角度发力，融通城市社区的服务机制，形成了社区志愿服务实践圈、社区养老服务生态圈、未成年人保护关爱圈、睦邻同心学习圈，为社区居民建立起"远亲不如近邻"的精神家园，强化了社区治理共同体意识，为推动基层治理体系与治理能力现代化提供了现实基础。

第一节　搭建阵地平台，完善社区志愿服务实践圈

在利益诉求多元化的时代，任何一个组织或部门都难以单独提供公共产品和公共服务。社区志愿服务作为提升基层治理效能的关键，是整合社会公共资源、提升公共服务质量的重要方式。伴随志愿活动在我国的发展逐步走向成熟，更广泛的公共资源和公益群体加入志愿服务的"潮流"，这使得志愿活动从发起、进行到发挥作用、项目延续都更为复杂，呈现出多元运作逻辑。① 2018 年以来，以习近平同志为核心的党中央作出了建设新时代文明实践中心的重要战略部署，以区（县）—街道（镇）—社区（村）三级为单元，整合现有基层公共服务阵地资源，通过志愿服务的形式培育主流价值、活跃文化生活。从此，我国社区志愿服务体系在基层实现了跨越式发展，许多社区（村）实现了社区志愿服务队伍从无到有的关键突破。金牛区为深入学习贯彻习近平总书记对四川及成都工作系列重要指示精神，将新时代文明实践中心建设与加强改进基层党建工作相结合，把社区志愿服务作为打通组织群众、宣传群众、凝聚群众、教育群众、关心群众、服务群众的"最后一公里"，精准对接群众需求，探索出一条以志愿服务推动社区服务高质量发展的道路。

一、金牛区社区志愿服务的发展背景

自 20 世纪 80 年代以来，人们越来越认识到政府与社会组织在解决社会治理问题方面的局限性。除政府部门与非营利部门外，一个良性运行的社会

---

① 罗婧，虞鑫. 志愿行为中的资源动员机制：政策、媒体与社会：以大学生支教志愿活动为例［J］. 中国青年研究，2016（7）：50-57.

还需要有志愿者与志愿服务发挥"润滑剂"的作用。① 根据已有文献，天津市和平区在20世纪80年代末期首创社区志愿服务组织与志愿者服务，无偿为孤寡老人、特殊困难户等困难群体提供服务。随后，社区志愿者组织与志愿服务的形式很快在全国范围内得到了推广。之后，社区志愿服务经历了从民间到官方、官方到民间以及官民双向互动的发展阶段。经过数十年的发展，我国社区志愿服务在志愿者规模、志愿者组织数量、志愿服务对社会发展的贡献度等方面都取得了较大的进步，通过加强社区志愿服解决各类社会问题的模式得到了社会广泛认可。

进入新时代，我国相继出台了各项方针与政策，鼓励、支持并引导各地主动提供公共服务，为社区发展贡献服务力量。2018年8月，中共中央办公厅印发《关于建设新时代文明实践中心试点工作的指导意见》，在12个省（市）的50个县（市、区）部署开展试点工作。2019年，我国将新时代文明实践服务试点县（市、区）覆盖到全国31个省（自治区、直辖市）和新疆生产建设兵团，数量由50个扩大到500个。② 同年10月，中央文明委印发《关于深化拓展新时代文明实践中心建设试点工作的实施方案》。新时代文明实践中心建设从"举旗帜、聚民心、育新人、兴文化、展形象"的阶段进入"深化拓展、提质增效"的新阶段。

为加强城市社区志愿服务工作和精神文明建设，金牛区以新时代文明实践中心建设为载体，在工作中聚焦城市社区，充分发挥基层政权组织、自治组织、社会组织、群团组织等的社会协同能力，以党建为引领，建立起"区（县）—街道（乡镇）—社区（村）"三级阵地体系，进一步巩固了社区志愿服务的基础阵地建设。从试点情况来看，新时代文明实践中心在化解邻里社区矛盾、满足群众基本公共服务需求、提供及时可靠的社区志愿服务以及应对突发公共事件等方面发挥了十分重要的作用。另外，从服务效果来看，金牛区以文明的力量推动社区志愿服务发展，增强基层治理能力，能够推动社区志愿服务创新性发展，满足基本性公共服务，更好地发挥中国特色社会主义的制度优势。在我国开启全面建设社会主义现代化国家新征程以及迈向第二个百年奋斗目标的重要历史节点上，金牛区以新时代文明实践中心为枢纽，

---

① 邓国胜. 中国志愿服务发展的模式 [J]. 社会科学研究，2002 (2)：108 – 110.
② 张明海. 论新时代文明实践中心的功能及其拓展 [J]. 理论视野，2021 (12)：46 – 52.

倡导全民参与文明实践与社区志愿服务供给，这既体现了我们党对社会主义现代化建设的战略认知，也标志着成都市的城市社区治理能力与水平迈上新台阶。

二、金牛区社区志愿服务的实践样态

自试点工作开展以来，金牛区坚决贯彻落实中央、省、市部署要求，以高度的责任感和使命感扎实推进新时代文明实践中心建设。金牛区围绕"建机制、建阵地、建队伍、提升社区品质"的使命任务，整合多方资源、健全组织体系、聚焦群众需求、打造志愿服务品牌，促进新时代文明实践中心建设与社区志愿服务有机融合，扎实推动社区服务落地落实。

（一）整合利用资源，实现互联互通

习近平在十九届中央全面深化改革委员会第三次会议上强调，新时代文明实践中心要"着眼于凝聚群众、引导群众，以文化人、成风化俗"[①]。新时代文明实践中心活动的开展离不开社区志愿者的充分支持，发挥社区志愿组织和志愿者功能也离不开良好的平台与项目。二者相辅相成，互为条件。金牛区积极调动各方力量，整合各级各类资源，打造社区志愿服务平台，推动社区服务互联互通。

一是党建联动，搭建三级工作实践平台。金牛区在区级层面成立新时代文明实践中心，负责全区新时代文明实践工作的统筹协调和组织实施工作，指导街道、社区开展工作；在街道层面成立新时代文明实践所，发挥承上启下作用，设置专（兼）职工作人员，按照统一部署，推动社区新时代文明实践站常态化开展活动；在社区层面成立新时代文明实践站，安排相对固定的工作人员，结合社区群众实际需要，以群众喜闻乐见的形式开展活动。明确区、街道、社区三级党（工）委书记为第一责任人。

二是保障联动，整合六类公共服务平台。金牛区全面打通理论宣讲、教育服务、文化服务、科技科普、健身体育、社区便民六类公共服务平台，进一步盘活志愿服务资源、统筹资源使用场景，形成多层次、分众化、互动式

---

① 夏劲松. 新时代文明实践中心建设的探索与思考 [N]. 马鞍山日报，2019-12-30 (3).

综合性文明实践阵地。根据文明实践工作需要统一调配使用各类资源，涉及各类平台的机构、人员、设施等权属关系不变，统筹推进社区志愿服务设施标准化建设。

三是社会联动，建立主题文明实践基地。按照"中心+基地"的思路，推动文明实践阵地普及化，整合公共文化设施、爱国主义教育基地、党校（行政学院）、党群服务中心、妇女儿童中心、青少年活动中心、市民友善优雅大讲堂、主题公园广场、社区文体广场、文明院落、文明创建示范站（点）、文明校园等基层宣传文化阵地，选点建设主题实践基地。突出主题文明实践基地的"八有"① 标准，统筹开展理论宣讲、政策解读、文艺演出、教育培训、便民服务、文明倡导等组合式活动，实现"一个中心、一个主题、多种使用"，有效筑牢基层思想文化阵地。

（二）健全组织体系，壮大服务队伍

新时代文明实践中心要把壮大基层工作力量放在突出位置，不断扩充中心工作人员与社区志愿服务者。为夯实新时代文明实践中心建设的基本力量，金牛区坚持把志愿者作为服务社区居民的中坚力量，建立三级志愿服务体系，保障志愿服务工作常态化运行。

一是构建"1+2+N"志愿服务体系。联动全区各街道和各行业系统，组建金牛区新时代文明实践志愿服务总队，充分发挥志愿服务优势，统筹指导文明实践志愿服务工作，建立两级（街道、社区）志愿服务队伍。各街道负责组建本地文明实践志愿服务分队，街道党政主要负责同志担任分队长。各社区分别成立新时代文明实践志愿服务小分队，整合多支志愿服务力量。统筹全区各类志愿服务力量，培养壮大社区服务组织和志愿者队伍，包括党政机关、国有企事业单位，特别是宣传、教育、文体旅、卫健等部门以及党校（行政学院）、学校、医院等干部职工；社区文化人才、科技能人、科技特派员、律师、"五老"人员、退休文化工作者、先进人物、文艺志愿者、青年学生志愿者等，打造一批专业化程度高、常态化参与社区文明实践服务的志愿者力量。

---

① "八有"：有天府文化解读、有活动场地、有工作机构、有志愿队伍、有管理制度、有规范标识、有服务菜单、有成效评价。

二是强化对志愿服务的组织领导，夯实"党员+群众+社会"工作基础。金牛区以需求为导向规范志愿服务制度化流程，推行"群众点单，平台统单、制单、派单，志愿组织接单，群众评单"的"六单"工作方法，提高志愿服务精细化、专业化、常态化水平。通过有针对性地开展孵化培育，以品牌活动汇聚志愿服务力量、服务广大群众，重点打造群众急需、特色鲜明、高质量的志愿服务品牌项目。大力总结表彰优秀志愿服务品牌项目，深化"六个十佳"优秀志愿服务评选宣传，贯彻落实激励回馈制度，进一步完善保障措施，通过评优评先、积分管理、礼遇关爱等手段，增强志愿者的自豪感和荣誉感。

（三）聚焦群众需求，提升服务能力

从人口结构与社区资源的分配情况来看，社区妇女、儿童、老年人等群体和困难群众仍是社区志愿服务的重点对象。因此，新时代文明实践中心建设要把握时代性、现代性、本土性特征。从满足人民群众的需求出发，切实提高人民群众的获得感、幸福感是新时代文明实践中心建设的初心和使命。[①]对此，金牛区厘清治理主体，聚焦群众需求，提升服务能力，着力解决"为谁做、怎样做"等问题。

一是以多方参与推动融合发展。金牛区以群众需求为导向，统筹全区各类组织资源，调动各方面力量，创新开展"有趣、有用、有效"的文明实践活动。首先，机关干部带头培养壮大街道和社区两级志愿服务队，整合志愿服务力量；其次，联合金牛区欢行公益、公羊会、SOS儿童村、童心社会服务中心等900多家社会组织，动员社会各方力量开展文明实践和志愿服务活动；最后，以社区的志愿服务工作站、"微党校"、创新屋、社区书屋、文化长廊、社区食堂、康养中心等公共服务设施为载体，开展各类文明实践活动，让社区居民参与其中，提升居民的获得感、归属感和幸福感。

二是以部门整合优化供给方式。金牛区统筹整合组织、宣传、政法、综治等多部门力量，将新时代文明实践与基层党建、社区发展有机融合，充分发挥社区志愿服务优势。综合应用云计算、大数据、移动互联网和物联网等

---

① 宋昕松. 打造"小平台"发挥"大作用" 基层新时代文明实践中心的建设与完善[J]. 人民论坛，2020（36）：73-75.

新一代信息技术,发挥新媒体传播优势,打造集成信息发布、活动策划、资源共享、需求对接、数据采集、宣传报道等多种功能的新时代文明实践中心融媒体平台,探索建立"中心制单、群众点单、志愿领单、政府买单、社会评单、考核定单"的工作流程,实现社区居民需求与志愿服务供给有效对接。

(四)打造志愿品牌,创新服务方式

新时代文明实践中心开展社区服务活动要提升质量并且做出亮点,离不开专业的服务团队与服务项目。金牛区积极发挥志愿服务队伍作用,广泛开展志愿服务活动。一方面,志愿服务的广泛开展促使新时代文明实践站活动更加丰富多彩;另一方面,在开展服务活动的过程中,金牛区不断探索,创新工作方式方法,逐渐形成了一批志愿活动品牌。

一是聚焦特色资源,创新工作方法。新桥社区创新"七邻文化工作法",开展"邻里学"社教学习、"邻里帮"文明互助、"邻里情"文化交流、"邻里和"睦邻友好、"邻里安"守望家园、"邻里乐"风采展示、"邻里颂"创先争优等社区活动;茶店社区创新设立"楼栋大管家",将全部大管家纳入志愿者队伍,重大院落事项由"楼栋大管家"志愿者队伍召集居民共同研究,主动化解邻里纠纷矛盾,帮助辖区居民融入城市社区生活;花照社区创新打造"优+新场景",推出线上点单、线下体验式公益志愿服务,为对口帮扶的石渠县农特产品拓展销售市场,开办社区食堂提供平价餐食为老人解决"吃饭难"问题,引进藏羌绣文化服务队开办刺绣学习班,传播非遗文化。

二是树立亮点招牌,提升文化底蕴。花照社区结合实际打造三块金字招牌,即SOS儿童村教育志愿服务品牌、绿地巡逻队生态志愿服务品牌、非遗藏羌绣文化志愿服务品牌,三大品牌与驻区单位、居民骨干协同运营,在辖区范围开展儿童教育、游园认领管护项目、非遗藏羌绣文化宣传以及就业培训等工作。茶店社区开创全省首家艺术企业进驻社区新模式,引进茶店艺术中心、全国十佳俱乐部公羊会,借助艺术的力量以及民间公益组织,更好、更直接、更贴近地服务辖区居民,面向社区开展公共文化服务。茶店子街道围绕"百年老街——幸福茶店子"文化品牌实施特色街区打造。育苗路社区围绕"善法润心、育苗成才"开展"非遗文化"传承活动。奥林社区围绕"五环精神,活力奥林"开展体育竞技活动。锦城社区围绕"心心相印、美好锦城"开展服务大院大所活动。化成社区围绕"孝老爱亲、化民成俗"开展系列敬老孝老活动。

三、金牛区社区志愿服务的创新成效

金牛区坚持"全域统筹、点面结合、示范带动"的试点原则，不断夯实社区阵地，以传承弘扬天府文化为内涵，以志愿服务为基本形式，高质量、高水平推进新时代文明实践中心建设试点工作；采取集中与分散、固定与流动、网上与网下、专题与组合相结合的方式，推动社区文明实践活动常态化、服务精准化。

（一）治理互联互通，文明实践散发活力

金牛区把新时代文明实践的重心落在社区，围绕"五大社区"建设，将文明实践功能融入日常服务，打造易进入、可参与、能共享的实践阵地，推动社区治理互联互通，文明实践取得突出进步。

一是保障项目资金，开展文明实践活动。在新时代文明实践站保障金项目的支持下，茶店社区自组织自主参与，联合文明实践站和各志愿服务队开展了一系列人民群众喜闻乐见的社区活动。如"缅怀革命先烈，争当营门楷模"清明扫墓活动，"德治在肩，执着于心"道德讲堂，"法治宣讲进社区普法活动入我心"普法讲座，"笔尖上的社区——文明墙绘"活动，妙手匠心母亲节手工扎染亲子活动，争当环保小卫士、制作环保标识牌活动，科普防震减灾知识、梳理社区风险、进行灾害排险活动，晚霞社会养老中心应急科普宣传活动，"党员居民齐行动，共建宜居新环境"环境治理活动，营造老年人休闲场地活动，等等。

二是整合服务资源，提升社区服务品质。各社区对各级各类阵地进行整合，依托全区各部门的公共文化设施、爱国主义教育基地、党校、党群服务中心、主题公园广场、社区文体广场、文明院落等阵地资源，构筑"布局合理、群众便利、出户可及"的文明实践阵地网络，初步实现"群众聚集在哪里，文明实践就延伸覆盖到哪里"。其中，新桥社区整合成都当代影像馆、特想集团西南总部、萨尔加多全球艺术中心、PARK艺术交流中心、"林窑·雅烧"、熊猫驿站、府河摄影公园、党群服务中心（天府之家）设置影像艺术馆、心馨微党校议事会、睦邻图书角、社区剧场、静彩墨香馆、馨尚国艺馆、生命教育馆、四方匠艺馆、健康加油站、共享食光区域、社区警务室、外籍

人士服务站、社区篮球场等阵地，打造融思想引领、道德传承、七邻文化等集理论宣讲、教育培训、文化卫生、科技科普、健身体育、社区治理功能于一体的新时代文明实践综合服务平台，进一步提升文明实践的生机活力。

（二）志愿参与积极，服务项目纵深发展

金牛区认真贯彻落实习近平总书记对新时代文明实践中心建设工作的重要指示精神，全力推动文明实践活动与群众需求、金牛文化、媒体宣传深度融合，持续推进社区精神文明建设向纵深发展。

一是挑选骨干力量，培养了一批志愿服务队伍。新桥社区精心挑选具有专业文化、专业技能、专业特长的骨干志愿者力量，在社区成立文明实践志愿服务总队，在各站点成立文明实践志愿服务分队，打造"党员""居民健康""学雷锋""文明劝导""环保""雏鹰"和"青年"七大志愿服务队伍，围绕"宣传群众、教育群众、关心群众、服务群众"四大主题，贴近群众所想、所需、所盼、所急，精心策划志愿服务活动，做到群众需要什么就实践什么，群众需求在哪里志愿服务就在哪里。

二是开展服务活动，实施了一系列服务项目。锦城社区围绕社区服务项目，开展"讲、评、帮、乐、庆"等系列活动，推动了社区服务项目的纵深发展。"讲"，即通过杨步祥老人剪报展、党委书记讲党课等形式，宣传党的政策。"评"，即群众互动评议，利用"最美阳台市民行动"评选典型模范家庭。"帮"，即利用社区微基金帮扶社区困难群众，对他们予以真情关爱帮扶。"乐"，即开展形式多样、广纳群众参与的文化活动，丰富基层文化生活。"庆"，即庆典仪式传承，有计划地开展"我们的节日""家风传家训"等活动，以群众婚丧嫁娶等重要节点仪式为契机，培育文明礼仪，传承中华优秀传统文化。

（三）需求精准把握，供给关系良性平衡

建设新时代文明实践中心是党中央着眼更好统一思想凝聚力量、巩固党的执政基础和群众基础，推动基层思想政治工作和精神文明建设守正创新而

采取的一项战略举措①。金牛区以群众需求为导向，向辖区居民提供优质志愿服务资源，实现供给关系的良性发展。

一是契合群众需求，彰显新作为。金牛区创新提出线下"三味"工作法，即围绕群众精神需求，以讲故事、唠家常、说快板、搞座谈等形式，开展"土味"志愿活动；围绕挖掘传统艺术文化，以农民画、剪纸、织锦、文艺演出等形式，开展"趣味"志愿服务活动；围绕产业发展实际，以"传技术""送科技下乡"等形式，开展"甜味"志愿服务活动。金牛区以群众喜闻乐见的方式开展文明实践活动，提升了人民群众的满意度。

二是汇合金牛文化，讲好新故事。金牛区以府河摄影公园、黄忠公园、永陵博物馆等7个金牛文明实践场所为载体，依托金牛特色文化资源，开展"文化金牛大擂台""金牛艺术节""光影金牛""交响金牛""社区英雄汇"等文艺创作文明实践活动，深入推进新时代文明实践工作与金牛文化融合发展。

三是融合媒体宣传，树立新导向。借助新时代文明实践融媒体平台，金牛区深入挖掘新时代文明实践工作中的先进典型。开展"金牛区2020年最美系列评选活动""金牛杯抗疫题材美术作品展""我推荐、我评议身边好人"等系列主题宣传报道，通过典型宣传和舆论引导，将新时代文明实践中心、实践所（站）打造成凝聚群众、引导群众、服务群众的精神家园。

（四）制度健全完善，志愿服务生根开花

依托社区治理实际，金牛区探索并规范社区志愿服务的基本要素，分层分级明确平台功能，健全完善以新时代文明实践中心为平台的运作指南与社区志愿服务制度，构建了多层次、互动式的志愿服务格局。

一是形成了社区志愿服务新指南。在金牛区政府的统筹安排下，由区级文明实践中心负总责，部署制定各街道、社区工作指南，具体实施工作规划、教材编写、队伍建设、人员培训、活动组织等工作，做好对辖区志愿者的组织引导、登记注册、褒奖激励、权益保障工作，依托各种平台组织志愿者开展文明实践活动。在区级操作指引下，通过策划一系列品牌活动，各分点建成了独具特色的志愿者服务平台，提升了基层治理效能。

---

① 章寿荣，程俊杰. 推动新时代文明实践中心标准化建设：理论本质与实现路径 [J]. 现代经济探讨，2020（3）：42-45.

二是建立了社区志愿服务新制度。在金牛区财政资金的支持下，各社区居委会作为主办方，联合辖区的社会工作组织，召集社区志愿者，积极开展志愿服务机制完善会议，建立了独具特色的志愿服务制度。如高家社区形成了"三三制"工作法、"筑梦先锋"志愿服务队工作守则；金华社区制定了志愿服务安排与志愿者积分制度。在制度化的框架下，志愿服务队在规范有序的环境下开展活动，更好地发挥志愿服务在推动小区居民自治中的应有作用。

三是打造了社区志愿服务新格局。为实现"一社区一主题"的目标，金牛区各社区志愿服务平台不断探索，聚焦特色化、差异化项目，点线面结合，推动形成了"分类分级组队帮助、党员干部定点帮扶、文明单位结对共建、社会力量协同参与"的志愿服务新格局。新桥实践站通过社区党委统揽一切工作、统领各类组织、统筹各种资源，整合理论宣讲、教育服务、文化卫生、科技科普、健身体育等公共服务资源，打造了社区治理服务、文化、生态、空间、产业、共治、智慧七大场景，实现文明实践和社区志愿服务双擎驱动、同频共振。

四、金牛区社区志愿服务的经验总结

金牛区充分发挥基层首创精神，以人民为中心，突出服务功能，精心设计志愿服务项目，因地制宜开展服务活动，将社区志愿服务融入新时代文明实践中心建设，持续推动高质量发展、创造高品质生活、实现高效能治理，增强市民的获得感、幸福感和认同感。其主要经验体现在以下几个方面。

（一）发挥资源整合功能，打造优势互补的基层治理共同体

建立多元化的社会服务支撑体系是金牛区提升社区志愿服务能力的基础。依托新时代文明实践中心建设，金牛区积极整合服务资源，使社区志愿服务队伍不仅能够针对特定人群开展社会服务活动，而且能够联结企事业单位，进一步推进基本公共服务均等化，形成优势互补的社区治理共同体。

一是联动社会资源，鼓励支持志愿服务组织等社会力量参与新时代文明实践。随着政府职能下沉，社区志愿服务逐步向专业化、个性化发展。为推动商品、服务、技术在基层治理多领域流通，金牛区依托成都市志愿服务学院和新时代文明实践中心学院，整合辖区内党校、高校、科研机构、培训学

校等资源，组建金牛区新时代文明实践智库，为新时代文明实践工作提供智力支撑。

二是撬动企业资源，搭建金牛区企业志愿服务联盟。在需求差异化、资源分布不平衡的背景下，单一的组织部门难以独立应对外界变化而作出有益改变。一方面，金牛区充分利用线下平台，构建志愿服务培训体系，推动志愿服务走进社区。打通企业参与文明实践渠道，建立持续发展的志愿服务人才培养体系，持续抓好各级专（兼）职人员和志愿者的培训工作。另一方面，联合媒体资源，对接中央、省级、市级主流媒体，与知名网络媒体开展合作，推动社区志愿服务理念、服务文化的传播。

（二）挖掘创新示范潜力，完善政府参与的社区志愿服务网

社区志愿服务工作离不开政府政策与资金的支持。同样，社区志愿服务网的搭建也离不开政府的参与。政府不仅能在推动各类组织发起各项志愿服务活动中发挥作用，还能培育、扶持或引进专业的社会工作机构与社会组织，并能通过购买服务鼓励服务内容、方式、方法的创新，从而带动政府购买体系的创新[①]。由此，金牛区不断发挥创新示范功能，完善了政府参与的社区志愿服务网。

一是发起各类志愿服务活动，建设服务可持续的生态社区。金牛区联动区外事办、区社治委，以及西南交通大学留学生会、电子科技大学九里堤校区志愿者协会等，推动各类人才参与，集思广益建成使用妮妮环球国际儿童食育中心，组建妮妮环球食育志愿者服务队伍，通过"食育"文化营造，从食生态到食文化，以"食"育人，建立"城市社区迷你生态圈"的可持续生态社区。

二是引入社会工作服务组织，面向困难群体提供公益服务产品。金牛区助力特殊人群回归社会，用实践探索"社区公益"新模式。如引入博爱家园社工服务中心金牛阳光家园项目为智力障碍及精神障碍学员提供日间照料和康复训练服务，引入"爱上不完美"阳光助残品牌项目，同时结合"残疾人灵活就业基地"建设，对口帮扶金牛区阳光家园残疾人兼职就业，为特殊人

---

① 李涛. 社会组织在政府购买社会工作服务进程中的功能和角色：北京协作者参与政府购买社会工作服务经验总结与思考[J]. 社会与公益，2012（8）：31-36.

群提供良好的工作机会。

(三) 优化工作领导机制，打造居民满意的精神文明实践站

金牛区立足实际，坚持"不另起炉灶"，建立健全工作领导机制，充分整合盘活现有公共服务资源，点线面结合，统筹调配，为深入开展文明实践活动提供有力保障，促进社区志愿服务良性发展。

一是加强组织领导，打造综合服务平台。在区政府的领导下，金牛区各街道党工委把实践中心建设摆在突出位置，由党工委一把手承担新时代文明实践中心建设的主体责任，亲自抓、带头做，确保各项任务落地落实。另外，通过整合资源，发挥新媒体传播优势，以党建为引领，打造集成信息发布、活动策划、资源共享、需求对接、数据采集、宣传报道等多种功能的金牛新时代文明实践中心融媒体平台，将文明实践志愿服务纳入全市志愿服务数据库统一管理，开发全网推广、一站服务、智能评价等功能。

二是强化激励引导，将群众的满意度作为文明实践成效考核的重要标准。一方面，把新时代文明实践中心建设试点工作纳入党政领导班子和领导干部实绩考核，纳入意识形态专项督查内容，纳入区委、区政府目标绩效考核体系，引导各街道积极稳妥、富有成效地开展文明实践活动。另一方面，设立激励机制，鼓励社区干部大胆实践，在街道文明实践所、社区文明实践站中开展创先评优工作，将特色亮点突出、服务活动出彩、人民群众满意的点位，推选为区级示范点位并优中择优申报市级示范点位。

(四) 传承文化治理理念，引领守正创新的文明实践新风尚

随着社区文化与居民需求的多层次、多样化发展，传统的、单一的社区志愿服务已经难以满足社区居民基本生活需要。金牛区结合国家治理重心下移和社区志愿服务发展的大趋势，着力打造更多贴近生活场景的文化惠民工程，不断创新志愿服务发展新格局，推动天府文化融入居民生活。

一是创造更多生活场景，增强与群众的交流互动。金牛区传承弘扬"创新创造、优雅时尚、乐观包容、友善公益"的天府文化，保育和传承社区内生文化、主题文化，将文脉挖掘和文化场景建设融入社区志愿服务，推动社区志愿活动向各类书店、文创街区、旅游景区等场所延伸，打造富有文化气质、独具魅力的特色街区和公共空间。另外，推进社会科学文化建设，普及

志愿服务，组织开展"扣好人生第一粒扣子"等主题教育实践活动，促进天府文化与党的政策主张深度融入社区建设和居民生活。

二是深入开展文化惠民工程，为社区志愿服务发展新格局奠定文化基调。金牛区以传承弘扬天府文化为内涵，以志愿服务为基本形式，高质量、高水平地用好社区"天府文化讲堂""文化家园"等各类宣传平台，引导市民养成良好文明习惯，培育向上向善向美的社区精神。大力倡导社会主义道德，广泛开展学习"时代楷模"、道德模范、最美人物、身边好人等选树宣传活动，让文明风尚滋养社区、让道德风尚融入市民生活。

第二节 改革供给结构，打造社区养老服务生态圈

随着老龄化、少子化的到来，我国养老服务面临着家庭照顾资源短缺、社会服务机制匮乏、核心家庭养老负担较重等问题。截至2021年，我国60岁以上人口总数超2.6亿，占总人口的比例为18.7%，老龄化程度明显加重。① 在老龄化问题日益加重的同时，老年人的生理机能不断退化，他们患各种疾病的风险不断增加。满足老年人基本生存需要、减轻家庭照顾负担，提升老年人幸福指数成为我国政府的重点工作。社区养老服务作为提升社区服务能力与水平的关键，是应对人口老龄化成本最低、效益最好的途径。在现有资源约束和行政体制限制下，金牛区多措并举构建社区养老服务生态圈，有效应对人口老龄化带来的矛盾与冲击。

一、金牛区发展社区养老服务的背景与困境

社区养老服务供给政策的制定与出台有着特定的环境背景。政府自上而下的政策指导和地方政府的积极响应是推动政策落地的两大动力，供给不足、质量不高和供需矛盾是当前社区供给养老服务政策面临的突出问题。② 与此同时，地方政府在推进养老服务供给侧结构性改革中也面临许多现实问题。

（一）金牛区发展社区养老服务的背景

改革开放以来，我国经济快速发展，老年人口生活质量有效提升，长寿化趋势明显，社会养老服务发展也有了明显的变化。一方面，传统社会的养

---

① 第七次全国人口普查公报（第五号）[EB/OL]. [2023-10-07]. http://www.stats.gov.cn/sj/pcsj/rkpc/7rp/zk/html/fu03e.pdf?eqid=88e36e230004444000000005647edfqd.
② 汪洋，陈辉. 政策驱动视角下失能老人社区养老服务政策供给研究[J]. 河海大学学报（哲学社会科学版），2022，24（4）：125-133+137.

老服务主要依托家庭、邻里或者以血缘关系为纽带的宗族。但是，随着社会的发展，家庭规模逐渐缩小，当核心家庭成为社会的主要结构支撑时，家庭照顾与家庭谋生之间就出现了矛盾，单一的家庭养老模式日渐式微。与此同时，由于地区经济发展不平衡、社会观念存在差异等，机构养老模式在发展过程中仍面临诸多挑战，因而难以保障所有老年人的服务需求得到满足。我国老年人服务发展面临着供给结构性失衡，亟须通过优化供给结构，推动养老服务长效发展。另一方面，未富先老加之短时期内快速老龄化使得我国老龄产业具有计划性和粗放性特征，整体上存在供需失衡的结构性问题，表现为供非所需、供需错位、供需真空以及脱离老年人实际消费能力的现象。① 随着人口老龄化程度的加深，老年人患各种疾病的风险显著上升。中国老龄科学研究中心发布报告显示，80%以上的中国老人患有一种或多种慢性疾病。在此趋势下，老龄人口的养老服务和长期照顾正成为亟待解决的问题。2022年2月21日，国务院发布《"十四五"国家老龄事业发展和养老服务体系规划》，指出要强化居家社区养老服务能力，加快健全居家社区机构相协调、医养康养相结合的养老服务体系。② 在国家政策的引导与支持下，社区供给养老服务成为解决人口老龄化的关键举措。正是在这种时代背景下，金牛区积极应对人口老龄化、深入推进养老服务综合改革，激发社会参与活力，创新养老服务多元供给，加快推动养老服务业高质量发展。

（二）金牛区发展社区养老服务的困境

金牛区是成都市中心城区，辖13个街道，常住人口126.5万。2020年11月，60岁及以上户籍老年人口为19.8万，占全区总户籍人口的25.75%，居全市第一。60岁及以上常住老年人口为22.4万，占全区总常住人口的17.67%。在常住老年人口中，80岁及以上高龄老年人3.2万名，占14.29%，空巢（独居）老人占45%以上，失智、失能（半失能）老年人占7%左右，各类比例随生活水平和医疗健康的进步，均呈上升态势。预计到"十四五"期末，老年人口总数将达到27.42万，占全区总常住人口的20.51%，年均增

---

① 于泽浩. 以机制建设助力老龄产业健康发展[N]. 中国社会科学报, 2022-08-24 (5).
② 国务院关于印发"十四五"国家老龄事业发展和养老服务体系规划的通知[EB/OL]. (2022-02-21)[2023-10-07]. https://www.gov.cn/zhengce/zhengceku/2022-02/21/content_5674844.htm.

加 0.57 个百分点。老龄人口的增加带来了一系列社会问题，主要表现为以下几点。

一是社会养老压力持续增大。金牛区的空巢化、少子高龄化、失智失能老人占比高等态势交织，老年人群对生活照料、基础护理、医疗保健等需求不断增加，如果再考虑生态适老宜居、人才落户、家庭随迁等因素，社会养老压力将持续加重。

二是养老设施数量不足、规模小、改造难、区域布局不均衡。目前，金牛区有养老机构 45 家、日间照料中心 74 个（加挂养老机构 39 个），是四川省、成都市养老机构最多的区（县）。在现有服务设施中，30 张床位以下的微型养老机构占比高达 64%。微型养老机构方便老年人"就近养老"，但面积狭小，升级改造空间有限，而大型养老机构主要分布在三环路外，离老年人聚居区较远，床位平均空置率高达 45% 以上，区域布局不均衡的问题比较突出。

三是社会养老机构回报周期长、持续投资能力弱。金牛区养老机构基本上采用租赁社会场地的方式建设，场地月租金平均在 43 元/平方米以上，单床平均年运营成本（含管理、护理、租金及折旧）约为 4.18 万元。全区各机构月平均收费区间为 3527～5878 元，须维持较高入住率才能实现盈亏平衡，投资回报期漫长。目前，区内大部分养老机构处于微利或亏损经营状态，对政府补贴依赖程度高，持续追加投资提升硬件设施和服务质量的意愿低。

四是老年友好社区适老化改造不足。目前，社区公共服务设施不足且适老化程度低，特别是社区日间照料中心、老年活动中心等设施功能单一、吸引力不足。全区老旧小区存量大，居住安全隐患大、适老化程度低、加装电梯落实难等问题较为突出。城市道路、公共交通工具等公共服务标志老年人识别性差，无障碍设施不连通、不连贯等老龄友好问题亟待解决。

二、金牛区社区养老服务的供给侧结构性改革

近年来，金牛区以供给侧结构性改革为主线，坚持高质量发展理念，聚焦养老服务发展不平衡不充分现状，以家庭为核心，以社区为依托，以老年人日间照料、生活护理为主要内容，引入专业养老机构，着力优化养老服务发展环境，加快构建多层次养老服务体系。

（一）改革传统社区养老布局，建强社区养老服务网络

依托社区现有资源，金牛区坚持因地制宜、分类推进，盘活社区闲置底

商、腾退小区（院落）底楼空间等存量设施，并将其改造成嵌入式养老机构或养老服务站点。鼓励有条件的社区养老院和社区日间照料中心做好服务延伸工作，实现向小区（院落）、居民家庭动态嵌入。

一是梳理全区各类闲置服务资源，大力推动社区养老院建设。一方面，根据国有、集体资产场地面积大小、区域位置，合理布局规划，分类规划建设社区养老院、日间照料中心、养老服务站等多元服务设施，进一步织密建强社区养老服务网络。另一方面，制定养老设施招商引资目录，持续引进知名度高、实力强劲的品牌企业落地。目前全区共建成养老机构47家、设置养老床位4048张，引进礼爱介护中心（日式）、康和敏盛（我国台湾地区）、保利和熹会（央企）等一批知名养老企业，培育产生成都晚霞、金牛怡倍康、成都长康等一大批本地连锁养老机构。

二是深化社区嵌入式养老服务，建设枢纽型社区养老综合体。其中，沙河源街道友联社区重点打造枢纽型养老综合体，并于2021年3月在全市范围内首先运营。金牛区聚焦健康产业，依照综合体的发展，打造全龄友好社区，并依托量力健康城产业园，打造"健康友联"生态圈。建成健康评估室、康复室、养老房、老人食堂、读书看报、体育健身、按摩养生等多项设施，为社区老年人提供日托、全托、助餐、医养、康养、便民等多项服务。

三是加快社区基础设施更新换代，积极推动养老网点进入院落。持续推进社区养老服务站、日间照料中心、老年助餐点、老年教学点、老年活动室等院落网点建设，切实解决养老服务"最后五十米""到身边到床边"等问题。2021年初，全区共建养老服务站5个、日间照料中心83个、助餐服务点30个（含1个中央厨房）、老年大学及老年教学点63个、老年活动中心55个，各类社区养老服务设施总面积超过17万平方米。

（二）深化数字基础设施建设，激活智慧养老服务平台

改革之前，金牛区养老机构的覆盖率比较低，服务功能也不尽齐全，与快速增长的社会养老服务需求不相适应。为加快推进养老服务高质量发展，金牛区依托现有的公共服务资源，按照"功能嵌入、开放共享、智慧驱动"的总体思路，以三大平台为着力点深化数字基础设施建设，建立健全社区智慧养老服务平台。

一是升级服务平台项目，建立公开透明的政策服务平台。为畅通政策咨

询渠道，拓展社区养老服务功能，金牛区依托区行政审批局综合管理平台和"金牛服务"微博、微信平台，充分利用各级政府网站、自媒体、公众号等，实现政务服务即时咨询、预约、申请。全面公开区域养老服务政策、项目清单、服务标准、供需信息和投资指南，构建公开、公平、公正的养老服务营商环境。

二是提升现代化供给，建设开放共享的综合信息平台。在政府政策的支持下，金牛区积极打造了三类智慧化应用场景。一是建立养老服务包，包括各类养老服务目录、价格、标准等内容，将平台与天府市民云、孝行通、金牛E社区、微信小程序等网络平台无缝衔接，方便老年人一键查询。二是建立"关爱地图"，对全区高龄、独居、空巢、失能等特殊老年人群体开展摸底调查，准确掌握特殊老年人群体数量、分布及养老需求，形成有效对接、精准服务的"关爱地图"。三是建立智慧服务云平台，拓展"互联网+养老"，打造数据集成、监管结算、线上预约为一体的综合养老智慧服务云平台，让老年人居家享受养老服务。①

三是优化服务生产区域，搭建互助共赢的聚智平台。金牛区成立包括科研院所及专家学者在内的全省首个区级专家智库，编制完成《金牛区居家和社区养老政策体系研究及模式创新》，成功举办首届金牛区养老论坛、成都金牛·中日乐享养老交流活动。同时，依托专业社会组织成立金牛区养老服务指导中心，按照"乐享养老、跨代共赢"理念，建立养老标准体系、社会组织孵化、乐龄志愿服务等功能服务模块，推动全区养老服务业提档升级、提质增效。

（三）推动多元养老产业发展，拓展立体养老服务业态

社区养老服务不仅要"扩面"，更需要进行"提质"服务，而"提质"服务必然离不开产业的发展。养老服务制度的创新涉及多个部门，为形成各部门协同推进的工作机制与政策合力，必须利用各职能部门分散的资源，保障民办企业的进入与生存空间。

一是系统推进体系建设和产业发展。为扶持养老产业发展，金牛区制定

---

① 杨一帆，敬露露．织密服务网络 让老年人乐享幸福晚年［N］．中国社会报，2021－11－26（4）．

《金牛区养老服务业发展"十三五"规划》，出台《深化养老服务综合改革提升养老服务质量的实施意见》等系列文件，放开市场准入条件，推行养老服务机构申办"一站式"服务，加快养老项目落地实施。引导社会力量投资建设和运营专业化的认知障碍照护、临终关怀等功能型养老机构。鼓励国有资产遵循低价有偿原则用于社区养老设施建设，推进社区养老机构向养老服务综合体发展。

二是建设养老用品消费新场景。按照政府引导、市场主体的原则，金牛区邀请专业团队对全省首条老年用品特色街进行升级改造设计，建立集养老体验、科技应用、公益培训等功能于一体的"银发美学生活馆"。同步在全省开发首个"康复辅助器具租赁一体化平台"，集成宣传展示、订单服务、数据结算等多项功能，探索老年辅具社区租赁服务。目前，已建立1个区级综合体验馆、17个街道（社区）租赁服务站，截至2021年已经覆盖60%以上的社区。

三是推动公益志愿养老服务。坚持多渠道筹资，鼓励社会资金、慈善捐赠支持社区嵌入式养老体系建设。鼓励社会组织开展"三社联动"和老年人志愿巡访，通过购买服务方式建立区级老年志愿服务大队和街道、社区志愿服务小队，采用服务积分等方式，最大限度调动志愿者的积极性，对辖区内空巢、独居老年人开展定期巡访服务，实现困难老年人志愿服务常态化、全覆盖。

（四）优化综合政策保障体系，探索创新养老服务制度

为解决社区养老服务资源"碎片化、重复化、低水平"问题，整合社区养老服务配套资源，金牛区坚持从提升养老服务质量出发，完善财税支持政策和投资融资政策，在养老服务业的土地供应、金融服务、市场机制引入方面加大政策支持力度，探索优化综合政策保障体系。

一是试点街道养老顾问制度。每个街道设立1个养老顾问点，配备2名养老顾问，在醒目位置悬挂标识标牌，负责政策咨询与宣讲、服务推荐、困难帮扶、便民指导、资源链接等工作，统一调度对接辖区养老服务资源，推动辖区养老资源整合、服务集成。

二是试点长期照护保险制度。对符合条件的失能失智老年人，按照失能等级和对应的照护标准，根据城镇职工和城乡居民的参保类别，分别提供最

高 75% 和 60% 的定额护理补贴。目前，全区享受长照险人数达 2103 人，平均每人每月支付 2000 元左右。

三是试点家庭照护床位制度。根据老年人需求，金牛区鼓励养老机构上门定制个性化照护方案，提供 24 小时"类机构"专业照护。目前，已确定上海颐家、成都晚霞、金牛怡倍康三家机构开展家庭照护床位试点，家庭照护床位增加至 500 张以上。

四是开展"三社联动"及老年人志愿巡访服务。金牛区建立健全以空巢、留守、失能、重残、计划生育特殊家庭老年人为主要对象的居家社区探访制度，探索新型养老服务机制，鼓励养老服务机构开展"家庭照护床位"试点，开展"物业服务+养老服务"试点，推进"智慧养老院"和"智慧养老社区"建设。

三、金牛区社区养老服务改革的创新与成效

金牛区以社区养老服务供给侧结构性改革为主线，在政策支持、资金建设、场地服务等多方面不懈努力，整合机构、社区、居家养老服务资源，创新养老服务多元供给方式，打造金牛区特色养老服务体系，取得了明显成效。

（一）民生服务提质，养老服务支撑体系完备

金牛区以民生实事项目为抓手，不断扩大养老服务供给，健全养老服务支撑体系，提高养老服务质量，打造枢纽型社区养老服务综合体，推动社区养老服务辐射区域更广，增强服务集聚效应。

一是改进养老服务设施，提升社区养老专项服务质量。一方面，在尊重老年人意愿的基础上，充分利用社区现有公共设施或闲置国有资产，统筹推进社区配备助行设备、老旧住宅自主增设电梯，简化老旧住宅加装电梯办事流程，协调督促补助资金发放等措施，推动实现了特殊困难老年人家庭适老化改造应改尽改，积极推动认知障碍症照护型养老机构建设，提升失能、失智等老年人照护能力。另一方面，为辖区内高龄独居、失能失智、低保困难等老年人安装烟雾、红外、燃气等监测设备，引入"北斗+GPS"定位、一键求救和紧急通话功能定位设备，利用物联网技术接入全区信息化平台，为老年人"24 小时"提供居家养老、医疗康复、紧急救援等养老专项服务，打造"没有围墙"的养老院。

二是扩展养老服务范围，社区养老服务站点实现广覆盖。一般来看，身体状况正常的高龄老人，可承受的连续步行时间为5分钟左右，因此构建城镇"5分钟养老服务圈"至关重要。金牛区鼓励有条件的居住区按照"5分钟生活圈"设立养老服务站点，为社区老年人提供日间照料和夜间监护服务，有效提升了社区助餐、助医、助浴、助行等服务的覆盖率。此外，还通过稳步推进公共场所设施的无障碍改造，建设了一批老年友好医院、老年友好超市、老年友好学校等老年友好公共服务机构。

（二）服务平台创新，养老服务需求得以满足

为主动应对人口老龄化，构建老龄友好社会，金牛区健全养老服务平台，即政策服务平台、综合信息平台与智慧平台。依托三大平台建设，引导社会各界提供新创意、新科技、新模式，实现"互联网＋"智慧养老，有效满足了老年人的基本服务需求。

一是建立健全社区为老服务设施，强化老年人信息管理。金牛区始终坚持把老年人的健康服务放在首要位置，推动社区养老服务规范、健康、有序发展。一方面，设立养老结合床位1241张，实现了社区养老服务设施与医疗机构百分之百的签约率。另一方面，为社区老年人建立健康档案、会诊绿色通道，全区65岁以上老年人健康档案建档率达95%，健康教育率达85%以上。

二是营造为老服务智慧化场景，提升了社区养老服务效率。近年来，养老服务场景化改革是社区养老服务供给侧改革的重要方面，智慧化养老是重要形式。金牛区依托中国电信，建设全区集数据集成、监督管理、精准服务于一体的养老服务信息平台，深化并拓展了"互联网＋养老"模式。其中，老年关爱地图囊括了养老设施、社区医院、助餐设施等便民服务，并通过与天府市民云、孝行通、"金牛E社区"等网络平台实现无缝对接，简化了老年人操作流程，方便老年人一键查询选择养老服务。

（三）结构不断优化，养老服务模式创新发展

为了推动社区养老产业化发展，延伸社区养老服务范围，金牛区深度挖掘社区土地资源，就近引入专业化养老服务机构和文化、体育、卫生健康等公益性服务机构，优化社区养老服务结构与资源配置，激发社区养老市场活力。推进机构养老家庭化、家庭照护专业化、社区服务便民化，推动社区嵌入式养老高效运转。

一是优化资源配置，在辖区内养老机构与服务点开展活动。目前，金牛区基本建成了以"居家为基础、社区为依托、机构为补充，医养结合"的养老服务体系。一方面，金牛区引进养老服务机构与智慧健康养老企业，实现每千名老年人拥有养老床位17张以上。另一方面，通过优化营商环境，涌现了大量的智慧健康养老企业。如成都晚霞社会养老服务中心智慧化认知照护中心、成都市两河森林和熹会养老服务有限公司等，初步形成居家社区机构相协调、医养康养相结合、兜底普惠产业相互补充的养老服务市场供给新格局。

二是有效整合老协、老体协、关工委、社会组织等资源，服务老年教育工作。金牛区结合当地实际情况，依托学习型城市建设与社区教育联席会议，以政府为统筹主体，扩大并优化老年教育服务供给。促进老年开放大学体系与社区教育体系的融合发展，加强分级指导，推进街道老年教育学校建设，实现全域覆盖率30%的年度目标，鼓励有条件的社区建立老年教育教学点，扩展老年教育"15分钟服务圈"。通过调动多元社会主体参与老年人教育资源的开发，将养老服务延伸到院落和群众身边。

（四）服务机制创新，养老服务制度体系完善

金牛区探索创建"优先保障、低偿提供、精准对接、市场运营"的社区养老服务设施建设模式，建立了多元化、多层次的嵌入式居家和社区养老服务体系。

一是探索开展老年人互助服务。金牛区通过引领老年人自我管理、自我教育，支持老年自治组织发展，探索参与志愿服务激励机制，建立"老年互助联盟"，创新邻里互助式养老模式。鼓励老年人参与社区治理，既培育了一批"金牛银发能人"，在全社会逐渐形成积极老龄化意识，又能引导老年协会服务广大老年人，发挥他们在推进老龄产业、发展老龄事业、丰富老年人活动、构建和谐社会中的作用。

二是规范养老服务社区管理机制。金牛区相继出台了《关于大力推进社区嵌入式养老工作的实施方案》《关于推进老年人助餐服务体系建设工作的实施方案》《关于开展老年人家庭适老化改造工作的实施方案》《关于加快发展

养老服务业的实施意见》《金牛区国有资产场地建设社区养老设施管理办法》等政策文件，在用地保障、资金扶持、融资政策、税费优惠、投资者权益、老年社区和老年地产建设扶持、人才队伍建设、医养结合和特困老人救助保障机制等方面实现了突破，为破解养老服务业发展瓶颈问题提供了政策依据。

三是开发社区养老新型供给模式。从机构到家庭，延伸的不仅是专业服务，更是系统性养老发展的布局与方向。一方面，金牛区根据《成都市智慧养老应用场景需求清单》，将智慧养老场景需求分为综合应用场景类（包括高龄独居老年人智慧照护综合场景、养老服务商城应用场景）和技术应用场景类（包括老年人防跌倒、认知障碍老年人防走失、机构出入探视管控等10个场景），为相关主体提供社区养老服务指明了方向。另一方面，金牛区积极落实《关于切实解决老年人运用智能技术困难的实施方案》，指导各街道开办老年用品展示体验场所，支持社会组织、企事业单位等社会力量参与发展老年用品特色街区的建设，有效推动养老服务纵深化发展。

四、金牛区社区养老服务改革的经验与总结

健全社区养老服务体系，变革传统养老服务供给模式，是解决"老有所养"问题的重要举措。金牛区以新发展理念为指引，以推动养老服务业高质量发展和创造老年人高品质生活为目标，以加快推进养老服务业供给侧结构性改革为主线，全面放开养老服务市场，优化养老服务发展环境，提升养老服务质量，取得了显著成效。其主要经验体现在以下几个方面。

（一）以政策改革为引领，维护老年人的核心权益

充分发挥社区养老的优势和作用，做好新时代社区养老服务工作，必须把健康老龄化、积极老龄化摆在更加突出的位置，必须把推进社区养老服务融入经济社会发展的全过程。作为成都市中心城区之一，金牛区率先按照供给侧结构性改革的相关要求，结合实际情况，出台多项政策文件完善养老服务体系。一是完善最低生活保障制度，实施经济困难老人养老服务补贴制度、政府购买困难老年人养老服务制度等，保障老年人的核心权益。二是专题研究养老设立许可问题，印发出台相关政策文件，通过"一事一议"的方式，集中解决部分利用现有设施建设的养老机构因缺少房产证和消防证明难以获得设立许可证的问题，确保养老机构健康发展。三是开展养老服务质量专项

行动，对 115 项指标逐一检查，督促整改存在的问题，规范管理养老机构的人员配备、设施设备条件、管理水平、服务质量、社会信誉等。实践证明，这些政策在推动社区养老服务规范性发展、维护老年人的合法权益等方面发挥了重要的引领和保障作用。

（二）以民生项目为抓手，构筑社区养老服务设施

改善民生与发展经济相辅相成，民生项目的实施可以为经济建设寻求新的推动力量。促进社区养老服务与经济社会全面、协调、可持续发展，是社区养老服务供给侧改革的关键。金牛区以民生实事项目为抓手，不断优化社区养老服务。一是紧抓养老服务设施建设进社区。通过改造利用社区现有公共设施或闲置国有资产，建成大中型养老机构 4 家、社区养老院 19 个、社区日间照料中心 109 个、养老床位 3022 张，为老人提供就近、便利、综合的养老服务。二是推动老年人健康医疗服务项目进社区。金牛区将养老机构与医院的功能相结合，以社区卫生服务中心为载体，实施集医疗、康复、养生、养老等服务内容于一体的服务项目，吸引社区力量参与，承担养老机构、社区托养机构以及居家老人的医疗服务，实现了社区内各类老年群体基本医疗服务的全覆盖。

（三）以老年体验为关键，开发老年用品服务市场

统筹政府与市场、家庭与社区的职责作用，多方面增加养老服务供给。金牛区按照保障基础性养老，支持终端养老，优化高端养老的供给思路，在保障老年人基本生活需求的基础上，为辖区老年人提供优质的特色服务。一是注重社区养老服务的多层次建设。针对不同年龄阶段、不同收入、不同地理位置的老年人对社区养老服务有差异化的需求现状，金牛区积极构建以基本养老服务为基础，多种养老服务市场为补充的多层次养老服务供给体系。二是积极引导和支持多家专业经销商、养老机构联袂打造围绕中老年人衣、食、住、行，健身产品、健康监测可穿戴设备、康复护理、辅助器具和智能看护、通信服务、老年旅游休闲等老年产品，为老年人提供多层次、多维度、一站式的老年用品体验、展销、租赁服务，打造老年人休闲娱乐等养老服务的老年用品专业市场。三是以人才队伍建设为切入点，定期举办金牛区养老服务技能竞赛，全面提升养老服务质量和人才队伍专业化、标准化、职业化

水平,满足老年人日益增长的"多样化""个性化"养老服务需求。

(四)以平台建设为支撑,拓展社区养老智慧服务

目前来看,传统的服务模式已不能满足老年人差异化的养老实际需求,社区治理与养老服务之间出现了矛盾。金牛区转换思维、大胆探索,建立多样化的产品与服务集成平台,发展智慧型健康产业,探索出一种符合老年人实际需求的养老模式。一是深化社区嵌入式养老服务,建设养老服务综合体。依托配套公共设施建成社区养老服务综合体2个,打造集助老应急、养老咨询、护理培训、适老化改造、康养服务、便民服务于一体的枢纽型养老综合体,推动社区老年人"老有所养、老有所乐"。二是推动身边、床边、周边"三边"服务,建设长者智慧服务中心。通过直接在社区服务大厅设立健康评估室、康复室、养老房、老人食堂等适老化服务设施,做到智慧信息一键联通,智慧服务一键直达。三是贯彻新发展理念,以互联网科技为核心,充分利用现代信息技术,使养老服务网络同社区治理智慧化建设相连。通过线上平台,终端接入,拓宽老年人的视野,让智慧养老更便捷。

第三节 六位一体护航，
共筑未成年人保护关爱圈

依法保障未成年人健康成长的基本权利，为未成年人身心发展创造良好的条件和社会环境，是实现中国梦的必要举措。2024年4月26日，《中华人民共和国未成年人保护法》经第十四届全国人大常委会第二十九次会议第二次修正通过，这是我国全面、综合的专门保护未成年人权利的基本法律，在未成年人受教育权、素质教育、人格尊严等方面作出了新的规定，标志着以家庭保护、学校保护、社会保护、网络保护、政府保护、司法保护为核心的六位一体布局逐步形成。金牛区以习近平新时代中国特色社会主义思想为指导，积极贯彻落实党中央战略部署，以打造未成年人保护工作示范区为驱动，以依法保护未成年人合法权益、促进未成年人全面发展为目标，以"六位一体"的未成年人保护工作体系为重点，筑起未成年人保护关爱圈。

一、金牛区建设未成年人保护圈的背景

保护未成年人的健康成长，事关家庭幸福、社会和谐、国家富强。保障未成年人合法权益，维护未成年人身心健康发展，是家庭、社会、国家共同努力的方向。随着经济体制改革以及社会结构的转型，我国社会风险与机会相互交织，社会不稳定性因素增多，未成年人遭受风险与困境的可能性大大增加。加上传统家庭结构转型，核心家庭抗风险能力降低，家庭脆弱性升高，导致家庭对未成年人的养育关照功能弱化。此外，城乡间人口流动产生了大量的流动儿童与留守儿童。社会转型、家庭缺位、社会保障不足，导致未成年人面临着健康、生活、教育、心理等方面的潜在问题。为解决儿童发展困境，维护未成年人身心健康发展，我国自1991年签署联合国《儿童生存、保护和发展世界宣言》后，颁布了《中华人民共和国未成年人保护法》《中华人民共和国收养法》，从家庭、学校、社会、司法4方面保障未成年人的合法

权利。为持续解决未成年人生存和发展困境，我国还相继出台《关于加强困境儿童保障工作的意见》《关于加强农村留守儿童关爱保护工作的意见》，2020年更是对《中华人民共和国未成年人保护》作了新的修订，进一步强化了家庭的监护职责。但在实践中，未成年人的家庭监护却不尽如人意，建好多层次的儿童保护与未成年人关爱圈，离不开政府的兜底性建设与社会的全方位参与。

由于过去人口多、底子薄、经济社会发展不平衡，四川省的未成年人保护工作面临体制障碍、养育烦恼、教育内卷、监护缺失等突出问题，特别是在未成年人成长过程中，他们需要面对社会诱惑、安全侵害、健康问题等一系列"成长中的烦恼"，加上食品卫生、交通安全等隐患交织，网络暴力、校园欺凌、违法犯罪等威胁叠加，这些都对新时期未成年人保护工作提出了更高要求、带来了更多挑战。金牛区是四川省成都市中心城区，现有未成年人17.5万。辖区内有幼儿园163所、小学59所、普通中学36所、职业中学5所、特殊教育学校1所，街道青年之家13个、社区儿童之家90个，社会工作机构18家，建成1个区级未成年人保护工作站、13个街道未成年人保护工作站、90个社区未成年人保护工作点，创新构建"区级—街道—社区—院落"四级心理关爱服务体系，金牛区采取购买服务等方式，建立区级儿童督导、街道儿童督导、社区儿童主任、儿童专业社工4支未成年人保护队伍，初步实现未成年人关爱保护阵地和服务供给全覆盖。金牛区坚持系统谋划、统筹推进未成年人保护工作，以"六位一体"建设为重点，着力创建领导重视、制度健全、机制有效、措施有力、服务规范的未成年人保护工作示范区，为建立健全与经济社会发展相适应的中国特色未成年人保护制度积累经验、提供示范。

二、金牛区"六位一体"未成年人保护的实践与样态

金牛区以加快实现未成年人全面综合保护为目标，在区委、区政府的统一领导下，充分发挥社会综合治理的体制机制优势，形成"区级相关部门、群团组织共同参与，多部门联动、有效衔接、齐抓共管"的未成年人保护工作大格局，充分发挥"家庭、学校、社会、网络、政府、司法"六大保护机制作用，共同织密织牢未成年人保护网络，为未成年人健康成长提供更加有力的机制保障。

(一)围绕"六位一体"整体布局,增强组织保障

全面而周密的组织保障是保证未成年人保护工作顺利开展、全面推进的重要条件。金牛区加强全局谋划、统筹布局、整体推进,有效发挥各级未成年人保护工作协调机制的统筹协调、督促指导作用,着力补短板、强弱项。

一是高站位筹划部署。加快推进未成年人保护工作,形成"六位一体"整体布局,离不开强化家庭监护责任、加强学校保护工作、加大社会保护力度、完善网络保护工作、落实司法保护责任、强化政府保护职能等重点任务的推进。区委、区政府将未成年人保护工作纳入区"十四五"规划和2035年远景目标,研究制定7大类25项工作要点,每月为社区儿童提供补贴,定期召开专题会议,全力推进未成年人保护工作。

二是高标准制度引领。强化顶层设计、部门协作,推动未成年人保护科学持续性发展。金牛区以未成年人保护法为指引,将其列入区委区政府会议学习内容,多次邀请专家授课。同时,对标未成年人六大保护体系,制订"1+6"工作方案,建立"月挂牌、季调度、年考核"全时段、全覆盖考核机制,完善"发现报告、个案会商、从业查询、保护热线、信息管理"5项制度,逐步形成政社互动、家校联合、监管有力的工作格局。

三是高质量资源聚合。一方面,为充分发挥专家智囊团在决策领域的积极作用,金牛区认真筹备,结合未成年人保护重要事项,组建由退休法官、检察官、高校法学教授组成的未成年人保护智囊库,储备专家库成员58人,为未成年人发展提供评估决策方案。另一方面,整合企事业单位、法律机构、社会组织、爱心商户等社会资源105家,招募党员志愿者、专业社工194人,开展志愿活动200余场次,实现多个主体互为支撑、多向赋能、共建共享,打造一批志愿服务品牌项目。

(二)聚焦"三级驱动"发展构架,强化阵地建设

在未成年人重点群体权益保护总体框架下,金牛区积极构建"区—街道—社区"三级联动构架、纵向到底、横向到边、覆盖城乡的未成年人重点群体权益保护网络。根据"属地管理、分级负责"的原则,结合各级工作特点和工作实际,明确各层级工作内容和职责范围,构建上下衔接的统筹管理机制。

一是突出科学规划引领力。建立区、街道、社区三级未成年人保护工作

机构，区未成年人保护站与4所高校合作开展大学生志愿服务活动，利用社区文化广场、长廊、公园等中心地带建立教育基地6个，在社区、公园、医院、学校、小区嵌入儿童友好空间，推动儿童参与社区活动。2022年6月，在金牛区民政局、金牛区社工总站的指导下，茶店子街道社工站联合金牛区人民检察院、成都市公安局金牛分局茶店子派出所、金牛区社会心理服务指导中心，在新金牛公园开展"共筑未保的墙·守护少年的你"未成年人保护宣传月活动，为未成年人健康成长保驾护航。

二是筑牢项目带动支撑力。金牛区委、区政府以创享中心社治空间为载体，以培育转化平台型、枢纽型、儿童友好型社会组织为重点，搭建区级未成年人保护工作站。工作站二楼为创享服务超市，服务超市为儿童服务类社会组织成长赋能空间和支持平台，引入专业社会组织入驻中心提供未成年人保护专项服务。聚焦未成年人心理情感现实需要，深入实施"小善叔叔信箱"公益项目，以信件往来等形式陪伴全区3所小学未成年人健康成长。2021年以来先后服务24800余人次，实现"微心愿梦想"191个，相关项目获"第五届中国青年志愿服务项目大赛四川省赛金奖"。

三是增强创新服务推动力。为依法严厉打击侵害未成年人犯罪，护航未成年人平安成长，金牛区严格贯彻"教育、感化、挽救"的方针，创新法治宣传教育方式，成立金牛区未成年人心理关爱服务中心，创新构建区、街道、社区、院落四级心理关爱服务体系。探索建立区未成年人普法基地、未成年人法治教育基地、"校园检察室"，探索建立"督促监护令"监督工作机制，首创全省青少年普法虚拟IP"法妞妞"，积极开展未成年人社区矫正工作，逐步形成聚力共建、融合发展的未成年人"一站式"保护态势。

（三）加强"四梁八柱"联动治理，创新体制机制

金牛区坚决维护未成年人权益，促使维权工作机制不断完善，统筹建设标准化未成年人"一站式保护"办案场所，实现案件询问、身体检查、证据提取、心理疏导"一站式"服务，有效避免未成年被害人遭受"二次伤害"[①]。同时，重点围绕"六位一体"任务，建立健全预防、报告、调查转

---

① 任然. 成都已建16个标准化未成年人"一站式"保护办案场所[EB/OL]. (2021-04-12)[2023-10-07]. http://www.cnwomen.com.cn/2021/04/12/99224331.html.

介、处置、干预帮扶"五位一体"的联动反应机制。

一是注重预防，抓早抓小，建立未成年人保护预防机制。建立未成年人重点群体保护预防体系，根据工作职责进行资源整合、信息共享和政策对接，通过召开未成年人重点群体权益保护工作联席会议，听取相关单位工作汇报，研判、部署未成年人重点群体权益保护工作。区级相关部门定期分析研判未成年人违法犯罪、权益保护形势，定期排查风险点，及时整改。专职督察员帮助有需要的未成年人及其家庭及时获得社会救助、社会福利、就业援助、法律援助、心理咨询等方面的政策支持和服务保障。

二是强化邻里关系，动员社会人群，建立未成年人伤害报告机制。强化主体报告意识，教师、医生、儿童督导员、儿童主任、社区工作者等职责人员及邻里、亲友等均为未成年人重点群体权益保护事件的报告主体，发现未成年人重点群体权益受到侵害时，他们会及时拨打"12345"政府服务热线。

三是引入社工机构，提供专业服务，建立调查转介机制。社区未成年人服务站引入专业社工机构，对未成年人重点群体及其家庭进行走访和调查。核实未成年人重点群体基本情况，为重点人群建档立卡并上报街道办事处，由街道按照权益受侵害类别转介同级相关职责部门，科学制订干预方案和措施，实施分类帮扶。

四是加强社区走访，开展宣传教育，建立权益保护处置机制。坚持从源头抓起，筑牢基础防线，完善未成年人重点群体权益保护工作网络，加强对未成年人重点群体权益保护工作的走访排查，精准开展宣传教育工作。建立健全由区委区政府统一指挥、区级相关部门协同有序、上下联动、专常兼备的权益保护处置机制。发现未成年人重点群体权益受侵害后，各级各部门快速反应，协调联动，果断处置，防止事态升级和蔓延扩大。

五是结合现实状况，科学研判，建立未成年人重点群体权益干预帮扶工作制度。未成年人重点群体权益受侵害后，由区未成年人保护领导小组统筹，组织区级相关部门启动分类干预帮扶工作，落实未成年人重点群体相关法律援助、转移监护、社会救助、社会福利、就业、就学、就医等政策，为他们提供心理关爱、教育辅导等服务。

（四）紧盯"四大任务"关爱重点，优化力量配置

围绕四川省"661"工作重点，聚焦四大任务核心，金牛区优化未成年人

保护力量配置，探索超大城市中心城区未成年人保护工作路径，积极构建"党委领导、政府主导、社会支持、公众参与"的未成年人保护工作新格局，促进未成年人健康全面发展。

一是创建特殊教育学校。为全面保障特殊教育发展，金牛区将特殊教育经费全部纳入财政保障范围，按照"保基增量"原则，建立稳定投入机制，并"渐进式"加大投入力度，实事实办、专事专办。积极吸纳整合政府、学校和社会的特殊教育资源，不断适应特教发展新形势、新需求。投资1亿多元建设区特殊教育学校，针对特殊孩子的认知能力、理解能力、语言能力等特殊情况进行课程设置，逐步形成了"7+N+1"阳光课程体系，全区适龄残疾儿童入学率达98%，残疾儿童的"康复梦、生活梦、满意梦、幸福梦"得到进一步实现。

二是建立青少年"毒品预防"教育基地。一方面，金牛区以"6·27"青少年毒品预防教育工程为重点，相继建成投用区级青少年毒品预防教育基地及禁毒宣教阵地77处。全区79所中小学聘请"法治副校长"，区级青少年毒品预防教育基地正式挂牌，全区82所中小学共53466名师生参加全国禁毒知识竞赛活动，参与人数位列全市前列。[①] 另一方面，抓好毒品预防，成立"青少年毒品预防教育李杰工作室"，围绕"健康人生绿色无毒"主题，开展专业实践课程和社会实践教育，引导青少年主动思考禁毒的意义，全面提升未成年人保护和禁毒宣传教育工作水平，金牛区实现连续三年没有出现涉毒案件。

三是建成未成年人托育管理中心。金牛区成立"成渝双城·五地六区"社区早期教育联盟，打造3岁以下婴幼儿照护服务托育管理中心，承办"建设宜居城市从儿童友好开始"主题研讨会，签订儿童友好城区建设合作协议，凝聚儿童友好城市建设共识，探索"一楼一岗"社区妈妈护苗队，形成"1+4+N"金牛区社区早教模式，获国家级荣誉5项、省级荣誉3项。

四是建强青少年法治实践教育基地。构建"覆盖全业务、全时空的法律服务网络"，建立"预防、发现、报告、评估、处置"联动机制，通过法治漫

---

① 乔永祯，罗石芊.落实禁毒部署 成都市金牛区建成区级青少年禁毒宣传阵地77处[EB/OL]. (2021-12-03) [2023-10-07]. https://www.scwmw.cn/wcnr/202112/t20211203_1217600.htm.

画、搭建"麦田守望云课堂"等形式给学生普法，覆盖14万余名中小学生。金牛区实现连续2年未成年人零犯罪记录，被评为"全国青少年普法教育示范区"，被国家关工委、司法部、中央综治办联合授予"关爱明天普法先行"优质奖，"亮晶晶·麦田守望"团队工作还被写入最高检工作报告。

三、金牛区"六位一体"未成年人保护的创新与成效

当前，儿童工作的内涵和外延不断拓展，主要有3个变化：工作内容由"保生存"向"促发展"转变，服务职能由"兜底保障"向"全面保护"转变，服务对象由"困境儿童"向"全体儿童"转变。加强顶层设计，健全政策法规，完善体制机制，提高保障标准，丰富保障内容，提升服务水平。

（一）工作内容由"保生存"向"促发展"转变

为了让未成年人都能得到基本生活保障，党和政府通过整合公共财政和社会力量，建立健全社会服务体系，完善基本公共服务均等化供给，在未成年人的义务教育、基本医疗、身心发展、权益保障等诸多方面构建了完整的社会保障安全网，以满足基本生存发展需求。金牛区高度重视未成年人健康问题，在营养、运动、睡眠、近视、心理健康方面均作出了全面部署。针对未成年人心理健康、神经精神问题、生长发育问题、近视发病等常见病，金牛区持续与区级部门、领域专家、顶尖高校联动，推动科研院所与医疗机构围绕儿童健康领域持续发力，保障未成年人生存权，推动未成年人健康领域取得长足进步。

未成年人是家庭的寄托、社会的栋梁、祖国的未来、民族的希望。随着社会的发展进步，人们对未成年人的关爱与保护意识日益增强，政府、社会、社区以及家庭尽全力为未成年人创造良好环境，让他们能健康快乐成长。在"保生存"的基础上，金牛区推进工作由"保生存"向"促发展"转变。新形势下，相较于"物质文化需要"，未成年人对"美好生活向往"的需求更丰富、跨度更广泛、层次更多样。金牛区针对未成年人领域出现的一系列新挑战，如新型疾病、社会保障的城乡区域发展不平衡、社区服务体系尚不完备、未成年人活动阵地缺乏、未成年人保护法制教育宣传不足等问题。金牛区围绕健全未成年人发展体制机制、强化阵地建设、加强资金保障、强化服务意识、促进多方联动等方面，形成了独具特色的未成年人关爱保障体系。

(二) 服务职能由"兜底保障"向"全面保护"转变

传统的未成年人保护工作主要是为辖区内困难儿童,如孤儿、事实无人抚养儿童、低保家庭儿童、残疾儿童等提供兜底性保障,满足其生活、教育、医疗等基本需求。这些困难儿童由于自身、家庭、社会等方面原因陷入生存、安全、发展等困境。为解决困境儿童的生存发展问题,金牛区制订并正式启用《金牛区建立困境儿童分类保障制度实施方案》,将两类具有金牛区户籍且未满18周岁的困境儿童纳入分类保障体系,采取给予生活补贴、委托养育、医疗康复帮助、教育支持等帮扶措施,持续加强困境儿童社会保障工作。

传统意义上的困境儿童保障工作仅关注困境儿童的生存发展问题,而金牛区在未成年人保护工作中坚持最有利于未成年人的原则,实施全面保护,建立健全家庭、学校、社会、网络、政府、司法六位一体保护体系。针对未成年人保护领域出现的需求差异化、价值观多样化、犯罪问题多发等问题,金牛区以预防未成年人犯罪和保护未成年人合法权益为重点,由"兜底保障"向"全面保护"转变,构建了"六位一体"的未成年人保护新体系。

(三) 服务对象由"困境儿童"向"全体儿童"转变

金牛区民政局充分发挥兜底保障政策合力,聚焦弱有所助、急有所救,对符合条件的困境儿童(孤儿、事实无人抚养儿童、低保家庭儿童、残疾儿童等)及时落实政策保障。一方面,落实困境儿童系列政策,包括《关于加强孤儿保障工作的实施意见》《关于发放艾滋病病毒感染儿童基本生活费的通知》《关于发放孤儿基本生活费的通知》《关于进一步加强事实无人抚养儿童保障工作的实施意见》《关于进一步做好事实无人抚养儿童保障工作的通知》。在此基础上,通过专项救助、分层救助、分类帮扶、全面扶持,织牢了困境儿童的"基本救助+专项救助+社会帮扶"三张网。

习近平总书记指出:"当代中国少年儿童既是实现第一个百年奋斗目标的经历者、见证者,更是实现第二个百年奋斗目标、建设社会主义现代化强国的生力军。"[①] 新的时代背景下,做好儿童工作,势必要扩大儿童保护范围,

---

① 杨昊. 让少年儿童成长得更好 [EB/OL]. (2022-06-01) [2023-10-07]. https://m.gmw.cn/baijia/2022-06/01/35780708.html.

为全体儿童健康成长保驾护航。一是实现对象的普遍性,惠及全体儿童。金牛区围绕"六位一体"布局,扩大儿童服务范围。二是实现内容的全面性。金牛区在将六大保护体系"四川化"的基础上,创新提出、系统推进"强国有我成长、家庭监护提能、清网整治护航、爱心圆梦温暖、法治护苗关爱、护苗力量提升"六大行动计划,切实保护未成年人全面发展。三是实现过程的均等化,促进机会均等。金牛区建强用好各级未成年人保护工作议事协调机制,了解未成年人需求,适时适度向未成年人提供与之匹配的服务,完成了服务对象由困境儿童向全体儿童转变,初步实现了儿童保护的普惠性。

四、金牛区"六位一体"未成年人保护的经验与总结

未成年人保护工作是党中央、国务院高度重视,人民群众普遍关心的工作。近年来,金牛区各级政府部门,特别是民政部门切实承担主体责任,以破解难题、啃硬骨头的精神,积极推动未成年人保护关爱圈的建设,在儿童权益保障、政府服务职能、工作方式方法等方面取得了重大突破。其主要经验体现在以下几个方面。

(一)构建"政府协同、社会参与、共同推动"的工作格局是关键

为适应未成年人保护工作新形势的发展,金牛区改革传统工作格局,推动工作职责由妇联牵头的"妇女儿童工作委员会"与团委牵头的"未成年人保护委员会(已撤销)"向由民政部门牵头的"未成年人保护工作领导小组(委员会)"转移,同时大力支持社会力量参与。一是以未成年人保护工作领导小组为核心,以区民政局、区财政局、团区委、区妇联、区残联为责任单位,推动多方力量参与未成年人保护工作。二是以促进未成年人保护专业化、科学化为发展方向,多措并举,提升保护效能。通过政府购买服务等方式,委托专业社会组织,设立未成年人重点群体权益保护项目,培育孵化民办保护机构。三是集思广益,以未成年人保护为重点,创新工作机制。积极引导高等院校、科研单位、公益慈善机构、志愿者等社会力量参与未成年人重点群体权益保护工作。引入社会工作专家、专职社工服务,加强社区儿童工作指导,并承接社会宣传、救助帮扶、未成年人教育、法律援助,以及源头预防、社区排查、儿童工作者培训、志愿者队伍建设等多项工作。总体上,金牛区形成了政府协同、社会参与、共同推动的未成年人重点群体

权益保护工作格局。

（二）建立有效的指导监督制度是应对未成年人保护的创新举措

从金牛区建立未成年人保护体系的过程中可以看出，以区未成年人保护办为责任单位，建立健全未成年人重点群体干预帮扶指导监督制度，是保证未成年人保护工作有效开展的关键举措。金牛区重点围绕社会组织、社区的未成年人重点群体帮扶工作，采取全程督导、项目督导、小组督导、个案督导等多种形式，对社工开展专业服务进行监督和指导。在监督指导制度下，金牛区逐渐完善了监测预防的工作流程。一是排查摸底。由街道组织社区或通过政府购买服务方式组织社会组织对未成年人重点群体进行排查摸底，查明基础信息，排查困境儿童，了解他们遭受家庭暴力、性侵、校园欺凌等伤害情况。二是动态管理。将未成年人重点群体基础信息分类建档，及时调整更新，实行动态管理。三是跟踪随访。对排查出来的未成年人重点群体，街道、社区组织未成年人保护工作队伍，引入专业社会工作机构，进行跟踪随访，了解其监护、生活、学习、健康等状况。四是跟进服务。由区未成年人保护总站根据未成年人重点群体的需求，提供临时照料、教育辅导、心理疏导、帮扶转介等服务。金牛区联合区妇联、公安金牛分局、区检察院、区法院、区教育局、区文体局、区市场监管局、区民政局与社区及群众等多方力量建立了全流程的未成年人保护监督制度，能够有效应对儿童群体的常态化工作与突发问题。

（三）推进干预帮扶项目是促进未成年人生存与发展的工作重点

为帮助未成年人改善生存与居住环境，金牛区持续完善工作机制，以干预帮扶项目守护未成年人健康成长。一是以开展"一对一帮扶行动"为发力点，组织社工、志愿者、爱心人士与未成年人重点群体结对帮扶，有针对性地向未成年人提供教育辅导、心理疏导、跟踪随访等服务，打造未成年人结对帮扶闭环机制。二是创新建立"3+4"未成年人保护关爱服务模式，在区、街道（镇）、社区（村）三级单位成立未成年人保护中心（站、点）。结合区域特点，在区（民政）、街道（儿童督导员）、社区（儿童主任）、小组（网格员）四级网格建立巡查巡访机制，划片、分区开展辖区儿童日常巡查巡访、关心关爱、家庭监护监督等活动①，由此形成三级单位、四级网格的关爱服务模式。三是以开阔儿童视野、树立自信为目标，满足儿童多样化需求。在实际工作中，金牛区利用儿童假期时间，组织未成年人到未成年人教育实践基地、企事业单位等地参观，或者通过打造"四点半课堂"、青少年之家等平台，向未成年人，特别是重点群体提供培训、辅导、心理辅导等多种服务，全方位、多领域地促进未成年人生存与发展。

---

① 抓好示范创建，构建未成年人关爱保护体系［EB/OL］.（2022-06-01）［2023-10-07］. https://www.sohu.com/a/553306154_121106884.

第四节　开设"居民 e 学校"，打造睦邻同心学习圈

教育是推动国家发展、促进社会进步、实现个人成长的重要途径，也是促进基层治理体系和治理能力现代化的重要抓手。新时代以来，人们学习知识不再局限于掌握劳动技能，而是更多开始聚焦于丰富精神世界、培养兴趣爱好等方面。因此，推进基层治理体系与治理能力现代化，必然要求持续推动教育下沉社区。学校作为实现教育目标的重要载体，对社区居民的就业培训、技能训练、精神培育以及视野拓展起到关键作用。就我国社区教育发展现状来说，尽管社区学院、社区继续教育机构、老年大学等机构的发展推动了基层教育事业的进步，但总体来说，社区教育资源分布不平衡，教育机构发展不充分等因素，仍然制约着居民教育水平与能力的提升。开发社区教育资源、打造社区教育平台由此成为各级政府改善民生工作的重点。近年来，金牛区以开设"居民 e 学校"为抓手，通过普及学校教育、在线教育，为社区居民提供施展才能、培养兴趣爱好、提升集体精神文化理念的教育平台，推动形成睦邻友好的学习型社区，使得居民在发挥社会价值的过程中实现个人价值，达到二者相统一的良好状态。

一、金牛区"居民 e 学校"的时代背景

2019 年 10 月，党的十九届四中全会通过了《中共中央关于坚持和完善中国特色社会主义制度 推进国家治理体系和治理能力现代化若干重大问题的决定》，提出"坚持和完善中国特色社会主义制度、推进国家治理体系和治理能

力现代化"①的总体目标。作为国家治理体系现代化建设的重要内容，全会明确提出"构建服务全民终身学习的教育体系"②的目标与任务，为终身学习体系建设提供了新思路、新动力。推进国家治理体系和治理能力现代化离不开对社会主义建设者的教育与培养。党的二十大明确指出："必须坚持人民至上。人民性是马克思主义的本质属性，党的理论是来自人民、为了人民、造福人民的理论，人民的创造性实践是理论创新的不竭源泉。"③因此，构建全民学习的教育体系必须坚持人民至上，以满足群众的需求为出发点和落脚点，切实开展人民群众喜闻乐见的教育学习活动，激发人民的创造性。构建服务全民的终身教育学习体系，能够在基础教育之余满足社区广大居民的终身学习需求，是各级各类政府贯彻落实党中央精神、改善民生的重要指引。

金牛区是成都市5个中心城区之一，是中心城区面积最大、人口最多、经济总量最大、土地资源最为富集的区域。辖区面积108平方公里，管理服务人口153万，辖13个街道、90个社区和3个产业功能区，区位优势突出，是连通成德绵地区1200万人口并辐射中西部3亿以上人口的巨大市场腹地，文商旅体融合发展的"天府成都北城消费新中心"。随着经济社会不断发展，社区居民对于精神文化产品与服务的需求逐渐呈现出多元化、个性化的特征。为满足辖区群众需求，在区民政局的支持下，金牛区开展惠民工程建设，加快构建以社区为单位的居民学习平台。金牛区以"秉公服务群众、联e涵养文明、塑美品质生活"为理念，在2020年5月创新开设"居民e学校"，采取"线上+线下"的方式，聚焦提升居民综合素养，通过设置家庭教育、优品生活、现代社交素养、养生饮食文化、健康生活管理、居民安全教育六大课程体系，培育居民优质服务生活圈，增强了居民对社区的归属感、获得感、满意度，为建设高品质和谐宜居社区提供了"样板"支撑。

二、金牛区"居民e学校"的实践做法

金牛区始终坚持以人民为中心的发展思想，以"秉公服务群众、联e涵

---

① 中共中央关于坚持和完善中国特色社会主义制度 推进国家治理体系和治理能力现代化若干重大问题的决定 [EB/OL]. (2019 – 11 – 05) [2023 – 10 – 07]. https://www.gov.cn/zhengce/2019 – 11/05/content_5449023.htm?trs = 1.
② 同①.
③ 习近平. 高举中国特色社会主义伟大旗帜 为全面建设社会主义现代化国家而团结奋斗 [N]. 人民日报, 2022 – 10 – 26 (1).

养文明、塑美品质生活"为理念，以教育助推基层治理为切入口，经过一年多的精心谋划和准备，在金牛区社区治理创享中心成功开设"居民e学校"，构建起金牛区社区治理"同心圆"共同体，全面带动居民参与社区治理。

（一）双向联动，搭建社区居民互动学校

为提升社区居民的各方面素养，推动基层治理体系和治理能力现代化，金牛区在征求多方意见的前提下，开设"居民e学校"。e学校是一个知识输出的平台，设置了六大课程体系，分别是家庭教育、优品生活、现代社交素养、养生饮食文化、健康生活管理、居民安全教育，共50门课，内容丰富，涵盖面广，能够满足居民生活的不同层面需求，丰富居民的精神文明生活。

一是政府牵头，强化组织保障。成都市委社治委、金牛区委区政府高度重视"居民e学校"建设工作，区委组织部、区委党校、区委社治委、区民政局等部门多次召开协调会议策划学校建设及运行方案。区委区政府先后投入700余万元建成占地2000余平方米的金牛区社区治理创享中心，为"居民e学校"的成立打下坚实基础。此外，区民政局投入50余万元开发"金牛'居民e学校'平台"，主要提供线上教学、讲座的收听收视和学员互动、交流服务，每年投入30余万元用于日常运营、维护等。

二是多方参与，加强顶层设计。"居民e学校"通过购买社会组织服务，搭建起由区民政局负责，社会组织运营管理，社区教学点支撑的3家运行体系，聘请复旦大学、中央美术学院、西南财经大学、成都信息工程大学、成都理工大学等高校知名教授为指导专家。学校配备日常管理人员3名，外聘摄影、花艺、茶艺、短视频、断舍离、家庭教育、健康管理等专业授课老师9人，本土社区能人（包括木刻、扎风筝、扎灯笼、扎染等）老师10人，师资力量储备完善。

三是贴近居民，科学设置课程。金牛区在课程设计中采取"广泛宣传、分类设计、统一组织、全程跟踪"的工作方针，以居民素养现代化为导向，创造性开展素养提升培训。把全民素养的现代化与社会现代化建设联系起来，实行重点课程分专业、分类型培训制度，营造"专课专培、分类开展"的良好氛围。通过多次调研，针对居民在家庭、健康、现代社交等方面的刚性需求，吸引居民走出来学进去。同步开设"金牛'居民e学校'平台"公众号，将线下课程上传，供上班族点播学习。不断发掘居民骨干和积极分子，将活

动带进社区，带动更多居民参与。

（二）配置资源，培育院落文化服务队伍

金牛区合理配置资源，制定切实可行的管理机制，大力推进"居民 e 学校"人才参与，培育壮大 e 学校志愿服务队伍，让居民与社区管理者共建管理、共同服务、教育和监督，激发社区居民和社区社会组织的活力。

一是创新发展理念，赋能社区居民。金牛区以构建区级社会治理、区域精神建设以及全民共享体系等为基础，引领资源优化、文体融合、生活服务、产业孵化等各方面发展，通过线上学习、线下实践逐步融合生活、文体、产业等多方资源，不断为社区居民赋能，形成"居民+"的发展观，实现文化空间和公共空间更加丰富、社区功能更加开放、产业发展更加系统。建立居民学习档案、技能档案、需求档案、奉献档案等，不断推动实践"居民学校居民办"的创新理念。

二是孵化本土队伍，发展自治组织。金牛区以调动居民参与兴趣和满足新的物质、精神文化需求为切入点，依托金牛区社会组织四级平台（区级优化平台、街道孵化平台、社区服务平台、院落互助平台），培育居民积极分子并孵化社区社会组织、居民自治组织。通过"自治组织的成长"课程体系，孵化院落自治组织，引导、支持它们参与社区公共服务，实现"区"带"社"的自治组织孵化体系。针对社区居民对育儿知识、美食分享、家庭教育、英语学习、瑜伽健身、心理健康等课程的需求，金牛区紧密结合社区治理"百千万"工程，孵化茶艺队、花艺队等 12 支院落微队伍，并以微队伍、持证社工为基础设立 4 个教学点开展"送教到社区"活动，组织生活美学、应急安全、健康理念等培训活动 40 余场次，得到群众高度认同。

（三）营造场景，推动居民社会价值实现

为满足各年龄段、各层次居民生活的不同需求，使课程内容更丰富、涵盖面更广，"居民 e 学校"在开设传统课程以外，积极构建场景化、互动式线下交流学习模式，在社区居民之间打造出新型共治共享平台，在挖掘特长、价值实现、社区治理等方面，促使社区居民在实现社会价值的过程中实现个人价值。

一是挖掘居民特长，营造经验分享场景。在满足社区大多数群众的共同需要后,如何满足不同人群的差异化要求成为金牛区亟待解决的问题。金牛"居民 e 学校"有效整合居民力量,注意倾听居民的声音,充分挖掘居民自身特长,让居民根据自身特点发挥他们在手工手艺、创业就业、医疗健康、邻里调解等方面的经验优势,在"居民 e 学校"或就近根据自身特长分享经验。例如,驷马桥街道香山苑小区的钟义蓉会扎灯笼,她特别想把自己的手艺分享出来,因此"居民 e 学校"就为钟义蓉提供分享的平台,对喜欢扎灯笼的居民进行集中培训。在钟老师的指导下,许多居民学会了扎灯笼,并用扎好的灯笼装扮了社区。

二是关注居民情感,创建价值实现平台。结合居民价值鲜明特点,拓展培训渠道,金牛区根据相关课程组织举办成果展,关注居民学习和情感的双重需求,推动居民进一步融入社会和实现自我价值。金牛区组织手机摄影班学员 80 多人开展"为祖国献礼·寻找金牛新生活"的摄影活动,收集了 80 多幅作品,并在金牛区 7 个街道的 7 个社区做了为期 15 天的摄影展。学员们自己策划、自己组织巡展活动,参观量达到 3 万多人次。

三、金牛区"居民 e 学校"的创新成效

"居民 e 学校"的开设丰富了居民生活技能、拓宽了居民接触高品质生活的渠道,搭建了居民互动交流、共建共享的公共空间,为城市"上班一族"在闲暇之余提供了一间"微教室"、一节"微课堂"。通过学习课程,居民对社区文化的认同感不断提升,参与社区公共事务的意愿显著提高,邻里关系更加和谐友善。

(一)构建了独具特色的互动课堂

与传统课堂教学不同,金牛区以"居民 e 学校"为载体,通过线上或线下等教育形式,在社区之间搭建起了有关居民生活、学习特长、经验分享的空间场所,摆脱了传统课堂学习的时空限制,丰富了教学形式与内容。

一是搭建多样化主题课程,提升了居民幸福指数。为满足各年龄段、不同背景居民生活的不同需求,使课程内容更丰富、涵盖面更广,"居民 e 学校"与时俱进,在满足常规教学设置的基础上,创新开设课程体系。如,加入调酒、珠宝鉴定、西式面点、花艺、高尔夫培训等年轻人关注的课程,新课程上线一周时间内在线学习人数 5210 人次、关注量达到 2 万余。其中,沙

拉培训 324 人、手机摄影展作品讲解 560 人、手机摄影 495 人、心理疗愈 542 人、摄影培训 1139 人。这些课程一方面推动了居民在学校的线上或线下教育中学有所成，帮助他们掌握知识技能，提升社会再就业率；另一方面带动了年轻人等群体参与课程的建设、讨论与推广，极大地增强了学校的课程互动性。

二是贯彻以人为本的核心要义，全面提升了居民素养。坚持以人为本的核心理念，金牛区把全民素养的现代化与社会现代化建设联系起来，以提升生活品质，促进社会和谐发展为目标，在课程设计中采取"广泛宣传、分类设计，统一组织、全程跟踪"的工作方针，以居民素养现代化为导向，创造性开展素养提升培训，针对社区困难群体、退休人员、家庭主妇、创业再就业人员、育龄夫妇等展开专项教育服务，提高其学习能力与社会技能。同时，对重点课程实行分专业、分类型培训制度，营造一种"专课专培、分类开展"的良好氛围。目前开设的院前急救、消防逃生等安全培训课程，重在提升居民的安全素养，而花艺、茶艺等课程，则重在提升居民的内在素养。

（二）促进了社区居民的角色转换

"居民 e 学校"秉承"居民学校居民办"的原则，充分调动居民自身才艺特长，在突出课程体系设置的针对性、系统化的基础上，结合居民对美好精神文化生活的需求，广泛发动居民参与学校课程设计，推动居民角色转换。

一是设立积分管理制度，激发居民参与的主体性。为了加强对"居民 e 学校"的管理，金牛区建立及时有效的管理机制以及完善持久的积分体系。课堂设置采取积分的方式，激励学员参加茶艺、花艺、摄影成果展示。学员通过参加课程学习获得积分，利用积分能够为学校作出建设性贡献。其中，"爱成都·迎大运"摄影展活动借助"99 公益日"发动社会资源，与金牛区 7 个街道、7 个社区联合起来，并积极鼓励社区居民参与，展出作品 80 余幅，约 3000 人次参与现场观赏交流，展出作品题材广泛、主题鲜明，展现了金牛区在城乡社区治理、生态保护、美丽乡村、基础设施建设等方面取得的新进步，抒发了老百姓热爱党、热爱祖国、热爱生活的真挚情感，促进了社区治理的居民融合。

二是挖掘并发挥居民特长，实现居民的社会价值与个人价值相统一。为促进人财物等要素流入社区教育发展，发挥居民社区治理价值，金牛区建立

"居民e学校"专家数据库,链接全国各地教学资源。引入专家开展专业性更强、内容更精致的培训活动,形成了"社区主导、物业搭台、骨干参与"的治理模式,推动培训成果转化,培育出具有文体艺术、创业就业、医疗健康、邻里调解、日常生活等方面特长的居民骨干,居民骨干依据自身优势,开展社区教学课程,实现了个人的价值转换。此外,金牛区通过开发"居民e学中心"微信小程序,在学校与社区之间搭建共享幸福生活、传递快乐瞬间的邻里网络空间,推动居民在微信平台上分享"一技之长"。在防汛减灾工作中,"居民e学校"联动相关部门,以线上教育平台"居民e学中心"为载体,发动群众拍摄专题防汛宣传视频,广泛开展防汛知识宣传工作,实现了社区居民的社会价值同个人价值相统一。

(三)推动了多元融合的协同治理

与传统的社区教育学校仅具教育课程开发的功能不同,金牛区以挖掘有文化特长的院落党员骨干为契机,引进并培育区级自组织,并在社区层面开展社区微队伍培育孵化工程,通过人才培养与队伍建设,实现"送教到社区",推动社区参与主体的多元化发展。

金牛区以"居民e学校"为教育载体,通过线上线下的课程平台,将社区的各级各类人才聚集在一起。一方面,充分发挥学校教育优势,积极挖掘优秀骨干、社区带头人、社区能人,并将其输送至社区社会组织、自治组织,极大地激发了社区治理活力;另一方面,开设院落骨干孵化和陪伴成长课程,发掘优秀居民骨干回到院落参与院落治理,打造更加优质的营商环境。在社区能人的参与下,金牛区在多个社区培育并孵化了社区社会组织,创造了良好的社区治理环境,进而带动了更广大的社区群众积极投身社区建设,实现了社区的自我维护和发展。"居民e学校"逐渐成为金牛区推进共建共治共享的新型社区治理平台,形成了多方主体参与的融合协同发展模式。

四、金牛区"居民e学校"的典型经验

金牛区以"居民e学校"为平台,积极打造睦邻友好学习圈,增强了基层治理能力,实现了社区治理创新。金牛区通过线上线下等多途径向辖区居民开设各具特色的精品课程,培养了社区居民的才艺学习兴趣、专业知识技能,实现了居民的社会再教育、再就业,在课程互动的过程中积极挖掘社区能人参与课程建设，进而参与社区治理，培养了一批优秀人才、孵化了多个自组织，打造了多个社区院落队伍。其主要经验体现在以下几个方面。

（一）以社区居民学校为平台，创新教育培训课程

教育是基层治理现代化的"生命线"，也是基层治理现代化的重要组成部分。在社区层面开展教育既能带动全民学习，又能提升社会的文明程度。居民作为社区教育的主体，在学习内容、学习形式等方面有着差异化的需求，而传统的社区教育往往不能满足居民多样化需求，这就要求我们要以社区为单位，创新教育培训课程，打造社区居民学校。金牛区以构建"开放式、下沉式、互动式、共享式"的居民素质提升教育培训模式为目标，打造社区"居民e学校"。在"居民e学校"的建设中充分利用"互联网+教育"模式，多维度开发课程，围绕社区居民关心的常态化教育、职业技能培训、健康医疗、网络生活等内容，广泛开展线上线下相结合的讲座、培训、座谈等多种形式的教育。此外，在重视居民体验感的前提下，大胆创新课程设置，如开设调酒、珠宝鉴定、西式面点、花艺、高尔夫培训等更受年轻人关注的课程，将一节课分为多个课时，更加方便上班族、年轻家庭择优学习，吸引更多年轻人、社区能人、积极分子等参与进来。这一创新打破了以往社区活动多为老年人参与的固有模式，使更多年轻人和上班族有机会了解社区公共事务，建立起一套适应居民多元需求、体现居民价值和发挥居民特长的居民教育培训体系，为基层治理现代化建立基础。

（二）以发挥人才价值为目的，建强社区学习队伍

人才培养的核心路径在教育，人才价值发挥的关键在队伍。以人才培养为目的，挖掘社区能人、吸纳院落骨干、提升居民综合素质，离不开社区学习队伍的建设。金牛区在"居民e学校"的创建中，以发挥人才价值为目的，积极孵化培育社区学习队伍。一方面，以队伍建设带动体系建设，增强居民参与社区共建共治的意识，满足居民对优质教育的需求。针对不同人群的差异化需求，挖掘在文体艺术、创业就业、医疗健康、邻里调解、日常生活等方面具有经验特长的居民骨干。在社区与物业的联动下，组织社区能人就近开设"居民e学校"社区教学点课程；开发"居民e学中心"小程序，以居民为授课主体，开设摄影、茶艺、插花等专业课程，课程内容辐射居民生活

不同需求层次，培养居民的动手实践能力；居民以自主、配合的态度参加线下课程，利用线上方式分享生活中的一技之长，把学校变成了学习、交友、实现自我价值的平台。另一方面，在社区居民中间发掘骨干和积极分子，为社区教育学习建设注入"新鲜血液"。截至目前，已有4000多名年轻人在线进行学习，近500人携家带口参与公共事务和活动。营造政务服务、党员活动、邻里生活、教育卫生、文化体育、商业消费、文创科创、智慧治理等系列新场景，推动传统教育空间向融地域、生活、情感、价值为一体的新场景延伸，向共建、共治、共享多样场景转变。

（三）以共建共治共享为内涵，重塑传统教育体系

完善基层治理体系，健全共建共治共享的基层治理制度，是畅通居民利益表达、权益保障、兴趣展示、社区参与的题中应有之义，能够有效提升基层治理效能。金牛区以涵养社会文明为内涵，实现"学员来自居民、老师来自居民"的教育目标，大力发展共建共治共享理念，整合社区教育资源，以"居民学校居民办"为办学手段，推动"居民e学校"进社区、进院落、进家庭，实现教育资源与治理资源的双向流动，建设人人有责、人人尽责、人人享有的社区治理格局。金牛区不断推动居民教育学习同社区治理相结合，不断壮大e学校志愿服务队伍，促使居民与社区管理者在课程设置、人才管理、志愿服务、教育监督等方面发挥治理才能。从社区治理的角度来看，以政府为主体，推进社区教育平台构建，关键不仅在于提升居民学习能力，而且在于通过互联网、教育基地、居民交流平台、社区教育活动开展等多种途径向社区居民输送教育理念、教育观点、教育文化，在教育理念传播、活动开展、居民学习圈构建的过程中强化社区自治，增强社区服务效能。

第六章 场景营造：推进城市社区的主题创建

社区是党和政府服务群众、联系群众的"最后一公里"，也是体现人民群众幸福感的基本载体。中国城市社区建设已走过多年，在化解改革进程中的社会矛盾、满足人民群众的基本生活需要、提升人民群众幸福感、倡导良好的社会风尚等方面发挥了不可替代的作用。党的二十大报告提出："为民造福是立党为公、执政为民的本质要求。必须坚持在发展中保障和改善民生，鼓励共同奋斗创造美好生活，不断实现人民对美好生活的向往。"改善社区场所与景观、改革社区管理体制、提高社区自治水平和服务水平的重要性更加凸显。近年来，金牛区立足地方实际，顺应人民群众对美好生活的向往，以推动北城改造工程为契机、以破除城市二元结构为切入点，创新出了居民"自治改造"的新模式。特别是以"场景营造"为社区改革重心，金牛区充分利用城市设计等手段，在形态、业态、文态、生态等维度为老旧社区公共空间带来全面的价值增益，汇聚基层社会治理正能量，开创了城市社区改革的新格局。一些独具特色的创新典型案例逐步涌现，为各地城市社区进行场景营造提供了创新思路与经验参考。具体包括花照壁社区以"科技赋能"打造新型智慧社区、曹家巷社区以"美学营造"再生社区空间价值、新桥社区以"文创植入"塑造独特的公园社区特色、抚琴西南街社区通过"连片打造"对老旧社区进行有机更新。

第一节　科技赋能，智慧社区的"花式"建造

智慧社区是在 21 世纪信息技术迅速发展背景下新兴的一种社区管理新理念和新模式，包含智能化的生活环境、社区管理和社区服务，并涉及智能建筑、智能监控、智能医院、数字生活、智能家庭护理等诸多领域。在加速推进城市化建设的过程中，建设现代化、完善的智慧社区尤为关键。智慧社区可以充分发挥信息技术的优势，让居民拥有高效的智能化生活方式。其中的智能化设备为居民提供了更加直接的途径，让人们的生活更加高效、安全与便捷。2022 年 1 月，国务院办公厅印发《"十四五"城乡社区服务体系建设规划》，提出到 2025 年末，社区线上线下服务机制更加融合，精准化、精细化、智能化水平持续提升。随着传统社区生活亟待加速向智能化、数字化转变，金牛区花照壁社区在相关政策文件的指导下，以四川省第二批城乡社区治理试点为契机，积极探索智慧社区建设之路，让"花"式科技赋能社区治理，智慧社区建设在现代科技的"照"亮下熠熠生辉，构建"智慧政务＋智慧生活＋智慧文化＋智慧产业＋智慧品牌"的"五位一体"框架，实现了"以智慧政务提高办事效率、以智慧民生改善人民生活、以智慧家庭打造智能生活、以智慧小区提升社区品质"的目标。

一、花照壁社区智慧社区的既有基础

2020 年 4 月，四川省民政厅印发了《城乡社区建设示范工程实施方案》，对于"智慧科技型社区"的定义和项目的验收标准进行了详细说明。具体来说，就是要为社区群众提供政务、商务、娱乐、教育、医护及生活互助等多种便捷服务，在此基础上要注重项目的特色创新、资源整合、可复制和可推广。智慧化的服务就是以人为本、因地制宜地充分挖掘社区的情况、背景和需求，以期向不同的人群提供不同的服务。这为花照壁社区建设智慧社区提

供了重要的改革理念和创新方向。

(一) 花照壁智慧社区的建设背景

花照壁社区位于金牛区"茶花新经济圈"核心位置，总面积0.5平方公里，社区现有户数10267户，常住人口25345人，党员110余名，党支部4个，传统院落19个，商业楼栋3栋，商住综合体6个，商户684家，企业103家。辖区有中国SOS儿童村、格林幼儿园、蒙台梭利双语幼儿园金牛校区等主要教育资源，以及龙湖西宸天街购物广场、苏宁四川公司总部、竞技世界、永辉超市、星巴克等商业资源。依托龙湖西宸天街、地铁7号线等公共配套和资源，居民在社区周边便可享受到优质的教育、文化、娱乐、购物等服务。

由于社区体量大、住居户背景复杂，花照壁社区在治理工作上长期面临着诸多痛点、堵点和难点。一是社区信息渠道"单一化"。社区传统信息渠道以书面通知、口头传达、隔空喊话、纸质备忘录为主，随着居民诉求的多元化趋势不断加强，这已经不能适应群众对信息快捷传达的需要。居民急需社区信息在第一时间实现全覆盖传达，以实现"人社"短时间内的交流互动。二是沟通互动反馈"无序化"。由于社区人员流动频繁、工作信息负荷大、矛盾纠纷较为具体，社区事务处理结果往往存在信息不对称、反馈时间差等问题，社区矛盾纠纷化解"好结果"没有带来"好效果"，甚至徒增"新矛盾"，社区治理的时间成本、人力成本、物力成本难以控制。三是社区各类资源"分散化"。社区"组织端"资源、"居民端"资源、"社会端"资源、"阵地端"资源等各自为政、较为松散，且分布差异性和不平衡性突出。近年来，随着成都市的城市化进程快速推进，花照壁社区常住及流动人口日益增多、商业形态不断发展，居民和企业对便捷化、智慧化的生活提出了新的期盼和更高的要求，也对社区的发展治理以及如何更好地联系群众、更好地向居民提供精准、精细化的服务提出了更高的要求。花照壁社区突破传统思维定式、打造智慧社区建设迫在眉睫。

(二) 花照壁智慧社区的需求方向

花照壁社区的"智慧"需求主要体现在以下三方面。一是居民生活需求。随着居民区和商业区的进一步融合，居民对于商业服务的品质和便捷性要求越来越高,希望花照壁周边商圈商户能够提供性价比更高的服务。与此同时,辖区居民的维权意识和参与社区建设的意识不断增强,希望有更加便捷通畅的途径能够参与社区事务。二是企业经营需求。受新冠疫情影响,辖区内企业近年来面临较大的经营压力,希望通过一系列公益活动更好地履行企业社会责任,同时在品牌传播和产品营销上获得更多助力。三是社区治理需求。社区希望能够通过搭建平台和桥梁,帮助居民和企业实现对接,使沟通过程更加顺畅,沟通质量更加高效。与此同时,社区也需要不断引导居民和企业参与社区治理,提高居民和企业的满意度,引导企业诚信经营、履行社会责任,向居民提供优质的产品和服务。

二、花照壁社区智慧社区的核心实践

在智慧社区的建设过程中,花照壁社区从多个维度进行思考,既要考虑投入的实际,又要考虑试验的目标;既要考虑服务的提供,又要考虑不同的人群;既要考虑目标的达到,又要考虑现实的意义。在多维思考与创新模式下,形成了特色鲜明的"花式"智慧社区模式。

(一)资源整合助力社区治理,"大格局"服务"小细节"

作为成都市首批示范社区,花照壁社区依托过去的既有基础,全面整合资源,实现了"五位一体"的"花式"格局。一是完善智慧政务。花照壁社区整合过去既有的"营门邻居"与"营门小花"等平台,集中打造"悦享花照"智慧服务平台,实现"无须下载,扫码即达"的高效访问体验。在原有微信公众号运营的基础之上,社区进一步试点"在线资料审核"、即时通知等新功能,让"数据多跑路,让居民少跑腿",推动智慧政务升级发展。二是开拓智慧生活。花照壁社区整合"电商服务""O2O服务""生活服务""医疗服务""咨询服务"等资源,通过网络平台帮助花照壁社区困难群众提供家政保洁、管道疏通、维修服务、社区老年食堂助老为老服务等服务,节约生活成本,缩短生活服务距离,打造便捷的社区15分钟生活圈,进一步提高社区居民生活品质,探索多种资源协同参与的智慧科技社区的新模式。三是丰富智慧文化。花照壁社区结合社区正在建设的"儿童友好社区"演绎口袋公园,以及已成功运营的藏羌挑花编织刺绣社区宣传站、菲梵美术工作室等场景,根据社区居民的需求,利用社区资源与阵地,为居民提供线上、线下培训与服务。四是助力智慧产业。花照壁社区整合目前已建立的"商居联盟"资源，丰富"智慧社区平台"，通过"悦享花照"智慧平台小程序进行预约或购买服务，由平台统一收集需求，优先推荐"商居联盟"商家，更精准便利地服务居民。同时，社区还引进成都市均衡营养学校加入社区建设平台，开展企业职工创业就业培训，为商家和居民"赋能"，提升服务居民能效。五是打造智慧品牌。花照壁社区引入社会力量参与智慧化社区建设，通过智慧平台串联已有的场景和社区服务。依托社区新时代文明实践站，社区携手山岳应急救援服务中心，开展志愿公益服务，结合花照壁社区打造国际儿童友好社区的建设理念，拓展智慧社区建设的宽度和广度，满足居民的差异化需求，精准服务社区居民，扩大社区智慧品牌的知名度和范围，花照壁社区以"五位一体"的"大格局"聚集于社区治理的每一个"小细节"，切实提升智慧治理水平。

（二）社区平台助力居民互动，"小平台"托起"大服务"

社区是人民群众生活的重要场所，直接关系到人民群众的切身利益。随着人民生活水平的不断提升，传统社区的服务内容和方式难以满足人们的需求。花照壁社区运用以互联网为核心，物联网、大数据为基础的新兴科技，以居民为中心，以实际需求为导向，打造便民服务智慧平台，让辖区内的居民切实感受到现代科技带来的生活转变。在具体搭建智慧平台的过程中，花照壁社区通过"两步走"的路径，以实现政务服务与生活服务两方面的服务水平提升。第一步，社区在改革初期尝试构建"营门邻居"与"营门小花"在内的互联网服务矩阵，其主要用于发布辖区相关政策、通知、动态、好人好事、美食等各类信息，处理居民投诉、收集居民建议、发布活动资讯等。第二步，社区整合各类服务平台，建设"悦营门"智慧政务服务、生活服务平台，以平台作为抓手，强化解决居民急难愁盼的能力，并提升居民参与社区事务的便捷性和积极性。在政务服务上，原有问题反馈主要是通过拨打96110或者市长热线，从上至下进行处理。技术平台搭建后，社区积极试点"资料预审只跑一次"等服务模式，让政务服务更加智慧，平台还提供投诉、建议、表扬等功能，充分满足居民的表达诉求。社区利用计算机系统，建立一套保障机制，确保居民的反馈有回应，居民的呼声能落实，进一步畅通了居民和社区沟通的渠道，实现由下至上的转变。在生活服务方面，平台让居民活动参与、生活缴费等更加方便快捷,尤其是生活必需资源,如理发、买药、洗车、宠物美容等服务。居民参与活动或课程后还可获得积分以兑换奖品,在未来还将适时试点差异定价机制,让低收入群体、困难群体都能够享受到更加低成本的服务积分。平台的建设极大方便了群众了解社区动态,让居民的反馈有回音,让居民的生活更便捷,居民主动参与社区互动,实现了"小事不出社区"。

(三)智慧系统助力安全保卫,"小科技"支撑"大力量"

花照壁社区以科技设施为基础,整合区级部门资源、撬动资金、打通数据接口,推动双线融合,引入金牛电信、天府市民云等,同"悦营门"进行深度合作,对社区党建、网格、设备(摄像头、井盖、消火栓)等进行全流程再造,深入推动一体化建设,提高社区安全性。一是安装智能门禁系统,社区采用人脸识别、手机开锁等科技管理手段,为物业提供更快捷高效的管理,为社区安全构建一道安全屏障。在安装智能系统后,往日三轮车、电瓶车、外卖人员、共享单车及外来人员进出随意的问题得到根本性解决,切实提升了小区安全保卫工作和流动人员管理工作的能力。二是在新冠疫情防控工作中,社区为封控区内所有的单元门安装了智慧隔离门磁,每次开、关门,系统就会自动上传记录,弹出报警提示并同步通过手机短信和机器人将信息发送到社区工作人员和物业管理人员的手机上,一改往日单元楼栋及隔离人员的管控"人盯人"的方式。智慧门磁的安装使用,有效降低了上门排查的次数,极大地防止了管控漏洞的出现,节省了社区的人力和物力资源,提高了疫情防控的精准度。"小科技"的灵活合理运用,建立了花照壁社区双线融合智慧治理平台,实现了社区各类数据的全面可视化及监控调度,支撑起社区各类保卫工作的"大安全"。

三、花照壁社区智慧社区的创新成效

科技赋能社区"智"理,让新时代社区治理插上了"智慧的翅膀",智慧社区创建之路在花照壁社区试点运行中卓有成效。

(一)实现了社区信息渠道由"单一"向"多元"转变

通过"花"式科技打造,花照壁智慧社区在信息渠道上实现了升级转变。

在以往的社区服务中，居民的信息获取渠道较为单一，主要以口口相传为主。而在智慧社区的打造中，花照壁社区形成了以"悦营门"服务平台为基础，微信公众号、视频号、官方个人微信、商圈联盟微信群等渠道并存的智慧平台矩阵，极大地拓宽了社区信息的发布渠道，增强了社区居民的信息接收度，提升了社区活动的居民参与度。其一，在新冠疫情防控期间，社区利用视频号举办"抗疫立冬音乐会"，以视频会议、微信群等方式在云端完成，发布了《非必要物质转运的倡议》，该直播最终在线观看人数2万余人，获赞20余万。其二，社区一对一上门走访商户200余户，并根据商户情况组建了3个不同类别的商圈联盟微信群，带动商户诚信经营并积极参与社区治理，通过联盟微信群及时向居民发布购物等生活信息，促使商户和居民双方实现共赢。其三，社区通过公众号与视频号开展"网络生活节直播"和"花照壁社区党员大会暨优秀居民小组表彰大会网络会议分会场及直播"活动，提升辖区广大居民的参与度，促使社区居民了解社区工作、支持社区工作、参与社区工作。

（二）实现了社区各类资源由"分散"向"汇聚"转变

从花照壁社区前期智慧平台的搭建结果来看，实际需要操作的各类平台是相互独立的。多平台切换使用和传统信息整理相比，单一系统的管理能力提升了，但多系统叠加也降低了整体的管理效率。随着智慧社区的不断扩大，智慧社区中智能设施的不断增多，每个存在于智慧社区中的单一智能设施的平台管理不仅消耗大量的人力物力，同时也制造大量的冗余数据，在社区管理中形成信息孤岛，和数字治理所主张的内容背道而驰。在新一轮的智慧社区平台搭建中，花照壁社区整合既有各类资源及平台，集中打造"悦营门"服务平台，使社区工作人员通过统一平台进行管理，避免多账号多系统登录，实现系统扁平化管理，对形成社区文化、提升居民对社区的认同感有着重要帮助。同时，"悦营门"服务平台也更加方便社区管理人员整理收集数据进行分析，充分利用数据分析结果，制定合理的发展对策，降低决策风险，体现决策的有效性和实践性，为社区管理工作提供真正意义上的帮助。

（三）实现了社区信息反馈由"无序"向"有序"转变

通过科技赋能社区治理，花照壁社区建立了"1+3+7"（1小时受理、

3日或7日办结）社区信息反馈处理机制，使传统的"信息量大、类型繁多、处理无序、效果不好"的信息反馈机制得到转型升级，实现了科技赋能信息反馈。新机制的建立确保了居民的投诉建议件件有着落、事事有回应，更好地畅通了社区和居民的沟通渠道，确保了居民的反馈信息处理能落到实处。同时，花照壁社区探索打造"一支队伍"统管社区事务，整合优化各类基层治理力量和平台数据信息共同融入社区治理，实现社区与社会组织、社会工作者、社区志愿者等主体多方联动，将社区活动与各社会组织的活动均通过"悦营门"平台发布，让社区的资源真正实现汇聚，帮助居民更好地参与社区治理，实现社区资源整合的"最大化"。这些举措真正把治理触角延伸到网格、院落、楼栋等全领域，确保各项工作无缝对接、密切协作，实现从"无序"到"有序"转变。

四、花照壁社区智慧社区的经验总结

在探索与推进智慧社区创建的过程中，花照壁社区敏锐地抢抓模式转换的历史机遇，及时转变工作思路，积累了符合实际、具有地方特色的创新经验。

（一）坚持党建引领统筹各方

在智慧社区建设过程中，建设的主体众多（政府部门、科技公司、社区群众等），如何聚合资本、管理、技术等资源，分别实现各方的利益诉求就尤为重要。花照壁社区坚持党建引领，将党建与智慧社区建设统筹起来，发挥其强大的政治优势和组织优势，统筹各方资源，以解决"关键小事"为切入点，解决辖区内难点、热点、痛点、堵点问题，巩固党在基层的执政基础。其一，社区"两委"应承担起关于"互联网＋"智慧社区建设的设计任务，基于社区居民的生活与社会需求，根据智慧社区建设的总体目标，实现资源、资金以及人才等方面的统筹管理。社区"两委"应当结合社区当前发展现状，采用制度化设计方案和智慧化发展理念，推动城市智慧社区的建设。社区"两委"应当坚持科学设计的指导理念，根据社区实际情况，创建智慧化项目，形成一站式服务的智慧社区服务体系。其二，社区"两委"应发挥引导作用，从制度角度入手建设智慧社区，促进制度建设与智慧社区实践的高度融合，结合社区实际情况，满足居民需求，充分利用互联网加强民意反馈信

息的整合，从而制定制度衡量体系标准。为保证制度的高效落实，社区"两委"应当为智慧社区搭建协调机制和居民共享交流平台，以智慧化理念召开研讨会，协调工作，解决矛盾问题。其三，社区"两委"应积极处理多方关系矛盾问题，确立系统性思维，兼顾多方主体，以大局观念促进智慧社区建设，发挥政府的协调功能，鼓励多方主体相互交流，合理处理科技公司、商户、居民等多个建设主体的矛盾。

（二）坚持按需建设以人为本

社区建设的底色和方向就是以人为本，而以人为本就必须从实际需求出发，特别是面对社区内人群类别日益多样化，彼此的教育水平、数字化素养等存在较大差异。因此，智慧社区建设要从两个方面出发。

第一，从用户群体的自身状况出发。在社区群体中，部分中老年居民普遍对新技术没有概念，对智能化不能够准确理解，这对智慧社区建设来说是一大阻碍。智慧社区要求居民对互联网有一定的了解，能够熟练操纵智能化设备，而部分居民对现今的信息化工具比较陌生，无法完全掌握智慧社区中各项设施的使用，还有一些居民并不关心社区事务，也没有对社区的认同感与归属感，社区居民对智慧社区建设没有参与感，这导致智慧社区在建设过程中频频受挫，社区居委会也难以组织管理。因此，智慧社区建设要充分考虑到不同群体的不同需求与接受水平，在具体工作推进中，将群众利益放在首要位置，积极引导群众参与智慧社区中智能设施的管理决策，保证管理决策的合理性和客观性。同时，社区还需要帮助居民提高自治意识，意识到自己在社区管理工作中占据的重要地位，发挥切实有效的实际作用。另外，社区应当立足实情制定科学合理的发展规划，引导民众广泛参与智慧社区管理，最终实现让不同年龄段居民都能享受到更加便捷、优质服务的目标，努力打造友好型智慧社区。

第二，从社区管理人员的实际出发。科技越智慧，就越需要人治理的智慧。社区管理人员的素质决定了社区服务质量、管理水平的高低，在社区管理过程中，居民还是发现了很多问题，比如社区管理人员的服务意识不强，对社区事务了解得不全面，缺乏专业知识和技能等。这就需要社区立足基层实际，健全人才培养体系，创建个性化人才培育机制，确立与智慧社区相匹配的人才队伍，通过大数据平台进行本地教育资源整合与分类，与当地教育机构建立合作关系，以此引进人才，对人才展开培训教育。在这些工作人员上岗之前，社区要针对智慧社区的具体业务范围进行统一的培训，并在后续工作阶段定期举行培训活动，不断提升社区工作队伍的综合素质和整体水平。

（三）坚持多方参与协同治理

智慧社区的建设是一个多方参与、协同推进的过程，既需要社区"两委"发挥主导作用，同时也需要社区工作人员、社区居民等的参与。从"花式"社区的建设经验来看，多种主体协同参与有利于营造共建、共治、共享的和谐氛围。第一，注重发挥政府在智慧社区建设中的主导作用。一方面，政府要注重顶层设计，加大各方面资源整合力度，顶层设计在智慧社区建设的过程中占据着核心地位；另一方面，系统设计要保证安全性，在合理开放数据信息的同时，一定要设置相应的权限，以保证居民的隐私信息不外泄，提高用户的安全度和信任度。第二，充分发挥社区作为智慧社区建设的主阵地作用。一方面要创新工作思维和工作方法，在平时的工作过程中，社区不能只是一味地执行上级政府的指令，要结合社区实际，创新工作思维，改进工作方法，以社区居民的需求利益为导向，推动日常工作服务方式的改进；另一方面要加强社区文化建设，增强社区居民的认同感和归属感。在日常生活中，社区要通过举办各种活动，丰富社区居民的生活，尤其是吸引更多年轻人融入社区。例如，花照壁社区开展的"云上抗疫音乐会""网络生活节直播"等活动，这些活动使社区居民由拒绝参与、被动参与转化为积极参与、主动参与，从而能够更好地参与智慧社区的建设。第三，充分发挥居民在智慧社区建设中的主力军和主要受益者作用。居民作为社区的主人，更要积极参与智慧社区建设，要不断提升自身的信息技术知识和专业技能，这是参与智慧社区建设的前提条件和智力基础。居民要积极投身信息化技术的浪潮中，多关注网络信息。另外，居民在实践中要积极践行所学到的信息技术技能，比如日常的生活缴费可以使用相关的智能设备，类似于自助机、小程序等进行操作，这在为自身提供便利、享受到社区的各种智慧应用的同时，也有利于提高社区工作人员整体的工作效率。

第二节 美学营造，
社区空间的"价值"再生

2019年11月2日，习近平总书记在上海考察时提出"人民城市人民建，人民城市为人民"的重要理念，这是新时代推进城市建设的重要遵循。2022年1月，中共金牛区委办公室、金牛区人民政府办公室印发了《金牛区建设践行新发展理念的"天府成都北城新中心"行动计划（2021—2025年）的通知》（以下简称《通知》）。《通知》明确指出，要加快打造未来公园社区，建设强大而包容的高品质生活宜居地、打造具有生活成本竞争力的理想社区、营造充满活力又富于创造的场景氛围。基于以上要求，金牛区曹家巷社区以"老曹家巷红砖记忆"为主线，融入"生活美学、文化美学、艺术美学、空间美学"等理念，打造曹家巷社区美空间，挖掘其民主价值、美学价值、商业价值、情感价值，探索践行"人民城市"的价值理念。

一、曹家巷社区空间价值再生的实践背景

曹家巷社区始建于20世纪50年代，是成都最有名的工业居民建筑区。面积0.37平方公里，常住人口2.2万，曾是中心城区最大的危旧房棚户区。由于建筑年久失修，居住环境恶化，混乱的商业管理和严峻的治安形势成为旧城改造的重点。2012年以来，曹家巷启动自治改造项目，在社区居民的协同共建下，社区焕然一新。

（一）曹家巷社区再生的历史渊源

曹家巷原为府河北岸的一条用石板铺筑的小街，因为毗邻府河，在历史上曾经是成都著名的烟码头，各地的烟叶都通过府河的船运在这里进行汇集交易。曹家巷也成了一条交通要道，行驶的重载鸡公车经年日久地行走在街道上碾压出了一道道沟槽，久而久之就被人称为"槽家巷"，因为"槽"与

"曹"字同音，最后就变成了曹家巷。曹家巷社区再生的过程并非一帆风顺。作为中心城区最大的危旧房棚户区，曹家巷社区亟须改造的项目繁多，复杂的群众利益与多种因素冲突交织在一起，改造项目十多年来多次动议却无法启动。棚户区是城镇化进程中新旧交替的特殊产物，也是城市文化特色的重要载体。随着社会经济进步、城市快速发展，旧城棚户区建筑密度过大、景观环境破败、基础设施老旧等问题严重影响了居民的生活质量和城市的可持续发展。棚户区改造不仅是城市更新的重要手段，也是改善人居环境、提升城市形象的必经之路，全面折射出中国城镇化进程中所面临的困境与改革的方向。然而半个世纪过去，工业文明时代耀眼的曹家巷在城市快速发展中逐渐衰落，人文、经济、生活处于相对停滞的状态，曹家巷也成为当年"成都市北部城区老旧城市形态和生产力布局改造工程"（简称"北改"）的"第一改"，对整个"北改"都有着决定性的意义。

（二）曹家巷社区改造的困难处境

曹家巷改造片区面积约198亩，房屋多为20世纪五六十年代的老厂区房，各类不同房产3765套，其中65幢危旧房、7个旱厕，居民3364户、14000余人，共同组成了成都市中心最后的棚户区。一家几代居住在十几平方米的小房间，房屋结构简陋，治安乱，安全隐患突出，街道早已沦为沿街叫卖的露天菜市场。菜摊、水果摊和肉摊拥挤在一起，满地都是菜叶、果皮。面对糟糕的生活环境，许多居民叫苦不迭。一直以来很多居民也纷纷向政府反映生活生产问题，希望金牛区政府能彻底改造此片区域，重新规划片区，还老百姓一个全新的家。但面对曹家巷的改造重建，金牛区政府及华西集团曾多次讨论改造事项，却都因为改造资金过大而搁浅，最关键的因素是复杂的居民利益诉求。通过调研发现，本片区居民对于曹家巷拆迁持三种不同的态度：一是务工租房者，由于此地位于成都一环但租房价位较为低廉，即便环境设施脏乱落后，但对于一般打工者而言，较低的生活支出是比较实际的选择；二是长期以来居住在这里的老居民，并且以一家几口共同居住为主，年龄较大者居多，低质生活所导致的生活压力是他们急需政府改造的原因；三是在曹家巷有房出租却不在此地居住的居民，由于长期以租赁房屋获取额外收入，这部分居民大多数持观望态度。

（三）曹家巷社区改造的发展机遇

2011年以来，成都市针对北部城区老旧城市形态和生产力布局开展"北改"工程。为打造西部经济核心增长极，构建世界生态田园城市，建设宜人成都，成都市提出了"交通先行""产业倍增""立城优城""三圈一体""全域开放"五大兴市战略，而其中又以地处市中心的曹家巷棚改最为典型。曹家巷棚户区地处成都市中心北一环内，交通便利、地理区位极佳，但随着"北改"项目的开展，政府意识到只靠自上而下的强制手段很难完成改造工作，需要开创出一条居民自治改造的新路子。秉持"政府凝聚、社会参与、多方主体、群众自愿"的原则，曹家巷社区成立了由居民投票选举产生的"居民自治改造委员会"，其核心在于让居民成为拆迁改造中的主体，充分尊重群众意愿，高品质推进棚户区拆迁改造。这一举措极大地避免了传统改造中的权力纠缠问题，是旧城改造多方权力协商的成功案例。仅仅在一年半的时间内便完成了3500多户居民的签约工作，签约率高达99%。曹家巷社区"北改"自治改造的成功为自身今后的发展指明了方向，特别是如今曹家巷社区"美"空间的营造。社区在"北改"结束后，一直在探寻如何营造群众真正需要的社区空间。2019年，原恒大曹家巷广场售楼处一层和五层共约3000平方米按照约定将正式移交给曹家巷社区使用，曹家巷社区党群服务中心引入知名社会组织地瓜社区参与空间营造，以"老曹家巷红砖记忆"为主线，融入"生活美学、文化美学、艺术美学、空间美学"等理念，建立了成都市第一个"地瓜社区"。

二、曹家巷社区空间价值再生的核心议题

在人民城市理念的指导下，社区空间的建构面临理念和实践的双重转型。作为一种公共物品，社区空间的营造不仅仅是单向度的"供给"、无差别的"给予"或暴力式的"填塞"，而应该对居民的需求有充分的认识，对差异性需求有充分的把握。曹家巷社区深入了解群众需求，分别从民主、商业、美学、情感4个维度挖掘社区价值。

（一）一核引领，缔造社区空间民主价值

曹家巷社区空间改造牢牢把握以党建引领为核心，以党员为细胞、党小

组为节点、党支部为神经、党委为网络，建构"横向全覆盖+纵向深落实"的党建工作模式，创新开展"三大集成"的工作方法，搭建党建协商自治平台，以此实现居民对日常生活的民主协商需求，缔造社区空间的民主价值。一是主体集成。曹家巷社区通过党建引领，将社区物业公司、院落自管委、个体工商户、社会组织等进行组织集成，从各领域、各方面、各环节推动社会组织开展社区空间的营造工作。同时，充分"集民力、集民智、集民心"，让辖区各主体都能力往一处使、智往一处用、心往一处想。通过社区联席会、兴趣沙龙、小区坝坝会、楼宇纳凉会等简单而又亲民的方式，社区广泛调研居民需求，了解居民"心中理想的社区空间"，最终形成"多方+提案+协商+公约"民主提案、民主议事和民主决事的共治场景。二是业务集成。社区"两委"将社区服务中的人社、民政、残联、文化、教育、体育等工作统一梳理归纳，让居民在办事过程中，清晰办事要求，明确办理过程及节点。与此同时，社区基于群众需求的多种多样、问题的纷繁复杂，依托"群众说服群众"的曹家巷群众工作法宝贵经验和"三事分流+三治治理"成功探索，通过党建引领搭建居民自治协商平台，让居民习惯"遇事我来提""有事我来议"，进一步完善基层协商民主议事机制；引导居民分类分流"社区事、院落事、家里事"，实现"社区事"依法办理，"院落事"协商解决，"家里事"自行处理，实现社区空间事务的"民主协商"。三是工作流程集成。社区将原有单一、散乱、烦琐的工作流程，通过"互联网智能集成系统"进行优化和简化，形成"自办+代办""线上+线下"的工作流程集成系统，全面了解和掌握办理全过程，形成"综合服务—系统推进—专人办理—督查督办"的流程集成。

（二）产消融合，开辟社区空间商业价值

从传统意义上说，社区商业是以地域内和周边居民为主要服务对象的零售商业形态，关系着人们日常的衣食住行。在社区发展日益完善的今天，社区的商业价值进一步凸显。曹家巷社区在开辟自身商业价值时，没有采用传统单一的招引企业形式，而是既积极规划招商，又号召居民创业，形成了独有的产消融合模式。一是积极配合规划招商。随着曹家巷社区的居民持续增多，社区附近的红星路至府青路3000米范围内，缺乏一座具有影响力的大型商业综合体担当商圈的"门面形象"，红星商圈内现有社区商户已然不能满足附近居民的日常消费需求。曹家巷社区积极配合政府招商引资，蜀潮·红星里商业街项目在此修建，成为当地特色商业旅游新景点街区，充分体现成都味、国际范，同时融入强大的蜀潮品牌文化IP。二是创新开展产消者计划。曹家巷在引入"地瓜社区"的建设经验时认识到，只有将空间提供给当地人，激励他们参与空间的生产、消费和分配，才能真正激发其社区商业价值，"产消者计划"由此诞生。产，即生产；消，即消费。社区为居民提供就业创业帮扶服务，帮助他们利用自己的技能在社区实现就业或创业的同时，为社区提供服务，也从其他社区成员处获得其他服务。每个人既是生产者也是消费者，从而形成"社区小经济"治理模式。得益于"产消者计划"的实施，"成都小时候的糖油果子"也重新出现，就设置在社区的入口处，无数成都居民都慕名而来，要追寻一下"成都以前的味道"。

（三）优化结构，实现社区空间美学价值

"北改"前的曹家巷是成都最早的职工宿舍集中片区，街区内多为红砖外墙的苏式筒子楼，有着邻里感强烈的围合空间，鲜明的建筑风格和多样的院落空间营造出曹家巷深厚的人文底蕴。过去的老建筑虽然已经不复存在，但曹家巷并没有斩断文化的挖掘与传承，而是继续探索优化，实现社区新的美学价值。一是使用材料异质拼贴的装修风格。社区公共空间采用了不同材料，即"红砖+不锈钢+木"的组合。"红砖"代表老曹家巷的建筑记忆，每一匹"红砖"都是一页日记本，记录的是每一个老曹家巷人的集体回忆；"不锈钢"代表了现代人快速的生活；"木"代表了自然和日常，经得起日常的，才是最有力量的。别出心裁的材料使用是曹家巷独有的风格打造，独特的设计既在一定程度上还原了"老曹家巷"的建筑风格，又创新实现了现代融合之美。二是优化美学结构。例如，社区公共空间的书架被设计成一组组不同的兴趣小组，每组书架由一台电视机、一块黑板、一块软木板以及若干小书架构成。类似这样的设计还有许多，社区的结构优化让书架等物件不再是简单的摆放工具，而是呈现出不同的社区自组织的美学结构。三是采用微缩景观增强邻里联结。社区公共空间其中的一面墙上，摆放着许多小小的房子。金属小房子代表着商品房，尖屋顶的木头房子代表回迁户，每个小房子上都有专属楼号。并且，社区专门组织乐高工作坊，鼓励每个家庭把自己的玩具人物形象放在每一个自己居住的"楼"里，显现出曹家巷微缩的"小景观"。

通过乐高坊的共同制作与微缩景观的共同摆放,实现了美学的"重新定义",也拉近了社区邻里之间的距离,增强了社区情感上的联结。

(四)互惠联结,营造社区空间情感价值

社区空间的美不仅体现在资源与空间的物质层面,还表现为居民之间的情感关联,在心理上建立一种共享的情感联结是实现社区良性运行的重要基础。曹家巷社区注重情感价值的营造,通过老物件、老回忆、多层次互动来提升社区居民彼此以及对社区的情感联结。一是以"老曹家巷红砖记忆"为主线。在社区党群服务中心打造之初,社区开展前期需求调研,拍摄了《我们想要啥》纪录片、绘制了"社区人文地图"、收集了曹家巷老照片等,营造了"阳光下的盖碗茶""公厕007""老窗里的回忆""躲猫猫的时光机""小朋友的涂鸦墙""乐高工作坊"等可视化场景,既传承了曹家巷的历史文化和城市记忆,也呈现新老曹家巷人的生活日常,现在曹家巷社区已经成为北门里片区又一个新的网红打卡地。二是引入"共享厨房+茶馆"。在过去物资和能源匮乏的年代,成都的社区活动中心就是茶馆。茶馆里包罗万象,甚至社区支部书记都在茶馆里摆"龙门阵"(聊天),以此解决邻里纠纷。因此,曹家巷社区在"老曹家巷红砖房"的设计中,就在入口处设计了"共享厨房+茶馆",只有穿过这个共享厨房,才能进入各家的小单间。在需求上充分调研考虑,在设计上拉近邻里距离,在情感上增添彼此联结,曹家巷社区通过一系列举措让居民互惠联结,切实挖掘出了社区空间的情感价值。

三、曹家巷社区空间价值再生的创新成效

在社区空间营造中,曹家巷社区聚焦于价值创造,敢于创新,取得了显著成效。曹家巷社区对社区空间进行"四位一体"的目标打造,即社区治理共同体、社区空间自组体、社区文化美载体、社区情感寄托体,形成独具特色的空间价值再生模式。

(一)民众深度参与,实现了"社区治理共同体"

曹家巷社区通过党建引领建构了"横向全覆盖+纵向深落实"党建工作模式,筑牢了党在基层的阵地,聚合了基层治理新功能,全方位提升了各主体的主动性和积极性。曹家巷社区以民主协商引导和鼓励各主体解决公共问

题,形成了"群众说服群众"的曹家巷群众工作法;以自治机制指导各主体表达公共诉求,参与公共决议,追求公共目标,实现人人有责、人人尽责、人人享有的"社区治理共同体",通过党建引领搭建的居民自治协商平台展现出卓越成效。锦江岸小区由党员骨干带头成立自治组织,引领居民推行了十余年自治管理,不仅实现从负债 2 万元到盈余 20 多万元,还形成了商品房小区党建引领居民自治机制,吸引多方前来学习参观。恒大雅苑返迁小区在原物业公司撤场后,建立"党组织＋自治组织＋物业机构＋社会组织"四方联席会制度,顺利平稳组织 3000 余户居民选聘出临时过渡的物业公司。

（二）回应真实需求,实现了"社区空间自组体"

要实现社区空间"美"的结构应将居民个体的自由发挥与社区的组织结构有机结合到一起,曹家巷社区以人民为中心,通过聚合多项政务服务下沉社区,切实便利了企业、群众在家门口快捷办理。曹家巷社区与周边业态配合布局全链条生活服务,创新消费场景,满足了居民更高的生活需求;筹措约 350 万元打造的"社区自组体",其服务不仅满足了辖区企业、群众的基本需求,而且提供了艺术表达、文化展示、消费体验、情感交流等高层次服务。在创新提出的"产消者计划"中,社区实现了"以空间换服务"。目前,社区已引入"北门书会""成都小时候的糖油果子"等产消者项目,十多位居民实现"家门口创业",社区也因此荣获"国家级充分就业社区"称号。在未来的社区空间建设中,"产消者计划"将继续带动辖区居民共同参与社区空间运营,为更多居民赋能,在家门口实现空间价值。

（三）创新元素设计,实现了"社区文化美载体"

社区空间营造要注重文化特色,坚持以人为本,注重群众体验,深度挖掘社区本地历史文化和艺术特征。曹家巷社区在社区空间营造中将文化元素植入空间设计,特别是书架及阅读区域的匠心设计,彰显了老曹家巷的文化氛围和艺术底蕴。曹家巷社区目前有藏书 1000 余册,同时引入了线上阅读和图书管理系统。分栏的书架不仅有相关图书,还有一块显示屏和留白的地方,可以让读者们很快找到"书友",组成不同的兴趣小组,还可以发布活动,开展主题读书会。通过空间的打造,曹家巷社区让居民公共文化空间兼具开放性、现代性、艺术性等特点,提升了曹家巷社区的特色和文化品位,将"好看"和"好用"相结合，受到了众多居民群众的青睐。作为一种崭新的公共文化服务形态，"阅读美空间"的打造推动了居民群众转变阅读方式、养成阅读习惯，形成全民阅读的氛围。社区居民在公共空间定期举办读书会等活动，一起分享知识，分享收获。

（四）传承红砖记忆，实现了"社区情感寄托体"

传承并塑造场所精神是社区空间美学的终极目的。曹家巷社区在"北改"之后，存在外来人口融入、熟人社会转型等难点、痛点问题，因此，在改造计划的设计阶段，社区就充分考虑所在地域的气候、地形、历史等诸多要素，凝练独有的思想、观念等场所精神，使社区居民产生"定居"于此的情感寄托。一是多层次互动得到充分认可。曹家巷社区在设计时通过为互动适度留白，把创造的主动权交还给社区居民，这一核心策略使社区空间的营造由物境转向意境。社区互动墙上的老照片、老物件都由居民主动提供，以期追寻老曹家巷的往事情感。在公共空间的橱柜中，有很多居民捐赠的物品和作品，每一件都是一段无言的故事。"产消者计划"催生出的糖油果子摊位也安排在社区的入口，它同样凝结着20世纪的记忆，寄托着社区居民的情感回忆。二是空间意境初步形成。曹家巷社区的老红砖、互动墙上挂着的"老风格"在一定意义上保护了历史建筑，留住了城市的风貌；既传承了社区品格，也激活了居民记忆，初步实现了社区历史文化等精神属性的意象化，让过去的街区可以漫步，让建筑可以阅读，让城市更富温度。

四、曹家巷社区空间价值再生的经验总结

《成都市城乡社区治理总体规划》提出，要以人为核心，从人的感受、人的需求和人的发展出发，明确"谋福祉、兴文化、优环境、塑空间、育活力"的社区发展策略。曹家巷社区在发展建设中，紧紧围绕"五维并举、互融互促"的策略，形成适用性普遍的经验模式。

（一）居民广泛参与，美学空间里的自治管理

社区物理空间是社区存在的外在形式，是社区形象的最直观展示，社区空间的"美学营造"有利于帮助居民保持内心的安宁、平和以及愉悦。一直以来，社区公共环境空间存在空间布局混乱、资源浪费、便民化思维缺乏的

问题,比如楼道杂物堆积、空间废弃闲置、空间改造形式化等。这导致社区空间的隔离感增强,割裂居民联系,加深居民与社区的隔膜,空间规划的一键式设计也缺少人文关怀和多样性。曹家巷社区回应居民真实需求,深入居民的日常生活区域进行动态治理,在保证美观的同时,也注重提升空间的生活属性,将居民生活的平常景观和日常空间融入空间改造和重构。在改造过程中,社区充分采纳居民建议,让居民参与规划,号召居民主动拿出老物件,共同传承老社区历史、装扮空间布局。居民主体通过对社区公共环境进行参与式治理,积极对自身生活空间进行契合自身利益的改造。这样的"自治管理"模式不仅满足了居民的切身利益,也使社区的公共空间更加美观。因为居民自主参与社区事务,在社区事务治理场域中的交流自然会过渡到日常生活中,增强居民的社区空间认同,在情感和规范上都对社区产生归属感和认同感。认同与参与是一个循环往复的互构过程,对社区的空间认同会促进居民的参与行为。同时,在参与过程中,居民通过自主建设和交流建立认同感。如此在空间改造过程中,居民在心理上和行动上形成了集体意识,最终从个体行动推广到全社区行动,进而对大范围的社区治理产生扩散效应。

(二)空间创造服务,美学空间里的政社共建

社区作为公共文化服务体系的末梢,有独具特色的本地文化特点,居民的文化需求也呈现出多样性,相应的文化服务与供给也必须多样化,以此避免同类同质化。但在实际的公共文化体系的建设过程中,政府对于社区运营与社区文化的需求缺少一定的把握,而社会企业因其自身专业性能够更好地为居民提供有针对性的公共文化服务。曹家巷社区改造的底层逻辑就是以空间资源创造服务资源,将行政化的公共文化服务体系转化为社会化的专业服务。在引进社会主体参与公共文化服务体系建设中,专业能力与社会责任感是两个重要的衡量指标。在充分保证社区运营的公益性的同时,政府会提供相应的资金和政策支持兜底,让企业认真为居民提供高品质服务而无后顾之忧。这一过程有助于在居民中形成良性循环,社区通过为居民提供服务和均等的资源享用机会,赋权给居民,为居民提供社区空间改造的参与机会,从而带动各方一起"公转"。然后,社区再逐步放权于民,激发居民"自转",使居民先参与后自觉,由被动向主动转变。这充分体现出人民的主体性地位,居民也从社区"旁观者"转变为"规划者",充分发挥空间的公共和开放的

属性，使公共空间真正成为居民互动交流的生活场域。特别是"政企民"三方社会力量联合起来对公共空间进行改造和完善，使得社区环境治理过程更加组织化和有序化。居民亲手建设的公共空间反映着居民对美好生活的真实需求，凝聚着居民的智慧和成果，契合居民的日常生活习惯。正是公共空间的"为民所造""为民所用"，居民才能从中获得归属感和参与感，对于公共空间也会有一种享有感和责任感。居民在享有使用权的同时，也激发了保护的责任，个体间的相互监督和制约优化了居民的环境保护行为。因此，在"社区主导＋企业运营＋居民参与"下，社区人人有主体性意识，学会自己做主、自己当家，推动社区的整体性发展，真正实现"政企民"三方共建。

（三）情感塑造联结，美学空间里的社区团结

公共性是人民城市的重要特征。社区空间的"美"不仅体现在资源与空间的物质层面，还表现为居民之间的情感关联，在心理上建立一种共享的情感联结是实现社区良性运行的重要基础。曹家巷社区基于文化、情感等联结在一起，形成了相互支撑的社区共同体。在文化共享方面，曹家巷社区从"老曹家巷红砖记忆"入手，自社区空间营造之初，就注重打造让居民亲身参与的物理空间的改造，以实现居民资源共享。居民对环境空间的自主参与和改造产生了符合居民需求和利益的环境空间，使环境空间真正做到为居民所用，增强居民对社区公共环境的认同和维护，使公共环境资源成为社区居民的共同"所有物"，在此基础上让居民拥有了物理意义上的认同感。在情感共联方面，曹家巷社区通过"产消者计划"，塑造社区"达人"的个体形象，通过个体行动激发其他个体对于集体的情感归属，共同参与社区建设。居民在建设和维护过程中增进彼此交流和互动，在物理空间中创生出居民自己的社区关系网络，在行动中实现情感关联，情感上的团结反作用于居民的自主行动，通过在情感上与意识上产生联结与共享。维持这一共同体的机制是一种群体心理，是一种情感共识与价值认同，体现个体之间紧密的社会关系。从互惠走向联结是从利益向情感的转变，居民之间的关系越发密切，从而进一步有意识地塑造群体认同，才能将社区的一个个小分子汇聚成团结的共同体，达到社区环境治理的最佳效果。

第三节　文创植入，
公园社区的"特色"塑造

社区是城市最基本的生活单元，也是人民生活幸福感所在。成都市金牛区新桥社区通过城乡社区治理的小切口，不断探索特大城市治理体系和治理能力现代化。近年来，社区不断探索创新新时代城市治理新路，大力推进城市有机更新和公园社区建设，依托社区摄影特色主题，实施"场景营造、共建共享"，通过"文化切入、生态融入、产业植入、多方参与"，积极探索打造公园社区建设样本，推动新桥社区成为共建共治共享的"社区治理共同体"和"网红打卡新地标"。

一、新桥公园社区"特色"塑造的既有基础

建设公园城市是当今城市绿色、可持续发展的必然趋势，着重"以人为本"，促进人与自然、人造城市与自然环境的和谐共生。创新城市空间规划设计，打造人民宜居公园城市环境，已是当今城市化的发展主题。新桥社区要塑造出独具特色的"公园社区"，就必须厘清自身优势，明确公园社区建设要求。

（一）公园社区的丰富内涵

公园社区是基于公园城市的定义衍生出的概念，理解公园社区概念，要首先理解公园城市的内涵。首先，建设公园城市是践行系统的绿色发展观，不仅是"在城市中建公园"，还要突出山水林田湖草生命共同体的生态观，推进经济、社会、生态等全要素全过程的绿色化；其次，公园城市突出以人民为中心的价值导向，以人民的幸福感和获得感为根本出发点，强调公共性和开放性，要求"共商、共建、共治、共享"，满足人民的个性化需求；最后，公园城市强调公园形态与城市空间的有机融合，绿色生态空间承载着休闲、

人文、创新等复合功能，形成生产生活生态空间相宜、自然经济社会人文相融的现代化城市形态。一个城市的公园社区集合组成了公园城市，这就要求公园社区的建设要继承公园城市的属性与要求。

（二）新桥社区的基本概况

金牛区沙河源街道新桥社区位于成都市西北部，地处北大门沙河源头地带，东与九里堤街道办毗邻，西接沙河源街道长久社区，南与西华街道办相邻，社区内交通发达，商贸市场兴旺，社区面积1.46平方公里，内有8个居民小组和8个居民小区，常住人口5446人，2178户。社区设党总支1个，下设3个支部，党员共144名。在2012年成都市北城改造之前，社区汇聚了金府钢材城等多个传统批发市场，人员构成复杂、社会治安混乱、矛盾纠纷突出，社区治理面临诸多问题，是远近闻名的"三乱"地带。

（三）新桥社区的改革契机

2011年以来，成都市针对北部城区老旧城市形态和生产力布局开展"北改"工程。为打造西部经济核心增长极，构建世界生态田园城市，建设宜人成都，成都市提出了"交通先行""产业倍增""立城优城""三圈一体""全域开放"五大兴市战略。面对社区的"三乱"处境，成都市的"北改"工程为新桥社区带来了改革契机。随着"北改"进行，新桥社区认真梳理社区资源，整合起自身的优势——悠久的摄影文化历史，2005年就被文化部授予了"全国民间摄影艺术之乡"，同时还有着风筝非遗文化的特色。此外，社区所处地理位置建有三级绿道，府河穿境而过，有5个公园连接成片，人均绿地面积达18.64平方米，生态本底良好。凭借良好的自然资源和得天独厚的文化底蕴，依托成都"北改"政策，新桥社区开启了"公园社区"建设的新纪元。

二、新桥公园社区"特色"塑造的核心议题

近年来，新桥社区加快推进传统市场"关调改转"，创新实践"社区+产业+生态+商旅"模式，着力打造"一圈"优形态、"一园"活生态、"一街"强业态、"一馆"精文态、"一社"亮心态的社区治理样板。"一圈"即"15分钟社区生活服务圈"，"一园"即府河摄影公园，"一街"即摄影文创特色街区,"一馆"即成都当代影像馆,"一社"即社区党群服务中心。短短几年,新桥社区实现了从"低端市场区"向"国际化公园社区"的华丽转身。

(一)文化切入,做精人文社区"摄影文化"

在社区建设初期,如何切入"三乱"地带的社区改造是首要问题。新桥社区充分吸取各地经验,并深度挖掘自身特点,梳理文化资源和艺术资源优势。特别是2005年被文化部命名为"全国民间摄影艺术之乡"这一独有优势,让文化切入成为首要的优势所在。一是探寻自身摄影文化起源。新桥社区摄影文化源于一批农民摄影艺术爱好者,于是,社区面向居民征集20世纪80年代"农民摄影摩托创作队"外出采风等老照片1000余张、老物件100余件,打造"乡音乡影乡愁"记忆墙,唤起居民归属感。社区依托成都市金牛区摄影协会,打造市民摄影学院,在社区孵化府河影社、妇女摄影微家等社区社会组织,延续摄影文脉。二是不断丰富摄影文化的载体。社区坚持将人文场景与生态场景、消费场景、生活场景深度融合,如2018年新桥社区综合体、摄影文创特色街区等项目启动建设,2019年成功引进特想集团、萨尔加多等大型文创项目,2019年府河摄影公园、成都当代影像馆等正式投运。三是营造摄影文化的浓厚氛围。社区通过搭建展示平台,塑造"社区达人"形象,以此构建优秀文化交流大平台。如依托成都"熊猫"文化创新设立的"金熊猫摄影艺术奖",有效提升了社区摄影文化的思想性、学术性和艺术性。同时,社区创建社区居民家门口学习平台,大力培育居民志愿服务队伍,挖掘具有摄影、太极剑、国学等特长的"社区达人",营造浓厚的社区文化氛围。

(二)融合发展,文商旅体融入"摄影生态"

围绕价值转化,新桥社区按照"文商旅体融合发展"理念,紧扣"摄影主题",重点开展生态融入工作,为摄影植入相关合理生态,切实提升公园社区环境品质,引导城市社区功能和"摄影"主题功能叠加耦合。一是增绿筑景,增添摄影生态基础,以生态融入提升社区价值。社区依托金牛区科学编制的"上河锦江·九里春晓"国际化社区城市设计方案,以锦江公园为载体打造占地117亩、内含绿道1.5公里、投资4000余万元的府河摄影公园。通过锦江绿道、熊猫绿道与成都欢乐谷、沙河源公园等七大公园串联成网,社区形成总面积达839亩的社区连片贯通公园体系，营造开敞通透、开放共享的公共空间，促进生态价值转化。二是提升公园社区品质。根据社区人口结构及消费习惯，社区精准布局中增设国际幼儿园、熊猫驿站等标志性项目，分散布局社区超市6个、医疗机构8家、绿地广场3个，基本建成老中青幼全覆盖的社区服务体系。同时，社区借力"增花添彩"等项目，整治"两拆一增"点位，增加开放空间2000余平方米，完成道路黑化12公里，实施社区"微更新"、环境"微提升"，使社区品质显著提升。三是营造摄影风情，打造类海外生活场景。社区结合周边楼盘风格，依托成都当代影像馆打造地中海风貌街区和欧陆风情街区，布设个性化外摆区域，植入咖啡、西餐、酒吧等国际时尚消费元素。社区开设"国际居民服务台"，推出双语网络服务终端，设置双语导视牌，营造国际范儿生活消费场景，形成了连绵数里可参观、可考察、可休憩的开放景观体系。

（三）产业植入，做强活力社区"摄影业态"

面对政府主导下的社区经济形式单一、内生动能发展不足、商家企业参与度不够等问题，社区紧紧围绕建设主题，发展"公园经济"，以摄影主题为核心，向外辐射布局产业，着力解决社区转型后的产业空心问题。一是引入高端摄影产业，招大引强做足国际范儿。街道依托社区近3.5万平方米产业载体，引进全国影印龙头"特想集团"西南区总部、世界著名摄影大师萨尔加多艺术中心、超级摄影画廊PARK艺术交流中心、国家非遗"林窑·雅烧"等优质摄影文创项目，拓展集创作、影印、展览、交易、推广、培训于一体的摄影上下游产业链条，打造"国际化摄影文创产业新高地"。二是深化摄影主题嵌入，紧密融入业态发展。社区配合锦江夜消费商圈（金牛段）建设，积极引导周边餐饮酒店、摄影企业、文创机构等打造川菜、川剧等夜消费地标和摄影主题酒店，开发摄影创作、婚纱外景、草坪婚礼、街头篮球、亲子慢跑等全龄段衍生产品项目，开展居民喜闻乐见的文化交流、幸福体验活动，打造了一批摄影文创消费新场景。三是以摄影产业服务社区，创新立体反哺。社区借力企业机构丰富的国际资源，提升区域知名度和美誉度，助推社区精准招商、招大引强，每年至少举办25场公益活动和5场国际性活动，做实服务，用实际行动做优资源，反哺社区。

（四）多方参与，构建社区服务"摄影体系"

新桥社区在构建服务体系过程中，围绕摄影这一主题公园社区的主题和特色开拓与创新社区服务。社区依托党建引领，吸引社会多方主体参与摄影文化、摄影产业、摄影生态的打造，并坚持以居民需求为导向，整合资源、多方联动、精准施策，不断提高服务的精准化和精细化，努力打通服务居民群众的"最后一公里"的"摄影体系"。一是以摄影场馆更新为契机，回应群众品质需求。社区打造集党群服务、政务服务、便民服务、生活服务和涉外服务等功能于一体的社区综合体——社区党群服务中心，在此常态化开展摄影培训、国学讲堂、亲子教育、社区公益等活动，月均服务社区居民6000余人次。社区完善幼儿园、运动场、公园绿道、医院、商超、餐饮、休闲等服务配套设施，构建涵盖老中青幼的"15分钟社区生活服务圈"。二是以摄影等社区活动的机制创新为源头，回应群众享受需求。社区借力党建、商居、商家"三个联盟"，构建"利益共享、家园共建"的新型商居关系，依托特想集团、成都当代影像馆等企业丰富的图书影像和大师名家资源，成功举办艺术交流、专题讲座等各类公益活动90余场，针对不同居民群体推出13门免费课程。同时，社区大力培育社区雏鹰、环保志愿、党员先锋等8支居民志愿服务队伍，挖掘具有摄影、太极剑、国学等特长的"社区达人"46名，为居民提供摄影设备维修、书画象棋交流、舞蹈技艺培训等免费服务和低偿辅导，引导居民走出家门参与社区建设，实现自我价值。

三、新桥公园社区"特色"塑造的创新成效

新桥社区进行"公园社区"塑造的短短几年时间，实现了从低端市场区向国际化公园社区的华丽转身，从过去远近闻名的"三乱"地带转型为"网红打卡新地标"，初步构建了"人、城、境、业"高度和谐统一的城市社区形态。

（一）构筑有机融合的高品质生态环境

随着新型城镇化进程的推进，经济和社会快速发展给人民带来福祉的同时，也出现了空气污染、水质下降等城市问题，社区环境从不同方面影响着人们的身心健康。"公园社区"的重点成效，应该包括其生态环境的打造。在

新桥社区"公园社区"的营造中，社区首先坚持以生态文明为引领，抢抓锦江绿道建设契机，将摄影文化融入公园建设，打造成成都网红打卡的"新地标"。社区范围内四大公园（府河摄影公园、新桥公园、新桥明园、亲水园公园）已连点成片，并全面向公众免费开放，为居民营造了游憩休闲的重要空间。通过重新塑造城市景观，社区借力"增花添彩"、"两拆一增"和街区美化等项目，大力实施店招打造、道路黑化、绿植补栽，社区环境品质进一步提升。社区开展"微更新"、环境"微提升"行动，运用涂鸦美学，将国际卡通人物绘入道路周边隔离石墩，形成了社区独特的风景线。其优美的自然生态与重塑的城市生态有机融合，形成了宜居的高品质生态环境，切实提升了社区居民的幸福感。

（二）探寻独特的"摄影"公园社区品牌

面对新桥社区长期积累的突出矛盾，新桥社区在"公园社区"的塑造中，整合既有资源，以"全国民间摄影艺术之乡"为改革契机，深度挖掘文化底蕴。通过党建引领品牌打造，以"五线工作法"为着力点，立足实际，以"新理念、兴新桥、心服务、馨幸福"为目标，新桥社区形成了特有的"新桥治理机制"，最终探寻出了独特的"摄影"主题品牌。新桥社区按照"一社：社区党群服务中心、一站：市场化运营的熊猫驿站、一馆：当代影像馆、一街：摄影文创特色街区、一园：府河摄影公园"五大要素展开布局，创新实践以摄影特色为主的"社区+产业+生态+商旅"的国际化社区发展模式，为辖区居民提供便利、快捷的"15分钟社区生活服务圈"。短短几年间，新桥社区探索形成的"摄影"品牌成功将低端的金府钢材市场片区变身为高端住宅和市政公园，社区面貌焕然一新。2019年，新桥社区被评为成都市"百佳示范社区"，其"深化场景营造，精准民生服务"的发展治理案例荣获全国"2019民生示范工程"奖。

（三）塑造凝聚居民的"摄影"社区精神

新桥社区在"公园社区"的塑造中，尤其重视摄影文化角度的切入，深厚的文化底蕴强调独有的摄影文化理念，从而规范和影响了新桥社区群众的行为模式。一方面，社区通过摄影环境的打造以及摄影活动的开展，不断鼓励社区群众与现实之间以及社区群众之间的相互协调。另一方面，社区通过摄影品牌的塑造、摄影文化的挖掘，不断引导人们追求高尚的理想和目标。新桥社区成员在长期的摄影活动交往以及目标追求中，逐步形成共同的理想目标、价值观念、风俗习惯、信仰和归属感，形成了一种共同的"摄影"社区精神。首先，"摄影"社区精神增进了社区群众之间的感情，形成了良好的人际关系。围绕摄影相关文化活动，群众性活动成为增进社区居民之间、各类组织之间相互联系、加深了解、沟通交流的精神纽带，把社区群众吸引在一起，打造和谐、友善、互助的人际关系。其次，"摄影"社区精神增强了社区成员的认同感和归属感。社区通过组织摄影展、艺术交流等不同形式的集体活动，不仅大大吸引社区不同成员的积极参与，而且在社区集体展出活动中增强了对社区的认同感和自豪感，从而增强他们对社区的强烈归属感。居民的社区归属感越强，就越能够意识到自己作为社区成员的权利和义务，进而越加喜爱和参与社区文化活动，形成良性循环。最后，"摄影"社区精神满足了居民的精神需求。随着生活节奏日益加快，人们的工作紧张程度和精神压力随之增大，新桥社区的摄影主题文化恰恰能够满足居民的精神和情感需要。在共同理解的心理空间内，人与人之间情感交融、心灵沟通，个体化的人格融入社区整体，个体与群体的统一不仅极大地丰富了个体成员的精神和情感体验，而且缔造了共同的"摄影"社区精神。

四、新桥公园社区"特色"塑造的经验总结

新桥社区的"公园社区"建设实践取得了良好的社会效果，积累了丰富的经验，对当前我国各城市社区广泛开展公园社区的城市建设有较强的启示意义。

（一）发挥政府主导作用，加强顶层设计

地方党委和政府是推动公园社区体系建设的主要动力，在提出规划蓝图、组织实施和制度保障等方面发挥了至关重要的作用。新桥公园社区的建设计划有赖于金牛区委、区政府的大力推动，在较短的时间内建成了多层次、全域覆盖的公园社区体系，这反映了政府主导的强大政策执行能力。特别是在具体建设过程中，新桥社区充分发挥党建引领的先进优势，将各方资源整合，集中力量、多点布局、依次建设，取得了良好的效果。目前，很多地方的公园社区建设效果并不理想，更多的是弥补过去绿色空间严重不足的短板，社

区的生态空间不成体系，也难以实现"社区+产业+生态+文旅"的观念转变，距离实现"公园社区"直至"公园城市"的目标还有较长的路要走。实践表明，在社区塑造的过程中，社区必须积累成熟的体系方面的经验，结合自身社区及所在区域的空间规划体系的调整，建立健全全域体系建设的体制机制，在城市层面应将建设公园城市作为城市长期的战略目标，编制系统、科学的公园城市发展规划，形成长期一贯的发展政策，不断迈向政策目标。

（二）创新社区开发模式，加强功能融合

公园社区建设不应只强调生态本身的功能，还需突出融合发展的理念，将公园开发与文化、产业、生态塑造结合起来，探索"公园+文创""公园+创新""公园+旅游"等多种开发模式，放大经济效益，支撑公园社区长远发展。公园社区多元化的服务功能能够产生巨大的经济价值，从而减轻运营和维护的压力，在外部空间关系上，重视公园绿地与周边城市区域功能联系。通过探索"社区+产业+生态+文旅"的"社区治理共同体"，金牛区将公园社区塑造成文化传承展示的场所平台，精准定位展示城市文化特色和历史景观风貌，通过景观手法宣传、展示城市历史与文化特征，促进社会融合和社会善治；利用文艺活动和展会，彰显和宣传地域文化特色，承接国际交往功能，开展外事活动，促进国际交流、展现民族文化；通过公共活动与公共空间使用者产生广泛的互动，使其成为真正充满归属感的场所，打造成为受老百姓欢迎的活力空间。如此营造既可以满足不同人群个性化的功能需求，又可以提升公共空间的活力，使管理运营不再成为负担。

（三）找准地区比较优势，紧扣主题建设

随着社会发展，城市社区居民的精神文化层次逐渐提高，物质经济工作强度显著提高，社区文化建设需求逐渐增多，社区居民具有较强烈的社区"主题活动"的生活诉求与积极体验。人们也更多地希望社区能够建设与提供诸如上述具有一定文化品位、形式与内容多元化的主题社区文化活动。回望新桥社区的公园社区建设，其"摄影"主题深入人心，无论是文化、生态、产业、服务，都紧紧围绕主题进行布局，因此真正推动了发展模式的全面转变。在未来公园社区的建设中，仅凭行政力量单向规划与建设，越来越难以保证公园城市建设的高质量推进。因此，社区需要深入探索自身优势，调研居民需求，健全多方主体参与机制，以鲜明的主题开展社区建设。一方面，政府与社区应该更加悉心洞察社区居民关于社区主题活动的意愿与诉求，努力做到急居民之所急、想居民之所想，积极提供居民向往的又极具建设意义的社区活动服务平台、场所、机制、软硬件设备等，对社区居民的活动起到有力的保障与指导作用。另一方面，让社区主题活动对社区居民起到文化引领的作用，吸纳与组建社区主题文化服务建设团队尤为重要。社区应广泛地联合、吸纳专业团体以及社会服务资源，有针对性、建设性地共同促进社区主题的打造，使文化活动向更高层次、文化特色鲜明的方向迈进。

第四节 连片发展，
老旧社区的"有机"更新

老旧小区提升改造是城市有机更新的组成部分，是我国实体经济的新增长点，也是培育国内市场拓展内需的重要抓手，对于提高居民生活质量、提升城市品质具有重要意义。2020年7月，国务院办公厅印发《关于全面推进城镇老旧小区改造工作的指导意见》，开始在全国范围内推进城镇老旧小区改造。在改造工作量大面广、时间紧迫的现实条件下，针对社区的设计策略应有更进一步的创新探索。特别是新冠疫情暴发以来，社区作为基础治理单元，在疫情防控与应对中发挥出重要作用，老旧小区也暴露出面对城市突发公共安全事件时应急能力薄弱的短板，更凸显出推进我国城镇老旧小区提升改造的紧迫性。近年来，金牛区抚琴西南街老旧社区坚决贯彻落实"中优"战略、社区治理、公园城市建设等市委重大决策部署，抢抓一环路沿线提升改造契机，按照"有颜值、有文化、有温度"的定位，以"烟火抚琴、市井西南"为主题，建设市民看得见、摸得着、感受得到的幸福美好生活示范社区。

一、抚琴西南街老旧社区"有机"更新的背景

抚琴西南街社区位于成都老西门，面积0.54平方公里，常住人口3万余，多个小区建成于20世纪90年代初，因紧邻一环路、极具市井味，"抚琴小区"的名字红极一时。随着城市发展，中心城区社区基础设施老化、安全隐患增多、生活品质下降、人口老龄化等问题在这里日渐突出，甚至被人嘲讽为"稀烂街"。为了破解社区治理难题，让老社区重新焕发活力，抚琴街道开启了老旧社区"有机更新"的探索之路。

（一）抚琴西南街老旧社区改造的政策基础

社区作为城市系统运行的基本单元，承载了市民大部分的日常生活。居

住品质是日常生活中最可感知、最直观的生活品质感受之一。2016年10月，联合国第三次住房和城市可持续发展大会公布的《新城市议程》提出了"将公共空间作为城市规划的核心要素"。2020年7月，国务院办公厅印发《关于全面推进城镇老旧小区改造工作的指导意见》，提出对于2000年底前建成的设施不配套、功能不齐全、服务不健全的城镇住宅小区进行全面改造，涉及交通便利、环境优美、公共安全等多个方面。近年来，随着社会经济的快速发展以及城市建设步伐的加快，成都市人民政府编制完成了景观风貌、公园体系、城市色彩等专项规划，作为整合城市建成环境资源与引导开发建设的依据。如何提升社区空间品质和城镇市民生活品质成为金牛区社区建设实践中的一大难点和问题。金牛区作为成都市"十四五"城镇老旧小区改造计划的重点区域之一，坚持以习近平新时代中国特色社会主义思想为指导，坚持以人民为中心的发展思想，牢固树立"存量"思维，按照高质量发展和高品质生活宜居地建设要求，科学指导城镇老旧小区改造，改善居民居住条件，逐步推动城市有机更新，曾经被嘲讽为"稀烂街"的抚琴西南街的老旧社区迎来了发展新机遇。

（二）抚琴西南街老旧社区改造的区域背景

依托金牛区前期线上与线下相结合的调研与分析，抚琴西南街深入分析了当前老旧社区的改造现状。一是整体布局不合理。大多片区中老旧社区的建筑排布方式基本平行于东西向主干道，社区内部建筑形态和建筑布局较为单一，导致空间形态简单与层次虚实关系单一。社区内部建筑排布均衡，建筑之间的间距也较为平均，通畅性与可达性差，出现局部失落空间。同时，社区内存在大量与主体建筑脱离的空间实体，多为居民的自建物，这不仅占据大量的公共空间，还致使原本的空间布局被破坏。二是缺乏无障碍设计。20世纪80—90年代中国的住宅设计基本没有形成无障碍的概念，老旧社区住宅出入口空间地面不平整、杂物堆放过多的情况尤为突出。在社区居民楼的公共空间中，单元的入口门厅并未有供残疾人和需用轮椅的老人的坡道设置，入户第一层的多级台阶也少有安置扶手。在垂直交通上，没有电梯导致老年人尤其是居住楼层稍高的老年人上下楼很不方便。总体上，这些情况导致入户空间无法安装扶手和无障碍设施，不仅行动不方便，卫生条件也较差。三是基础设施不齐全。由于社区修建时间较早，器械规划不齐全，健身设施严重不足,居民散步、户外活动及邻里交流等空间缺乏。随着时代发展,拥有车辆的家庭越来越多,停车位数量已经远远无法满足泊车需求,普遍存在乱停乱放的现象。居民自行搭建晾晒架,或是随意拉扯线绳用于晾晒,这不仅影响其他空间的利用,而且也导致社区形象受到影响。

（三）抚琴西南街老旧社区改造的居民需求

抚琴西南街在改造之前对老旧社区居民的需求进行了较为充分的调查,通过与社区管理者的访谈和对社区内居民的民意调查,将需求主要分为两大类。一是从社区管理者的角度出发,他们希望在社区改造时将社区内道路进行重新梳理规划,能够满足消防要求,减少不必要的隐患。对于社区内部的一些私自搭建物予以拆除;对一些私自占据公共空间的区域重新规划,将社区内的景观进行完善、美化,提升社区的整体形象;对社区内部现存的失落空间加以利用,为居民提供环境良好的景观空间。二是从社区居民的角度出发,因涉及居民私人利益,大多数居民希望在改造时尽可能少地拆除自行搭建的建筑实体,且拆除后会导致社区丧失个性特色与方向感。一些年龄较长的居民希望能够优化社区内的道路状况,且未设计残疾人通道,导致社区内部分人员行路困难。

二、抚琴西南街老旧社区"有机"更新的实践

金牛区在老旧院落改造工作中,全面落实成都市委"建设幸福美好公园社区"重大部署,充分发挥党建引领社区治理的优势,以"一环路市井生活圈"打造为契机,坚持"片区一体化改造"的思路,通过一体策划、一体实施、一体治理,完成抚琴西南街片区老旧社区改造。同时,通过重塑"市井西南、烟火抚琴"生活场景,金牛区打造了一幅"有历史内涵、有商业氛围、有生活气息、有文化故事",市民看得见、摸得着、感受得到的幸福美好生活画卷,初步探索出新城市发展进程中老旧社区改造的"老西门模式"。

（一）坚持党建引领,"院落、空间、场景"一体实施

抚琴街道西南街社区坚持党建引领,积极探索组建建制性、兼合式邻里党组织51个,推选党员街巷长、党员楼长201名,构建"社区大党委—社区党支部—邻里党组织—街巷楼栋长"四级组织体系,将老旧小区改造的政策

宣传、沟通服务等延伸至小区"神经末梢"。在改造过程中，抚琴西南街社区秉持"杜绝一刀切，体现多元化"原则，拟定了分类指导、分步实施计划，最终推动多方合力实现未来共商、价值共赢。一是充分发挥居民自治改造的作用。社区以"自治比整治重要、功能比景观重要"为理念，依托二级党支部和院落党小组，在每个涉改院落成立院落自治小组，制订由自治小组带领居民讨论"一院一策"改造方案。社区以定期沙龙聚会为形式，针对院落痛点引导居民参与院落改造的设计、施工、管理。院落改造切合居民实际需求，得到了群众的全力支持和高度认可。二是运用美学提升公共空间气质。针对片区公建配套不足、内部道路狭窄、活动空间破败等问题，西南街社区对社区服务阵地、游园、街区等进行系统提升和美学营造，建设了"西南街社区党群服务中心""幸福生活馆""邻里会客厅""杏园""乒乓球园"等18个公共空间，并对沿街绿化、城市家具、微景观等进行优化更新。改造后的街道尽显休闲城市之美、幸福生活之美。三是规划商业营造社区消费场景。依托区域化党建制度，社区围绕"市井生活"主题对片区特色商业进行梳理，引导街区内60余家人气店铺投入470余万元，围绕主题提升改造店面形象、升级服务设施。同时，社区协调邻近小区开放围墙、拆除违建，释放公共空间，重新规划住宅底商，扩大社区商业体量。经过重新规划设计，社区营造出了吃、住、游全链条消费场景，实现了社区商业品质提升。

（二）坚持整体布局，"文态、形态、业态"一体策划

抚琴西南街社区地处一环区域，实施"少拆多改"的更新路径是最优选择。西南街社区在此基础上对该片区居住人口构成、群体内在需求进行精准研判，对本地文化、既有禀赋进行深入挖掘，以街道党工委力量统筹辖区资源，进行整体规划和统筹布局，策划出了最契合区域特质和未来发展的整体改造方案。一是挖掘市井烟火文化特色。社区深入分析居民属性及辖区历史，充分发挥居民作为老成都记忆的携带者和老成都生活的传承者角色，充分释放辖区内有着30余年历史的露天茶馆等极具成都味道的地域元素。在充分征求居民意见的基础上，社区以"市井西南，烟火抚琴"为主题，对片区进行通盘考虑、整体提升，在有机更新中保留老成都的城市记忆。二是延续川西民居形态风格。社区充分发挥街道党组织的"统揽、统领、统筹"作用，整合区域内涉及综治、更新、住建等部门，结合一环路整治工程、金牛大道提

升工程、社区微更新等项目，在总体考量改善居住环境的同时，保留20世纪90年代初的建筑风格，以木、石灰、青砖、青瓦为主进行提升，建筑立面、院落色彩与城市主色调交相辉映。这既传承了过去的民居风格，又与抚琴其他建筑相得益彰。三是构建便民利民业态体系。社区深入分析既有业态优势，利用附近餐饮老店和夜间经济的地域元素，打造市内有名的"鬼饮食"和苍蝇馆子汇聚地。街边的日常生活服务店铺分布均匀，具有漫步可达、全龄友好的先天优势。在此基础上，社区打造"15分钟生活服务圈"，以满足日常生活配套、基础文化休闲、生活社会交往为目标，构建起了服务辖区居民的属地型社区商业体系。

（三）坚持多方参与，"小区、街区、片区"一体治理

可持续性是片区一体化改造最重要的环节，需要理顺各类主体的职责关系，搭建协商议事的平台和建立长效互动机制。只有后期的良性互动才能激发区域各类主体的内在活力，形成紧密的社区共同体，促进区域永续发展。一是依托居民巩固小区自治成果。社区坚持推行"政府主导、居民自治、社会参与、物业管理"的"四方联动"社区治理机制，充分发挥社区党组织引领作用，引导院落自治小组完善院落公约、院落议事规则等，持续开展院落自治。同时，社区引导社区达人参与公共空间的使用、管理和认领维护，形成生动有序的社区生活氛围。二是建立商家联盟便于开展街区管理。社区借老旧社区改造的契机，牵头成立商居联盟，引导商家进行行业自律，在保持商业活力的同时，有效维护片区秩序。三是引入专业机构实现片区运维。在改造过程中，社区把激活片区内生动力、实现可持续发展作为重中之重，按照以载体换服务、"公益+市场"模式，引入市场力量，对新增商业载体和社区服务空间进行统一运营管理，获得的部分收益反哺社区用以平衡社区公益开支，实现了片区经济效益和社会效益的同步提升。

三、抚琴西南街老旧社区"有机"更新的成效

通过一系列做法，抚琴西南街社区全面完成了老旧小区改造、公共空间打造、社区商业升级的任务，成功让老旧社区焕发新的生机，辖区居民的获得感和幸福感大幅上升，取得了值得称赞的发展成效，社区也荣获"全省城镇老旧小区改造示范项目""全市百佳示范社区"等称号。

（一）整合了社会管理的各方力量

城市拆迁改造被称为"天下第一难"，也是社会管理中的矛盾易发多发点。在金牛区首创的"自改模式"下，抚琴西南街社区把有限的个体力量变为强大的集体合力，有效整合了社区党委、社会组织、人民群众三大社会管理主体的力量。社区党委在"自改模式"中充分发挥社会管理的主导作用，把角色从"划桨人"转变为"掌舵者"，在服务中实施管理、在管理中体现服务，为社会组织和广大公众参与社会管理提供空间、搭建平台。社会组织在"自改模式"中充分发挥社会管理的枢纽作用，实行自治、自律，成为政府和群众间的"连心桥"和"缓冲带"，通过平等沟通、协商协调、教育引导等办法，参与社会管理，增强了社会弹性、促进了社会融合。人民群众在"自改模式"中充分发挥社会管理的基础作用，实行专群结合、群防群治，从社会管理的"旁观者"变为"真主人"。在曹家巷、五冶及林业厅等片区旧城改造中，出现了居民昼夜排队签约争着改、辖区单位主动加快改、社会资本积极参与改的火爆有序场面，"党委领导、政府负责、社会协同、公众参与、法治保障"的社会治理格局初步呈现。

（二）满足了社区居民的利益诉求

从各地推进旧城拆迁改造的历史看，常常因为群众利益众口难调而使旧城拆迁从"好事变为坏事、易事变为难事、小事变为大事"。抚琴西南街社区通过建立自下而上的民主决策机制、务实有效的利益协调机制和双向互动的协商沟通机制，让群众说服群众、让群众教育群众，推动了利益争端低成本高效率解决，智慧地处理好了三类利益诉求，广大群众合法合规的正当利益得到了切实维护，部分困难群众合情合理的切身利益得到了圆满解决，极个别人不顾整体利益漫天要价的行为得到了有效遏制。通过理顺党群、邻里、商居"三个关系"，社区拆除违章搭建110余处，新增停车位200余个，建成杏园、茶园、乒乓球园"三园"和党群服务中心、社区综治中心、幸福生活馆"三中心"等，社区居住环境、基础设施、配套服务得到了全面提升，改造前征集的1200多条群众意见基本解决。

（三）显现了拆迁舆论的正面导向

旧城拆迁改造是破除城市二元结构、加快城市转型升级的必由之路。传统拆迁办法往往被认为是与民争利的，社会舆论难以管理。西南街社区在改造中形成"发动群众是基础、连片改造是核心、运维平衡是关键、以改促治是根本"的经验做法，发挥群众主体作用，打破老旧院落改造"有形的墙"和利益主体"无形的墙"，让群众真正成为老旧小区改造的主人翁；通过搭建"自管小组－社区学院－民间协会"三个自治平台，社区引导群众全程参与院落改造的设计、施工与管理，实现自管小组成立率、维修资金归集率、违建拆除率3个百分之百，得到群众的充分认同。这一模式成功入选"成都市幸福美好生活十大工程典型案例"，先后吸引全国118个地级及以上城市参观指导，为推进全国老旧小区改造提供了可复制、可推广的经验。社区在"自改模式"的指导下，探寻出了在城市更新改造的进程中发挥群众主体作用、化解矛盾的路子，较好地破解了旧城搬迁改造"怕改、难迁"的困局。抚琴西南街的先进做法，使得拆迁舆论正向导向初步显现，产生了良性循环。

四、抚琴西南街老旧社区"有机"更新的经验

从抚琴西南街老旧社区改造的探索与实践来看，它在思想上尊重群众、工作上依靠群众、成果上惠及群众，顺应了广大人民群众的新期待，找到了基层社会治理的关键点，对于其他地区的社区连片改造工作提供了可供借鉴的宝贵经验。

（一）融合发展，发挥街道的统筹作用

老旧社区的连片改造涉及住建、综合执法等多个部门，以及辖区居民、商家、企业等多个主体，应充分尊重参与各方的改造意愿，调动土地权利人的改造主动性和积极性，保障土地权利人的知情权和参与权。只有依托街道党工委对城市工作进行高度统筹，做好微观单元摸底调查、资源综合调度、规划一体设计、治理长远考虑等工作，社区才能有效避免条线多头指挥造成的施工混乱和资源浪费。只有发挥好街道党工委在片区改造、街区和小区治理中的整合资源、凝聚共识的领导核心作用，社区才能推动市场主体、社会团体和市民群众结成利益共同体、建设共同体，为社区一体化改造、项目化

集成、整体化呈现汇聚强大的共建合力和治理效益。另外，社区通过统筹坚持利益共享，在充分保障公共利益的前提下，灵活分配改造收益，实现多方共赢，促进经济效益和社会效益的综合提升。同时，社区在老旧社区的改造中要扩大社区党组织的有效覆盖，提高社区党组织覆盖，要推动社区党委联系社区各党支部，将党员嵌入社区治理的工作，凸显基层党组织的战斗堡垒作用；社区从了解需求、发现问题、分析原因、协调解决、跟踪反馈中，建立一种交流互动的良性循环机制，切实了解居民的需求，缩短社区党组织和居民之间的距离，增强居民对党组织的认同度及对党员工作能力的认可，提升党在居民心中的权威地位，筑牢社区党组织的执政根基和群众基础。

（二）挖掘文脉，保留地域的特有气质

老旧社区居住着世代相传的居民，承载着城市的记忆，是城市生活的重要载体。一些旧住宅不仅反映了一个时代的居住生存环境特征，还见证了城市的发展历史，散落了不少历史碎片，具有一定的历史纪念价值。随着经济社会的发展及生活方式的变迁，居民在不断地改变和调整自己的生活环境以及生活习惯，人与人之间的交流积淀了丰富的社会网络，人与环境的交流为环境注入了情感。因此，老旧社区的更新应注重挖掘历史文化内涵，尽量保持环境的历史延续性和意象特征，彰显文化特色，提高居民的文化生活品质，重塑精神家园。老旧小区改造的前提是不破坏城市的整体环境，保持城市固有的风格和文化底蕴，改造前应详细列明老旧小区改造的具体目标、具体指标和文化要求，杜绝简单、粗暴、任意地改造开发。改造过程中要充分考虑人的情感因素，提升居民对改造后场地的亲切感、归属感。更新过程中应顺应当地生活及文化特色，突出传承性与时代性的统一、大众性与独特性的统一，同时创新性地营造社区丰富多彩的生活场景，展现了文化的乐观包容。只有发掘文化基因、传承历史文脉、留住城市乡愁、增强文化认同，才能为老旧社区改造铺就深厚的文化底蕴和群众基础。

（三）充分调研，实现居民的美好生活

社区公共空间作为城市中最小的绿地组成，是离使用者最近的服务型场地，也是使用率最高的活动空间，其设计要充分考虑人的需求、社群健康、环境绿化、传统风貌的协调以及对历史文化的传承。在对老旧社区的改造上要坚持以人民为中心的发展理念，在塑造绿色、健康、和谐的城市环境的同时，自觉变"政府主体"为"政府主导"，变"代民做主"为"请民当家"，紧紧依靠群众组织去做群众工作，依靠绝大多数群众去做少数群众工作，更加具体突出地发挥群众主体作用。从抚琴西南街社区的改造经验可以看出，只有尊重人的需求和习惯，尊重传统文化和人文精神，才能创建和谐共享的社区关系。通过问卷调查和访谈也发现，只有尽量考虑到不同使用群体对环境的不同需求，最大限度地开发社区的公共资源，才能为居民创造更好的生活环境。大力改造老旧院落提升居民居住品质，升级社区商业满足居民消费需求，打造社区美空间丰富居民生活体验，更新休闲场所提供居民社交场域，使公共空间在居民生活中发挥更大的作用，带来更多的便利。社区要把人的感受、人的需求、人的发展作为社区治理的逻辑起点，真正实现"改不改、改哪里、怎么改由居民说了算"，居民观念从"要我改"变为"我要改""我要管"，这才能为老旧社区提供持续的内生活力和外源动能。

后　记

党的二十大明确指出，要健全共建共治共享的社会治理制度，提升社会治理效能。只有真正把人民摆在核心位置，基层治理才能获得源源不绝的力量和智慧。在2021年10月13日至14日召开的中央人大工作会议上，习近平总书记强调："民主不是装饰品，不是用来做摆设的，而是要用来解决人民需要解决的问题的。"民主制度好不好，基层治理是否有效，人民是最有发言权的。因此，人民性是我们明确基层治理改革创新方向的指针，也是我们评价基层治理改革创新成效的标尺。

金牛自知征程远，不待扬鞭自奋蹄。四川省成都市金牛区自2019年获批民政部全国社区治理和服务创新实验区以来，紧紧围绕"探索建立党建引领的社区提案工作机制"的实验主题，进行了为期两年乃至更长时间的改革探索。这一主题正是对人民性的最好回应。实践证明，金牛区围绕实验主题集中力量大胆探索，取得了不俗的改革成绩，展现了中西部地区推动实现基层治理现代化的新气象、新风貌。撰写和出版这本书，正是为了进一步梳理和总结金牛区在城市社区治理上曾经走过的昨天、正在经历的今天以及展望即将迎来的明天。这些重要探索和丰富经验，不仅是金牛人民的宝贵财富，更是成都市、四川省乃至广大中西部地区的宝贵财富。

本书在写作过程中，得到了四川省民政厅、成都市民政局、金牛区民政局及区有关党政部门的大力支持，华中师范大学全国民政政策理论研究基地多次组团开展实地调研，基地研究生张复港在当地开展了长达数月的驻点观察，最大限度上保证了本书材料的真实性与有效性。本书是团队合作的成果。限于水平，书中难免存在疏漏，在此恳切盼望各位专家学者以及广大实务工作者批评指正。

陈荣卓
2023年6月